智能网联汽车
感知与通信技术

主　编◎孙　斌　副主编◎单杭冠　张　昱　金昀程　主　审◎项志宇

Sensing and Communication Technology for
Intelligent Connected Vehicle

ZHEJIANG UNIVERSITY PRESS
浙江大学出版社
·杭州·

图书在版编目(CIP)数据

智能网联汽车感知与通信技术 / 孙斌主编. —
杭州：浙江大学出版社，2023.11
ISBN 978-7-308-23408-5

Ⅰ.①智… Ⅱ.①孙… Ⅲ.①汽车－智能通信网－通信技术 Ⅳ.①U463.67

中国版本图书馆 CIP 数据核字（2022）第 245734 号

智能网联汽车感知与通信技术
ZHINENG WANGLIAN QICHE GANZHI YU TONGXIN JISHU
孙　斌　主编

责任编辑　王　波
责任校对　吴昌雷
封面设计　雷建军
出版发行　浙江大学出版社
（杭州市天目山路 148 号　邮政编码 310007）
（网址：http://www.zjupress.com）
排　　版　浙江大千时代文化传媒有限公司
印　　刷　杭州宏雅印刷有限公司
开　　本　787mm×1092mm　1/16
印　　张　13.25
字　　数　322 千
版 印 次　2023 年 11 月第 1 版　2023 年 11 月第 1 次印刷
书　　号　ISBN 978-7-308-23408-5
定　　价　42.00 元

前言

FOREWORD

智能网联汽车是以自动驾驶车辆为主体和主要节点，融合车联网技术，使车辆与外部节点实现信息共享和协同控制，以达到车辆安全、有序、高效、节能行驶的新一代多车辆系统。其涉及以下关键技术：环境感知技术、无线通信技术、智能互联技术、车载网络技术、先进驾驶辅助技术、信息融合技术、信息安全与隐私保护技术。

基于以上关键技术，本教材内容重点集中在两条主线：基于深度学习的环境感知、具备信息安全的网联通信。教材由三大篇组成：车载传感与环境感知技术、无线通信与智能网联技术、车联网与信息安全技术。这三大篇相互关联，相互渗透，构成一个完整的从个体到网络再到安全架构的体系。在此基础上，教材以润物细无声的方式，在技术内容中融入课程思政内容，以引导学习者的爱国主义情怀和科技自信。

本教材包括技术理论和案例实训两部分内容，由于涉及的技术领域具有知识面广、学科交叉、知识更新快等特点，所以教材内容以“基于教材引导下的自主网络学习和探究实践学习”的形式呈现。其中技术理论部分以文字为主，案例实训部分以新形态数字资源为主。技术理论部分增加了相关的新形态数字资源，推荐了优秀的、合适的网络资源和线上开放课程以及我们和思科网络技术学院合作开设的在线课程，以便学生在课后自主进行网络学习。在案例实训部分，教材以新形态数字资源形式提供参考算法及例程引导，引导学生实训时进行探究性实践。

教材第一篇是车载传感与环境感知技术，其中第 1 章介绍智能网联汽车系统构成及关键技术，以及教材的技术重点及实训项目。第 2 章介绍智能网联汽车的车载传感系统，包括视觉传感器、激光雷达、超声波雷达、GPS/IMU、北斗等智能汽车传感器的特性及工作原理，以及多传感器数据融合处理技术。第 3 章介绍智能网联汽车视觉与定位基础，包括基于机器视觉的场景分割、目标检测、目标识别、目标定位等算法。第 4 章介绍基于深度学习的智能网联汽车感知系统，包括深度学习在自动驾驶中感知、检测、追踪等任务的应用，以及车路协同技术。第 5 章是智能网联汽车环境感知实训案例。党的二十大报告把“坚持问题导向”作为习近平新时代中国特色社会主义思想世界观和方法论的重要内容之一，并指出“问题是时代的声音，回答并指导解决问题是理论的根本任务”。本章依据这一精神，以智能网联汽车研发真实工作过程为导向，将理论基础与项目应用相结合，设置8个软硬件结合的实训项目。教材提供实训项目相关的文献资料和算法案例及结果演示视频，并以二维码的形式展示，以引导学生进行实训，培养行业创新人才。

第二篇是无线通信与智能网联技术，介绍车辆通信与组网的基础知识和关键技术、典型的V2X场景知识。其中第6章介绍车辆通信的无线信道及物理层技术；第7章介绍车辆通信的媒体接入控制技术。

第三篇是车联网与信息安全技术，介绍车联网安全技术及网络安全基础理论。其中第8章介绍智能网联汽车的各系统安全以及车联网的各层安全。第9章介绍认证、隐私保护、安全监控及入侵检测等网络信息安全基础。欢迎读者加入我们与思科网络技术学院合作开设的“网络信息安全”在线课程，掌握网络安全基本理论，以解决车联网车路云安全中的相关问题。

本教材的编写和出版，要感谢浙江大学信息与电子工程学院和浙江大学工程师学院的支持。教材获得了浙江大学校级研究生教材项目和浙江大学工程师学院核心课程项目的新形态教材立项支持。教材第一篇由浙江大学孙斌副教授编写，第二篇由浙江大学单杭冠副教授编写，第三篇由浙江大学张昱高工编写，实训项目由孙斌和浙江大学金昀程博士编写。多位研究生及本科生参与了文献精读、代码实现及编写工作，如韩弘拓、周宇孙、李强等。教材由孙斌策划统稿，项志宇教授主审，金心宇教授和俞小莉教授为教材规划设计提供了帮助。在教材编写过程中，杨建义教授、杨冬晓教授、李式巨教授、夏顺仁教授等多位老师提供了宝贵的建议，在此向各位表示衷心的感谢。

本教材通俗易懂，实用性强，可用作通信、电子、能源、人工智能等专业的研究生及本科生的教材，也可供无人驾驶、车联网等相关研究人员作为参考书使用。

在教材编写中，我们引用了一些网上资料和图片以及参考文献中的部分内容，在此向相关作者表示深切的谢意。由于技术发展迅速，涉及面广，加上编者水平有限，教材中可能还有不妥及错误之处，请读者给予批评指正。

编　者

浙江大学信息与电子工程学院

浙江大学工程师学院

目录

CONTENTS

第一篇　车载传感与环境感知技术

第二篇　无线通信与智能网联技术

第三篇　车联网与信息安全技术

第一篇

车载传感与环境感知技术

第1章 绪 论

本章简要介绍智能网联汽车系统构成及关键技术，并介绍本教材的技术重点、新形态内容示例及核心技能目标。

1.1 智能网联汽车系统构成

智能网联汽车(intelligent connected vehicle，ICV)在国内外发展很快，中共中央、国务院印发的《交通强国建设纲要》里，明确提出了把智能网联汽车作为重点；工信部也发布了智能汽车的创新发展战略规划。现在国内新技术发展比较快，尤其是5G技术已经走到了世界的前列，人工智能技术也取得了飞跃性的突破，这些都为我国研究智能网联汽车提供了很好的支撑。

智能汽车与网络相连便成为智能网联汽车。智能汽车是在一般汽车上增加雷达、摄像头等先进传感器、控制器、执行器等装置，通过车载环境感知系统和信息终端实现与车、路、人等的信息交换，使车辆具备智能环境感知能力，能够自动分析车辆行驶的安全及危险状态，并使车辆按照人的意愿到达目的地，最终实现替代人来做驾驶决策及操作的目的。智能汽车的初级阶段是具有先进驾驶辅助系统(advanced driver assistance systems，ADAS)的汽车。

智能网联汽车具备自主的环境感知能力，它是智能交通系统的核心组成部分，是车联网体系的一个结点，通过车载信息终端实现与车、路、行人、业务平台等之间的无线通信和信息交换，如图1.1所示。

因此，智能网联汽车属于一种跨技术、跨产业域的新兴汽车体系。从不同角度、不同背景对它的理解是有差异的。

从狭义上讲，智能网联汽车是搭载先进的车载传感器、控制器、执行器等装置，并融合现代通信与网络技术，实现V2X智能信息交换共享，具备复杂的环境感知、智能决策、协同控制和执行等功能，可实现安全、舒适、节能、高效行驶，并最终可替代人来操作的新一代汽车。

从广义上讲，智能网联汽车是以自动驾驶车辆为主体和主要节点，融合车联网技术，使车辆与外部节点实现信息共享和协同控制，以达到车辆安全、有序、高效、节能行驶的新一代多车辆系统，即车联网＋自动驾驶车辆＝智能网联汽车。

图 1.1 智能网联汽车

1.2 智能网联汽车关键技术

智能网联汽车是一个复杂的系统，由三个主要的子系统组成：核心算法、车载客户端系统和云端平台系统。核心算法包括感知、理解和决策部分；车载客户端系统包括机器人操作系统（ROS）和硬件平台；云端平台包括数据存储部分、模拟系统、高精地图部分和深度学习模型训练部分，如图 1.2 所示。

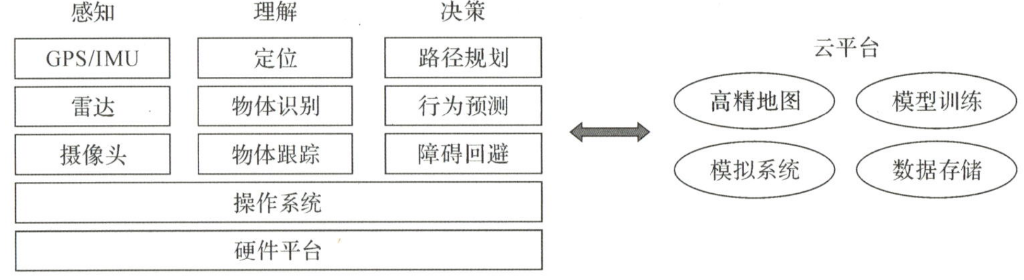

图 1.2 智能网联汽车的三个主要子系统

智能网联汽车涉及以下关键技术。

一、环境感知技术

环境感知包括车辆本身状态感知、道路感知、行人感知、交通信号感知、交通标志感知、交通状况感知、周围车辆感知等。其中：

（1）车辆本身状态感知包括行驶速度、行驶方向、行驶状态、车辆位置等的感知；

（2）道路感知包括道路类型检测、道路标线识别、道路状况判断、是否偏离行驶轨迹等；

（3）行人感知主要判断车辆行驶前方是否有行人，包括白天行人识别、夜晚行人识别、被障碍物遮挡的行人识别；

（4）交通信号感知主要是自动识别交叉路口的信号灯，以便高效通过交叉路口等；

（5）交通标志感知主要是识别道路两侧的各种交通标志，如限速、弯道等，提醒驾驶员注意；

(6)交通状况感知主要是检测道路交通拥堵情况、是否发生交通事故等,以便车辆选择通畅的路线行驶;

(7)周围车辆感知主要检测车辆前方、后方、侧方的车辆情况,避免发生碰撞,也包括交叉路口被障碍物遮挡的车辆。

在复杂路况的交通环境下,单一传感器无法完成环境感知的全部,必须整合各种类型的传感器,利用传感器融合技术,使其为智能网联汽车提供更加真实可靠的路况环境信息。

二、无线通信技术

长距离无线通信技术用于提供即时的互联网接入,主要用 4G/5G 技术,特别是 5G 技术有望成为车载长距离无线通信专用技术。

短距离通信技术有专用短程通信技术(DSRC)、蓝牙、Wi-Fi 等,其中 DSRC 的重要性较高,它可以实现在特定区域内对高速运动下移动目标的识别和双向通信,例如 V2V、V2I 双向通信,可实时传输图像、语音和数据信息等。

三、智能互联技术

当两个车辆距离较远或被障碍物遮挡,导致直接通信无法完成时,两者之间的通信可以通过路侧单元进行信息传递,构成一个无中心、完全自组织的车载自组织网络,车载自组织网络依靠短距离通信技术实现 V2V 和 V2I 之间的通信,它使在一定通信范围内的车辆可以相互交换各自的车速、位置等信息和车载传感器感知的数据,并自动连接建立起一个移动的网络。典型的应用包括行驶安全预警、交叉路口协助驾驶、交通信息发布以及基于通信的纵向车辆控制等。

四、车载网络技术

目前汽车上广泛应用的网络有 CAN、LIN 和 MOST 总线等,它们的特点是传输速率小、带宽窄。随着越来越多的高清视频应用进入汽车,如 ADAS、360°全景泊车系统和蓝光 DVD 播放系统等,它们的传输速率和带宽已无法满足需要。以太网最有可能进入智能网联汽车环境下工作,它采用星形连接架构,每一个设备或每一条链路都可以专享 100M 带宽,且传输速率达到万兆级。

五、先进驾驶辅助技术

先进驾驶辅助技术通过车辆环境感知技术和自组织网络技术对道路、车辆、行人、交通标志、交通信号等进行检测和识别,对识别信号进行分析处理,传输给执行机构,保障车辆安全行驶。先进驾驶辅助技术是智能网联汽车重点发展的技术,是其他关键技术的具体应用体现。

六、信息融合技术

信息融合技术主要用于对多源信息进行采集、传输、分析和综合,将不同数据源在时间和空间上的冗余或互补信息依据某种准则进行组合,产生出完整、准确、及时、有效的综合信息。智能网联汽车采集和传输的信息种类多、数量大,必须采用信息融合技术才能保障实时性和准确性。

七、信息安全与隐私保护技术

智能网联汽车在接入网络的同时,也带来了信息安全的问题。在应用中,每辆车及其车主的信息都将随时随地传输到网络中被感知，这种显露在网络中的信息很容易被窃取、干扰甚至修改等，从而直接影响智能网联汽车体系的安全。因此，在智能网联汽车中，必须重视信息安全与隐私保护技术的研究。

1.3 教材技术重点

基于以上关键技术，本教材的技术重点集中在：基于深度学习的环境感知，具备信息安全的网联通信。

一、基于深度学习的环境感知

环境感知系统是自动驾驶发展的一个关键环节。伴随着机器学习的发展，特别是近年来深度学习技术的再度崛起，环境感知在工业界和学术界都吸引了大量的研究者。

汽车智能化程度的不断提升，对汽车感知能力的要求也日益增长，但目前感知技术仍面临诸多困境亟待解决。比如在配有雷达的情况下，为什么还会出现碰撞事故？其实能感知到障碍物跟能够刹住车是两回事，因为感知到障碍物后，车辆还要继续做判断，一旦计算能力跟不上，即使感知到了，刹车还是会慢上半拍，所以计算速度其实是感知环节很重要的一部分。

基于数据量和强大的算力的结合，深度学习被认为是环境感知问题的一种有效的解决方案，而且深度学习在视觉感知中的巨大进展，也为自动驾驶环境感知提供了丰富的技术储备。

二、具备信息安全的网联通信

汽车信息安全问题不可避免，汽车信息安全是智能网联汽车发展的先决条件，只有实现汽车的信息安全才能保障智能网联汽车的健康发展。

近年来，汽车信息安全已成为国家重大发展战略之一，更多行业内机构开始重视汽车信息安全。以下是由工业和信息化部发布的《车联网（智能网联汽车）产业发展行动计划》提到的汽车信息安全的 3 个方面。

(1)健全安全管理体系：以产品和系统的运行安全、网络安全和数据安全为重点，明确相关主体责任，定期开展安全监督检查，完善车联网网络和数据安全的事件通报、应急处置和责任认定等安全管理工作。

(2)提升安全防护能力：重点突破产业的功能安全、网络安全和数据安全的核心技术研发，支持安全防护、漏洞挖掘、入侵检测和态势感知等系列安全产品研发。督促企业强化网络安全防护和数据安全防护，构建智能网联汽车、无线通信网络、车联网数据和网络的全要素安全检测评估体系，开展安全能力评估。

(3)推动安全技术手段的建设：增强产业安全技术支撑能力，着力提升隐患排查、风险发现和应急处置水平，打造监测预警、威胁分析、风险评估、试验验证和数据安全等安全平台。推动企业加大安全投入，创新安全运维与咨询等服务模式，提升行业安全保障服务能力。

由于车联网信息安全对应的内容涉及网络信息安全，读者如果需要进一步深入学习，欢迎加入我们开设的、由浙江大学与思科网络技术学院产学研合作的在线课程。

1.4 教材中的新形态内容示例

1. 在项目实训中，以二维码方式提供实训的引导，以便读者实现在教师引导下的探究性实践。

示例 1：道路场景物体检测(二维码，道路场景物体检测实例)

(1)行人目标检测

①模型：使用 TensorFlow 预训练模型以加快训练速度，本项目选择 Faster R-CNN Inception v2 (COCO)预训练模型进行。

②数据集：使用 Active Vision Laboratory，Department of Engineering Science，University of Oxford 在 Coarse Gaze Estimation in Visual Surveillance 项目中使用的 Town Centre Dataset 进行模型的训练。

1.1 行人目标检测视频

③训练及验证：由于时间及硬件限制，暂时只进行了 666 步迭代。在验证集中的验证结果视频如二维码 1.1 所示。

(2)车辆目标检测

①网络结构：项目选取了 YOLO v3。

②训练及验证：在道路中能够检测到 Car、Bus、Trunk 三类车型，并能给出检测车辆目标的置信度。其性能表现良好，很好地识别了各种车辆。缺陷在于在车辆被其他障碍物遮挡后易出现漏检，但一般只有在隔着防护栏的对侧车道上才会偶尔出现这种情况。

图 1.3 车辆检测视频说明

③验证结果：视频如二维码 1.2 所示，如图 1.3 所示，扫码可以获得两个视频，视频 1 为完整输出结果，视频 2 为该程序源代码运行过程录屏。

(3)车道线检测

①数据集：训练数据集(共计 12764 张图片)，其中 17.4%是夜晚，16.4%是雨天，66.2%是多云的下午。这些视频中有 26.5%是直的或近似是直的道路，30.2%是有曲线或缓和的弯道，43.3%是非常弯曲的道路，同时道路还包括建筑和交叉路口等困难区域。

②模型及训练：基于全卷积神经网络的车道识别，基于 Keras 框架，采用全卷积神经网络，设置有 9 个卷积层，4 个池化层，4 个上采样层，以及 9 个反卷积层，实现对图像像素级别的分类。测试视频主要有 udacity 的道路测试视频、

1.2 车辆检测视频

prescan 软件仿真以及我们自己拍的浙江大学玉泉校区道路测试的视频。

图 1.4　车道线检测

③结果及验证：验证结果视频如图 1.4 所示，扫二维码 1.3 可以获得三个视频，视频 1 为 udacity 的道路测试视频，视频 2 为 prescan 软件仿真，视频 3 为我们自己拍的浙江大学玉泉校区道路测试的视频。

1.3 车道线视频

2. 智能网联汽车技术涉及多个知识领域，每位读者的知识背景各不相同，读者可以根据各自需求，实现在教材引导下的自主网络学习。

示例 2：深度学习技术及 CNN 架构（二维码 1.4）

（1）CNN

① 网址：https://mooc.study.163.com/course/2001281004?tid=2001392030&_trace_c_p_k2_=4a3a71136fa941e79b5d637d04715699#/info

②目录：如图 1.5 所示。

2.CNN理论知识

①网址：

https://mooc.study.163.com/course/2001281004?tid=2001392030&_trace_c_p_k2_=4a3a71136fa941e79b5d637d04715699#/info

②目录：

第一周　卷积神经网络	第二周　深度卷积网络：实例探究	第三周　目标检测	第四周　特殊应用：人脸识别和神经风格转换
1.1 计算机视觉	2.1 为什么要进行实例探究	3.1 目标定位	4.1 什么是人脸识别？
1.2 边缘检测示例	2.2 经典网络	3.2 特征点检测	4.2 One-Shot 学习
1.3 更多边缘检测内容	2.3 残差网络	3.3 目标检测	4.3 Siamese 网络
1.4 Padding	2.4 残差网络为什么有用？	3.4 卷积的滑动窗口实现	4.4 Triplet 损失
1.5 卷积步长	2.5 网络中的网络以及 1×1 卷积	3.5 Bounding Box预测	4.5 面部验证与二分类
1.6 卷积为何有效	2.6 谷歌 Inception 网络简介	3.6 交并比	4.6 什么是神经风格转换？
1.7 单层卷积网络	2.7 Inception 网络	3.7 非极大值抑制	4.7 什么是深度卷积网络？
1.8 简单卷积网络示例	2.8 使用开源的实现方案	3.8 Anchor Boxes	4.8 代价函数
1.9 池化层	2.9 迁移学习	3.9 YOLO 算法	4.9 内容代价函数
1.10 卷积神经网络示例	2.10 数据扩充	3.10 RPN网络	4.10 风格代价函数
1.11 为什么使用卷积？	2.11 计算机视觉现状		4.11 一维到三维推广

图 1.5　CNN 课程目录

1.4　CNN 教程

③简介：通过这门课你将学到——理解如何搭建一个神经网络，包括最新的变体，例如

残余网络;知道如何将卷积网络应用到视觉检测和识别任务;知道如何使用神经风格迁移生成艺术;能够在图像、视频以及其他 2D 或 3D 数据上应用这些算法。

(2) Tensorflow 入门(二维码 1.5)

① 网 址: https://www. bilibili. com/video/av22530538? from = search & seid =2407703627575206987

②目录:如图 1.6 所示。

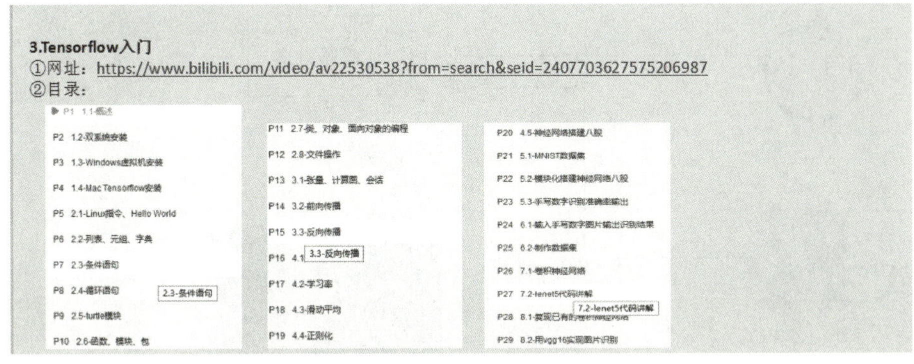

图 1.6 Tensorflow 课程目录

1.5 Tensorflow 教程

③简介:通过这门课的学习,能够学会搭建 tensorflow 环境,能够使用 tensorflow 搭建神经网络,学习到手写数字识别的步骤,以及一些网络参数优化的方法。

示例 3:多传感器融合(二维码 1.6)

1.6 粒子滤波原理及应用

为了能获得可靠且精确的定位,我们需要一个传感器融合的过程来合并这些传感器的优点,如图 1.7 所示。通过使用粒子滤波,系统把一个特别的观测形状和已知的地图进行比对,从而提高确定性。粒子滤波方法已经被证明能获得实时的定位,精度在 10cm,同时对于城市环境也有效。粒子滤波器是卡尔曼滤波器(Kalman filter)的一般化方法。卡尔曼滤波器建立在线性的状态空间和高斯分布的噪声上;而粒子滤波器的状态空间模型可以是非线性的,且噪声分布可以是任何形式。它的数学模型及应用请扫二维码 1.6。

1.5 教材各篇章核心技能目标

第一篇车载传感与环境感知技术,包括以下内容。

(一)车载传感系统

理解智能汽车传感器的特性及工作原理、信号数据特征,了解视觉传感器、激光雷达、超声波雷达等传感器的基础知识。

可掌握的核心技能:

1. 对无人驾驶车辆及其传感器系统有较为完整的认知。
2. 了解视觉传感器及其应用。
3. 了解激光雷达及其应用。
4. 掌握智能汽车传感器的工作原理,能够处理视觉传感器、激光雷达、超声波雷达、

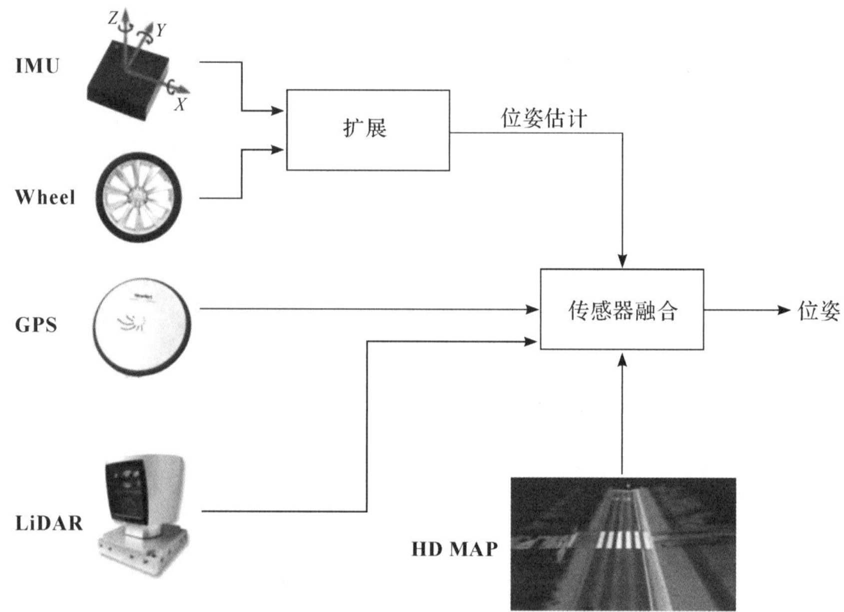

图 1.7 多传感器融合

GPS/IMU、北斗等信息数据。

对应章节:第 2 章智能网联汽车的车载传感系统。

(二)智能车辆检测与追踪

通过分析如何利用视觉传感器实现车辆检测与追踪,掌握主要的车辆检测与跟踪方法及工作原理。

可掌握的核心技能:

1. 掌握基于机器视觉的场景分割、目标检测、目标识别、目标跟踪等算法。

2. 掌握多传感器数据融合处理技术。

对应章节:第 3 章智能网联汽车视觉与定位基础。

(三)深度学习在智能网联汽车环境感知中的应用

通过完成自动驾驶中所用的图像分类、目标识别、驾驶行为识别等任务,掌握深度学习在自动驾驶中的应用。

可掌握的核心技能:

1. 把握深度学习的技术发展趋势,熟练掌握深度学习的核心技术、主要模型、实践技巧。

2. 使用 python,基于 sklearn、tensorflow 和 karas,练习使用各种算法,掌握各种机器学习算法的适用场景。

3. 了解自动驾驶中车路协同相关的问题。

对应章节:第 4 章基于深度学习的智能网联汽车感知系统。

(四)在教材中你将挑战的实训项目

在智能网联汽车技术中,感知是最基础的部分,教材以智能网联汽车研发真实工作过程实训项目为导向，基于 8 个软硬件结合的实训项目，将理论基础与项目应用相结合。教材提供项目相关的文献资料及算法案例，并将项目结果演示视频以二维码的形式展示，引导读者进行实训并提供参考。

对应章节：第 5 章智能网联汽车环境感知实训项目。

第二篇无线通信与智能网联技术，包括以下内容。

掌握车辆通信与组网的基础知识和关键技术，理解基于 5G 无线通信的车联网技术，以及典型的 V2X 场景相关知识。

可掌握的核心技能：

1. 掌握车辆通信与组网的基础知识和关键技术，理解基于 5G 无线通信的车联网技术。

2. 掌握车辆通信的物理层要求、车辆通信的无线接入标准、车辆通信网络的路由协议。

3. 熟悉国际和国内主流 V2X 技术路线及标准。

对应章节：第 6 章车辆通信的无线信道及物理层技术；第 7 章车辆通信的媒体接入控制技术。

第三篇车联网与信息安全技术，包括以下内容。

掌握车联网安全技术基础理论，了解车联网安全项目和技术应用。

可掌握的核心技能：

1. 对车联网感知层、网络层、应用层中各种类型的攻击进行分类。

2. 掌握分组密码、公钥密码体制、认证与数字签名、密钥管理与分发。

3. 了解车联网数据安全与隐私保护技术。

对应章节：第 8 章智能网联汽车信息安全；第 9 章车联网及物联网信息安全基础。

第 2 章　智能网联汽车的车载传感系统

本章介绍智能网联汽车的车载传感系统，主要包括视觉传感器、激光雷达、超声波雷达、GPS/IMU、北斗等智能汽车传感器的特性及工作原理，以及多传感器数据融合处理技术。

2.1　系统组成

2.1.1　智能网联汽车的感知

智能网联汽车最为核心的技术之一是感知技术，感知所得到的环境与车体自身的信息，为智能网联汽车提供决策和执行的信息源。环境感知是智能驾驶车辆与外界环境信息交互的关键。环境感知主要包括三个方面：路面、静态物体和动态物体。对于动态物体，不仅要检测到物体的位置，而且要对其轨迹进行跟踪，并根据跟踪结果，预测物体下一步的位置。这方面涉及道路边界检测、车辆检测、行人检测等技术，所用到的传感器一般有激光测距仪、视频摄像头、车载雷达等。

2.1.2　车载传感系统组成

硬件设备是感知的物理基础，主要指各种车载传感器，包括激光雷达（LiDAR）、毫米波雷达、视觉传感器、GPS/北斗、惯性传感器（IMU）等，如图 2.1 所示。要实现自动驾驶，多种传感器相互融合共同构成汽车的传感系统。

不同传感器的原理、功能各不相同，能够在不同的使用场景里发挥各自优势，如表 2.1

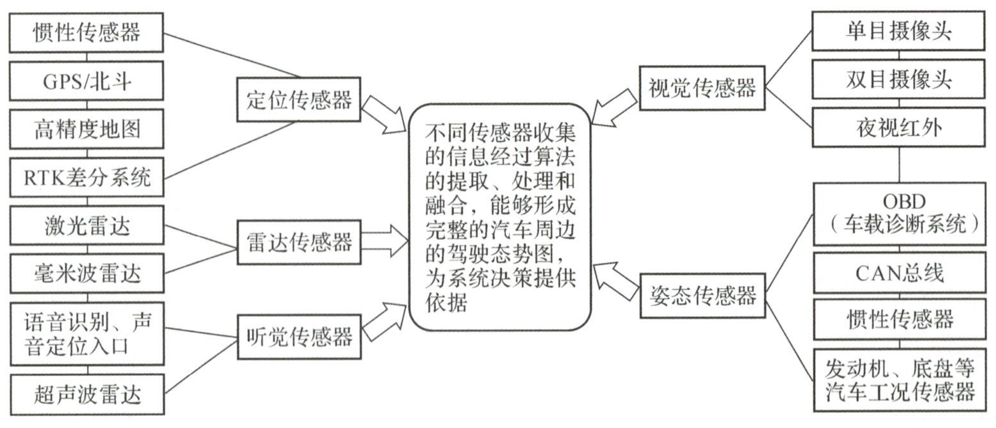

图 2.1　车载传感系统组成

所示。多个同类或不同类传感器分别获得不同的局部信息，这些信息之间可能相互补充。多传感器融合可显著提高系统的冗余度和容错性，从而保证决策的快速性和正确性。

表 2.1 主要传感器比较

	摄像头	毫米波雷达	激光雷达	超声波雷达	惯性传感器
探测距离	50m	250m	＞100m	3m 内	—
精度	一般	较高	极高	高	短期测量精度高
功能	利用计算机视觉判别周边环境与物体、判断前车距离	感知大范围内车辆的运行情况，多用于自适应巡航系统	障碍检测、动态障碍检测识别与跟踪、路面检测、定位和导航、环境建模	探测低速环境，常用于自动泊车系统	弥补 GPS 的定位缺陷，精确感应定位和车姿
优势	成本低、硬件技术成熟、可识别物体属性	全天候全天时工作、探测距离远、性能稳定、分辨率较高、测速精确	测量精度极高、分辨率高、抗干扰能力强、测距范围大，响应速度快	成本低，近距离探测精度高，且不受光线条件的影响	全天候全天时工作、受外界干扰小、短期精度和稳定性好、数据更新率高
劣势	依赖光线、易受恶劣天气影响、难以精确测距	在部分场景下易受信号干扰、无法识别物体属性、探测角度小	受恶劣天气影响、成本高昂、制作工艺复杂	只适用于探测近距，只在低速环境下发挥作用、易受信号干扰	成本较高、不能脱离 GPS 长时间工作、需要初始对准时间
不同类别	包括单目、双目摄像头，按照芯片类型又可分为 CCD 摄像头、CMOS 摄像头	依据测距原理不同可分为脉冲测距雷达、连续波测距雷达	可分为机械激光雷达、固态激光雷达；根据探测原理也能够区分为单线激光雷达和多线激光雷达等	—	—

每个传感器在运行时都不断产生数据，而且系统对每个传感器产生的数据都有很强的实时处理要求。比如摄像头需要达到 60FPS 的帧率，意味着留给每帧的处理时间只有 16ms。当数据量增大之后，分配系统资源便成了一个难题。例如，当大量的激光雷达点云数据进入系统、占满 CPU 资源时，就很可能使得摄像头的数据无法及时处理，导致智能网联汽车系统错过交通灯的识别，造成严重后果。因此如何有效调配软硬件资源也是一个挑战。

2.2 激光雷达

激光雷达可以探测白天或黑夜下的特定物体与车之间的距离。由于反射度的不同，也可以区分开车道线和路面，但是无法探测被遮挡的物体、光束无法达到的物体，在雨雪雾天气下性能较差。

激光雷达在智能网联汽车的运用有以下两方面:(1)3D 建模进行环境感知。通过扫描可以得到汽车周围环境的 3D 模型,运用相关算法比对上一帧和下一帧环境的变化,可以较为容易地探测出周围的车辆和行人。(2)SLAM 加强定位。同步建图(SLAM)实时得到的全局地图,通过和高精度地图中特征物的比对,可以实现导航及加强车辆的定位精度。

2.2.1 激光雷达分类与产品[1]

激光雷达产业链中相关企业主要分为三类:上游的激光雷达部件提供商、中游的相关装备制造商及激光雷达系统商、下游的激光雷达产品的终端应用商。

激光雷达上游厂商主要集中在激光器、探测器、主控芯片、模拟芯片及光学部件 5 个部件领域。

芯片(主控芯片 FPGA 及模拟芯片)领域国内外差距比较大,国外厂商占据主要市场;光学部件、激光器与探测器等领域,国内相关公司可以做到国产替代,可实现灵活定制,成本优势比较明显。目前激光器市场的主要参与者仍以海外厂商为主,包括 OSRAM(欧司朗)、AMS(艾迈斯半导体)、Lumentum(鲁门特姆)等;国产厂商有深圳瑞波光电子有限公司、常州纵慧芯光半导体科技有限公司等。探测器领域仍以国外厂商为主,包括 Sony、First Sensor、Hamamatsu 滨松光子、ON Semiconductor 安森美、量芯集成、灵明光子、南京芯视界。FPGA(信息处理)厂商有 Intel、Xilinx、紫光国微、智多晶。模拟芯片厂商有 TI、ADI 亚德诺半导体、矽力杰、圣邦股份。光学部件厂商有知微传感、Lemoptix、水晶光电、VIAVI、Heptagon、迈得特等。

激光雷达中游厂商主要做硬件集成的工作,并添加自研的算法,进行封装后卖给下游厂商。其中机械式激光雷达的发射系统和接收系统存在旋转部件,通过不断旋转发射头,将速度更快、发射更准的激光从“线”变成“面”,并在竖直方向上排布多束激光,形成多个面,达到动态扫描并动态接收信息的效果。传统机械式激光雷达要实现更高线束,需要增加发射模块与接收模块的数量。但是由于种种缺点,机械式激光雷达较难应用在规模量产车型当中。其优点是发展时间久,技术较为成熟。缺点是成本较高(64 线 Velodyne 机械式激光雷达价格在 7 万美元以上)、旋转部件体积、重量庞大。机械式激光雷达的主要厂商有 Velodyne、Valeo、Waymo、Ouster、禾赛科技、速腾聚创、镭神智能。

半固态激光雷达在产品外形上不存在机械旋转部件,但实际上内部存在小巧的机械旋转扫描系统。半固态激光雷达分为转镜式和 MEMS 式。转镜式激光雷达通过反射镜面围绕圆心不断旋转,将激光反射到不同的角度,完成对前方一定角度的扫描,激光发生器本身固定不动。MEMS 激光雷达的 MEMS 扫描镜内部集成了“可动”的微型镜面。MEMS 扫描镜兼具“固态”和“运动”两种属性,故称为“混合固态”。MEMS 激光雷达可以直接在硅基芯片上集成体积十分精巧的 MEMS 微振镜来代替传统的机械式旋转装置,在驱动电路的带动下,MEMS 微振镜产生高频旋摆,而激光源是固定不动的,打在振镜上的电磁波就会在振镜的转动下,快速扫描镜头前方的环境。这一变化带来的最大优点在于激光雷达本身不用再大幅度地进行旋转,可以有效降低整个系统在行车环境下出现问题的概率。半固态-转镜式激光雷达的主要厂商有 Velodyne、法雷奥、Luminar、IBEO、Innovusion、禾赛科技、镭神智能、锐驰智光、Livox。半固态-MEMS 主要厂商:Luminar、Innoviz、禾赛科技、速腾聚创、一径科技。

固态激光雷达是完全没有转动部件的激光雷达，由于其装配调试可以实现自动化，若能实现量产则可以大幅降低成本。固态激光雷达的技术路线尚未定型，目前分为 OPA 固态激光雷达和 Flash 固态激光雷达。OPA(optical phased array，光学相控阵技术)激光雷达运用相干原理，采用多个光源组成阵列，通过控制各光源发光时间差，以及调节发射阵列中每个发射单元的相位差，来控制输出的激光束的方向，合成具有特定方向的主光束。OPA 仍处于研发阶段。Flash 固态激光雷达属于非扫描式雷达，发射面阵光，是以 2 维或 3 维图像为重点输出内容的激光雷达。Flash 原理是快闪，不像 MEMS 或 OPA 的方案那样进行扫描，而是短时间直接发射出一大片覆盖探测区域的激光，再以接收器对环境周围图像进行绘制。Flash 是目前较为主流的技术方案。固态-OPA(光学相控阵)的主要厂商有 Quanergy、力策科技。固态-Flash 的主要厂商有 Ouster、IBEO、LuminWave、Analog Photonics。

FMCW 激光雷达主要通过发送和接收连续激光束，把回光和本地光做干涉，并利用混频探测技术来测量发送和接收的频率差异，再通过频率差换算出目标物的距离。FMCW 按光波的相干方式，可分为线性调频和编码调相两种。激光雷达按照测距方法可以分为飞行时间(time of flight，ToF)测距法、基于相干探测的 FMCW 测距法以及三角测距法等，其中 ToF 与 FMCW 能够实现室外阳光下较远的测程(100～250m)，是车载激光雷达的优选方案。FMCW 的主要厂商有 Blackmore、Aeva、Scantinel、Photonics、Strobe、光勺科技。

激光雷达下游厂商主要是车联网方案供应商和机器人、无人驾驶车公司。海外公司布局激光雷达较早，参与者较多。国内速腾聚创、图达通、禾赛科技、华为、镭神智能等品牌成为入局的第一梯队。速腾聚创主要定点涵盖小鹏 P9、上汽智已、广汽埃安、威马等车型；禾赛科技主要定点覆盖理想 L8、L9，高合，集度等；受蔚来参股的图达通几乎包揽了蔚来的激光雷达车载前装定点。2023 年 2 月 6 日，车载激光雷达供应商速腾聚创宣布已经与丰田汽车旗下多款车型达成量产定点合作，合作方式则将围绕一汽丰田相关车型的前装定点展开，合作产品为速腾聚创核心激光雷达产品“RS-LiDAR-M”。

2.2.2 激光雷达工作原理

由于激光的传播受外界影响小，激光雷达(LiDAR)能够检测的距离一般可达 100m 以上。激光雷达使用激光射线，波长一般在 600nm 到 1000nm 之间，远远低于传统雷达所使用的波长。因此激光雷达在测量物体距离和表面形状上可达到更高的精准度，一般可以达到厘米级。

激光雷达系统一般分为三个部分：第一是激光发射器，发射出波长为 600nm 到 1000nm 之间的激光射线；第二部分是扫描与光学部件，主要用于收集反射点距离与该点发生的时间和水平角度(azimuth)；第三部分是感光部件，主要检测返回光的强度。

因此我们检测到的每一个点都包括了空间坐标信息(x，y，z)以及光强度信息(i)。光强度与物体的光反射度(reflectivity)直接相关，所以根据检测到的光强度也可以对检测到的物体有初步判断。

激光雷达每旋转一周收集到的所有反射点坐标的集合就形成了点云(point cloud)。无人车所使用的激光雷达并不是静止不动的。在无人车行驶的过程中，激光雷达同时以一定的角速度匀速转动，在这个过程中不断地发出激光并收集反射点的信息，以便得到全方位的环境信息。激光雷达在收集反射点距离的过程中也会同时记录下该点发生的时间和水平角度，并且每个激光发射器都有编号和固定的垂直角度，根据这些数据我们就可以计算出所有反射点的坐标。

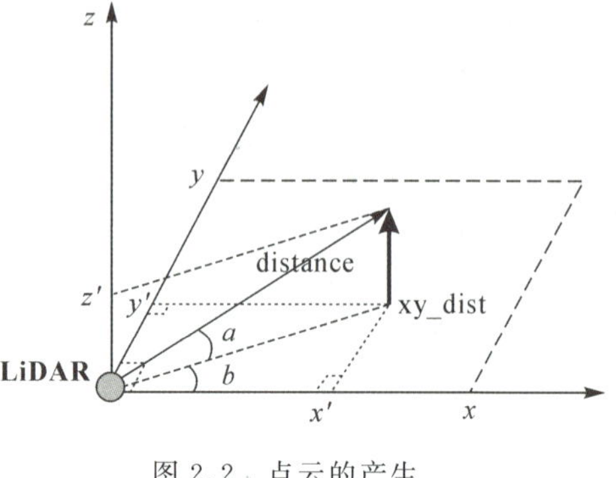

图 2.2 点云的产生

如图 2.2 所示，激光雷达（LiDAR）通过激光反射可以测出和物体的距离 distance，因为激光的垂直角度是固定的，记作 a，这里我们可以直接求出 z 轴坐标为 sin(a) * distance。由 cos(a) * distance 我们可以得到 distance 在 xy 平面的投影，记作 xy_dist。激光雷达在记录反射点距离的同时也会记录下当前激光雷达转动的水平角度 b，根据简单的集合转换，可以得到该点的 x 轴坐标和 y 轴坐标分别为 cos(b) * xy_dist 和 sin(b) * xy_dist。

2.2.3 激光雷达在智能网联汽车中的应用

激光雷达应用在智能网联汽车技术中，主要是面向高精地图的绘制、基于点云的定位以及障碍物检测。

一、高精地图的绘制

高精地图是由众多的点云拼接而成的，主要用于无人车的精准定位。高精地图的绘制也是通过激光雷达完成的。安装激光雷达的地图数据采集车在想要绘制高精地图的路线上多次反复行驶并收集点云数据。后期经过人工标注，过滤掉点云图中的错误信息，然后再对多次收集到的点云进行对齐拼接，形成最终的高精地图。

二、基于点云的定位

首先介绍定位的重要性。目前高精度的军用差分 GPS 在静态的时候确实可以在“理想”的环境下达到厘米级的精度。这里的“理想”环境是指大气中没有过多的悬浮介质而且测量时 GPS 有较强的接收信号。然而无人车在复杂的动态环境中行驶，尤其在大城市中，由于各种高大建筑物的阻拦，GPS 多路径反射（multi-path）的问题会更加明显。这样得到的 GPS 定位信息很容易就有几十厘米甚至几米的误差。对于在有限宽度上高速行驶的汽车来说，这样的误差很有可能导致交通事故。因此必须要有 GPS 之外的手段来增强无人车定位的精度。激光雷达会在车辆行驶的过程中不断收集点云来了解周围的环境。

我们可以把这个问题用一个简化的概率问题来表示。

已知 t_0 时刻的 GPS 信息、t_0 时刻的点云信息，以及 t_1 时刻无人车可能所在的三个位置 P1、P2 和 P3（这里为了简化问题，假设无人车会在这三个位置中的某一个）。求 t_1 时刻车在这三点的概率。根据贝叶斯法则，无人车的定位问题可以简化为如下概率公式：

$$P(X_t) \approx P(Z_t \mid Z_t) \times \overline{P(X_t)} \tag{2.1}$$

右侧第一项表示给定当前位置，观测到点云信息的概率分布。其计算方式一般分局部估计和全局估计两种。局部估计较简单的做法就是通过当前时刻点云和上一时刻点云的匹配，借助几何推导，可以估计出无人车在当前位置的可能性。全局估计就是利用当前时刻的点云和上面提到过的高精地图做匹配，可以得到当前车相对地图上某一位置的可能性。在实际中一般会两种定位方法结合使用。

右侧第二项表示对当前位置预测的概率分布，这里可以简单地用 GPS 给出的位置信息作为预测。通过计算 P1、P2 和 P3 这三个点的后验概率，就可以估算出无人车在哪一个位置的可能性最高。详细的定位算法在本书的第 3 章介绍。

三、障碍物检测

在机器视觉中一个比较难解决的问题就是判断物体的远近。基于单一摄像头所抓取的 2D 图像无法得到准确的距离信息。而基于多摄像头生成深度图的方法又需要很大的计算量，不能很好地满足无人车在实时性上的要求。

另一个棘手的问题就是光学摄像头受光照条件的影响很大，物体的识别准确度很不稳定。光线不好的情况下图像特征匹配的问题是个难点，并且 2D 物体由于深度信息缺失的问题也很难在特定情境下做出正确的识别。

利用激光雷达所生成的点云可以很大程度上解决上述两个问题。借助激光雷达的特性，我们可以对反射障碍物的远近、高低甚至是表面形状有较为准确的估计，从而大大提高障碍物检测的准确度，而且这种方法在算法的复杂度上低于基于摄像头的视觉算法，因此更能满足无人车的实时性需求。

2.2.4 激光雷达技术面临的挑战[2]

但是在实际应用中，激光雷达也面临着许多挑战，包括技术、计算性能以及成本三个方面。

一、技术挑战：空气中有悬浮物

激光雷达的精度会受到天气的影响。空气中的悬浮物会对光速产生影响。大雾及雨天都会影响激光雷达的精度，如图 2.3 所示。

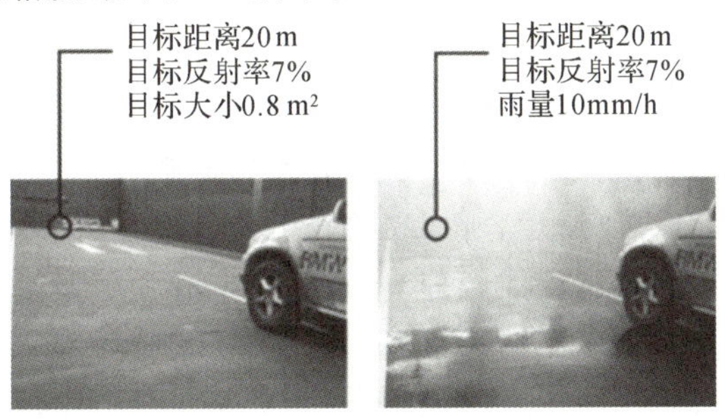

图 2.3 外部环境对激光雷达测量的影响[2]

图 2.4 所示的测试中使用了 A 和 B 两个来自不同制造厂的激光雷达，可以看到随着实验雨量的增大，两种激光雷达的最远探测距离都线性下降。雨中或雾中的传播特性最近几年随着激光技术的广泛应用越来越受到学术界的重视。研究表明：雨和雾都是由小水滴构成的，雨滴的半径和其在空中的分布密度直接决定了激光在传播的过程中与之相撞的概率。相撞概率越高，激光的传播速度受影响越大。

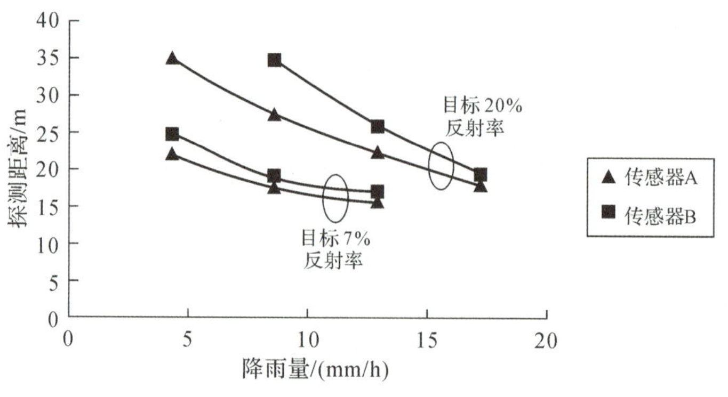

图 2.4　雨量对激光雷达测量影响的量化[2]

二、计算性能挑战:计算量大

即使是 16 线的激光雷达每秒钟要处理的点也达到了 30 万个,要保证无人车定位算法和障碍物检测算法的实时性,如此大量的数据处理是激光雷达面临的一大挑战。例如,之前所说的激光雷达给出的原始数据只是反射物体的距离信息,需要对所有产生的点进行几何变换,将其转化为位置坐标,其中至少涉及 4 次浮点运算和 3 次三角函数运算,而且点云在后期的处理中还有大量坐标系转换等更复杂的运算,这些都对计算资源(CPU、GPU、FPGA)提出了很大的需求。

三、成本挑战:造价昂贵

激光雷达的造价也是要考虑的重要因素之一,这样的成本要加在本来就没有很高利润的汽车价格中,无疑会大大阻碍无人车的商业化。

2.3　毫米波雷达及 4D 毫米波雷达

2.3.1　传统毫米波雷达

毫米波雷达通过发射无线电信号(毫米波波段的电磁波)并接收反射信号来测定汽车车身周围的物理环境信息,然后根据所探知的物体信息进行目标追踪和识别分类,进而结合车身动态信息进行数据融合,完成合理决策,减少事故发生概率。毫米波雷达的工作频段为 30～300GHz 毫米波,毫米波的波长为 1～10mm,介于厘米波和光波之间。雷达测量的是反射信号的频率转变,并计算其速度变化。普通雷达可以检测 30～100m 远的物体,高端的雷达能够检测到更远的物体。同时,毫米波雷达不受天气状况限制,即使是雨雪天都能正常运作,穿透雾、烟、灰尘的能力强,具有全天候、全天时的工作特性,且探测距离远,探测精度高,被广泛应用于车载距离探测,如自适应巡航、碰撞预警、盲区探测等。

相比激光雷达,毫米波雷达精度低、可视范围的角度也偏小,一般需要多个雷达组合使用。雷达传输的是电磁波信号,因此它无法检测上过漆的木头或是塑料,行人的反射波较弱、几乎对雷达"免疫"。雷达对金属表面非常敏感,如果是一个弯曲的金属表面,它会被雷达误认为是一个大型表面。此外,雷达在大桥和隧道里的效果也不佳。[1]

毫米波雷达的主流可用频段为 24GHz 和 77GHz,分别应用于中短距(SSR)和中长距

(LRR)测量,如图 2.5 所示。典型的长距离雷达可探测的前向距离为 250m;典型的短距离雷达的探测距离为前向 60m、后向 20m。

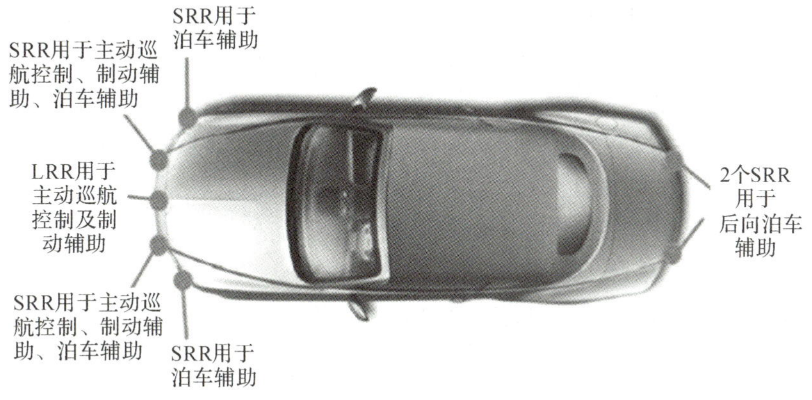

图 2.5　毫米波雷达的使用

激光雷达、毫米波雷达、超声波雷达都可视为广义的"视觉"传感器。激光雷达、毫米波雷达承担了主要的中长距测距和环境感知,超声波雷达由于反应速度和分辨率问题主要用于倒车雷达,三种车载雷达的对比见表 2.2。

表 2.2　三种车载雷达对比

雷达分类	工作原理	能实现功能	优缺点对比
激光雷达	发送红外波段的激光脉冲,接收反射激光,通过光线飞行时间测算物体位置、速度。通过光电传感器将脉冲转化为点云数据,形成周边环境的 3D 建模	自适应巡航、车辆高精度定位、高精度地图形成	优点:精度极高,可实现带深度信息的 3D 环境建模 缺点:数据运算量大,成本高,车载方案仍不够成熟
毫米波雷达	发射 24GHz 及 77GHz 波段电磁波,接收反射波,通过解算回波频率变化计算物体方位	24GHz:盲区监测、泊车辅助等 77GHz:自动紧急制动,自适应巡航等	优点:成本适中,不受天气影响 缺点:精度较低,低分辨率难以显现完整的环境信息
超声波雷达	发射 12kHz 以上的超声波,接收声波反射,通过回波时间差计算与物体的距离	倒车辅助	优点:成本最低 缺点:声波速度慢,作用时间短,无法形成环境图像信息

2.3.2　4D 毫米波成像雷达在智能汽车中的应用

传统雷达系统面临着以下缺陷:当有静止车辆时,目标信息容易和地杂波等掺杂在一起,识别难度较大,而移动车辆可以靠多普勒信号识别。当有横穿车辆和行人时,多普勒信号为零或很低,难以检测。没有高度信息,高处物体如桥梁路牌和地面的车辆一样区分不开,容易造成误刹,影响安全性。角度分辨率低,当两个距离很近的物体,其回波会被混在一起,很难知道有几个目标。用雷达散射截面面积区分物体难:可以通过不同物体的雷达散射截面面积的不同和不同帧之间的反射点的不同来区分路牌、立交桥和车辆，然而准确率并不高。最远探测距离不超过 200 m，探测距离范围有限。

4D 成像毫米波雷达技术突破了传统车载雷达的局限性，可以以很高的分辨率同时探测目标的距离、速度、水平方位和俯仰方位，使得最远探测距离可达约 300 m，比激光雷达和视觉传感器都要远。4D 成像毫米波雷达系统水平角度分辨率较高，通常可以达到 1°的角度分辨率，可以区分 300 m 处的两辆近车。4D 成像毫米波雷达系统可以测量俯仰角度，可达到优于 2°的角度分辨率，可在 150 m 处区分地物和立交桥。当有横穿车辆和行人，多普勒信号为零或很低时通过高精度的水平角和高精度的俯仰角可以有效识别目标。目标点云更密集，信息更丰富，更适合与深度学习框架结合。

目前市场上主流的雷达生产商，比如博世、大陆、安波福、采埃孚及华为等，都在进行 4D 毫米波成像雷达的研发，其中部分企业也陆续推出对应的 4D 毫米波成像雷达产品。另外，在自动驾驶公司 Waymo 最新推出的第五代感知方案中就配置了 6 颗 4D 毫米波成像雷达，颠覆了原先高度依赖激光雷达的方案。从这几方面可见 4D 毫米波成像雷达的市场未来可期。

文献[4]对 4D 毫米波成像雷达在智能汽车中的应用进行了研究，指出 4D 毫米波成像雷达可以获得目标障碍物的距离、速度、方位角及俯仰角等信息，相较于普通毫米波雷达增加了俯仰角的测量信息。另外，4D 毫米波成像雷达的角分辨率较高，可输出大量的测量点，这种致密的测量点又称为“点云”，故也将 4D 毫米波成像雷达称为“点云雷达”。同时，新一代 4D 毫米波成像雷达不仅可实现 4D 点云输出，还可以使用神经网络技术，根据呈现的点云图像信息，对道路的使用者和障碍物进行目标检测及分类。这种技术的关键在于通过多芯片级联，增加实体天线，配合 MIMO 成像技术，实现密集点云的采集，完成目标的检测，并通过人工智能的软件算法对目标进行分类。4D 毫米波成像雷达水平和垂直视场角和分辨率变大，点云密度的覆盖范围已超越了绝大多数车载激光雷达。

4D 毫米波成像雷达的点云数据与摄像头图像数据进行融合，可以对周边复杂环境进行 3D 实时建模，并对周围行人、车辆等目标物的距离、速度等进行精确监控。由于毫米波雷达的环境适应能力强，可弥补摄像头在夜晚、雨雾天、逆光环境下性能不足的问题；同时，4D 毫米波成像雷达和摄像头相结合的感知方案，相对于激光雷达的方案更具性价比。4D 毫米波成像雷达一定程度上可实现非视距感知，能够“看穿”墙壁、紧闭的门和其他固体物体，可探测到被前车挡住的前前车的位置和速度，与摄像头进行数据融合的难度比激光雷达低，验证成本较低。

4D 毫米波成像雷达在车端、路端都有很多应用场景，比如高速公路巡航的远距离跟车、静止障碍物的识别和避障、城市复杂交通路口的车流量统计、目标类型识别及变道抓拍等。

1. 车端的应用

4D 毫米波成像雷达探测距离远，具有出色的水平和垂直的角度分辨能力、适应性强等特性，以高速巡航避障为例，传统的毫米波雷达很难可靠检测到静止障碍物，比如路边静止车辆、道路护栏、锥桶等，从而导致车辆事故的发生；而由于 4D 毫米波成像雷达具有出色的角度分辨率，对于环境识别能力更强大，同时可稳定识别出 100m 以外路面上的锥桶或更小的物体，这将大幅提升车辆在高速上驾驶的安全性，同时也拓展了更多的应用场景。

2. 路端的应用

毫米波雷达在路端的应用主要体现在智能汽车交叉口通行车路协同控制技术中。在车路协同场景中，4D雷达与摄像头融合，可实现同时对各种移动和静止的大小车辆、自行车、行人以及其他目标进行分类和追踪。它尤其擅长在大规模复杂路口、人车流混杂的车路协同场景应用，包含传统的智能交通功能、事件检测和车流量统计等。它一般安装在高清摄像头旁边，由V2X(车路协同控制系统)将信号传出去。

4D毫米波成像雷达不仅具备普通毫米波雷达的优点，同时输出的信息更加丰富，增加了测高维度，检测分辨率和精度也大幅提升，为自动驾驶功能提供了更高的安全保障。由于目前市场还不足够成熟，在技术上还有诸多方面需要提升，加快4D毫米波成像雷达的研究和应用，并在实践中不断完善，未来在自动驾驶系统中应用也将会越来越普及。

2.4 车载摄像头

车载摄像头采集图像进行处理，将图片转换为二维数据；然后通过图像匹配进行识别，如识别车辆行驶环境中的车辆、行人、车道线、交通标志等；还可以依据物体的运动模式或使用双目定位，以估算目标物体与本车的相对距离和相对速度。相比于其他传感器，摄像头最为接近人眼获取周围环境信息的工作模式，可以通过较小的数据量获得最为全面的信息，同时因为现在的摄像头技术比较成熟，成本可较低。但是，摄像头识别也存在一定的局限性，基于视觉的解决方案受光线、天气影响大；同时，物体识别基于机器学习资料库，需要的训练样本大，训练周期长，也难以识别非标准障碍物；另外，由于广角摄像头的边缘畸变，得到的距离准确度较低。目前摄像头可划分为单目、后视、立体(双目)、环视摄像头四种。

根据不同ADAS功能的需要，摄像头的安装位置也有不同，主要分为前视、后视、侧视以及内置，如图2.6所示。实现自动驾驶时全套ADAS功能需安装6个以上摄像头。前视摄像头一般采用55°左右的镜头来得到较远的有效距离，有单目和双目两种解决方案。环视使用的是广角摄像头，通常在车四周装备4个进行图像拼接来实现全景图，通过辅助算法可实现道路线感知。后视采用广角或者鱼眼镜头，主要为倒车后视使用。侧视一般使用两个广角摄像头，完成盲点检测等工作，也可代替后视镜，这一部分功能也可由超声波雷达替代。内置使用的也是广角镜头，安装在车内后视镜处，完成在行驶过程中对驾驶员的闭眼

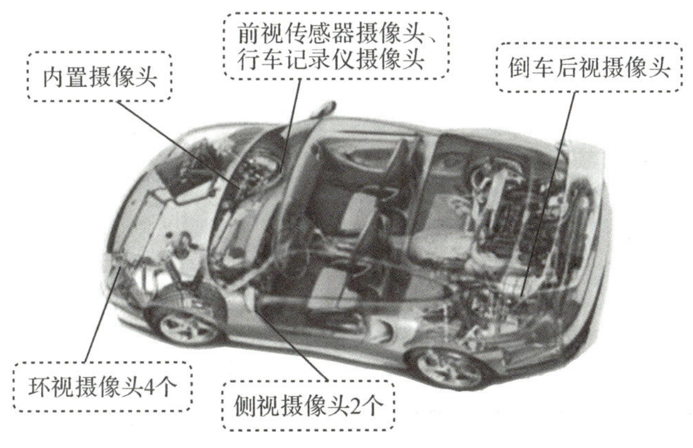

图2.6 摄像头方位设置

提醒。前视摄像头可以实现ADAS主动安全的核心功能，如车道偏离预警、车辆识别应用、车辆识别、行人识别、道路标志识别等，未来将是自动紧急刹车（AEB）、自适应巡航（ACC）等主动控制功能的信号入口，安全等级较高，应用范围较广，是目前开发的热点。

车载摄像头在工艺上的首要特性是快速，特别是在高速行驶场合，系统必须能记录关键驾驶状况、评估这种状况并实时启动相应措施。在140km/h的速度，汽车每秒要移动40m。为避免两次图像信息获取间隔期间自动驾驶的距离过长，要求相机具有最慢不低于30帧/秒的影像捕捉速率，在汽车制造商的规格中，甚至提出了60帧/秒和120帧/秒的要求。

在功能上，车载摄像头需要在复杂的运动路况环境下都能保证采集到稳定的数据。具体表现为：高动态，在较暗环境以及明暗差异较大下仍能实现识别，要求摄像头具有高动态的特性。中低像素，为降低计算处理的负担，摄像头的像素并不需要非常高。目前30万～120万像素已经能满足要求。角度要求，对于环视和后视，一般采用135°以上的广角镜头，前置摄像头对视距要求更大，一般采用55°的视角范围。

相比工业级与生活级摄像头，车载类型在安全级别上要求更高，尤其是对于前置ADAS的镜头安全等级要求更高。主要体现在：温度要求，车载摄像头温度范围在－40～80℃。防磁抗震，汽车启动时会产生极高的电磁脉，车载摄像头必须具备极高的防磁抗震的可靠性。较长的寿命，车载摄像头的寿命要在8年以上才能满足要求。

摄像头的核心是视觉传感器，主要由摄像机模组、软件算法和核心算法芯片三部分组成，其中我国摄像机模组技术开发上已经具备了一定的能力，但在核心算法芯片方面却多数被国外垄断，如表2.3所示。

表2.3　视觉传感器组成与供应商

技术组成	特点	主要供应商
车载ADAS摄像头模组	车载ADAS摄像头模组需要定制化开发。为了适应车辆全天候全天时的需要，一般要满足在明暗反差过大的场合（进出隧道），很好平衡图像中过亮或太暗部分（宽动态）；对光线比较灵敏（高感光），避免给芯片带来太大压力（并不是一味追求高像素）。可以说摄像头模组是基础，好比一张底子不错的照片才有修饰美化的余地，保证拍摄图像够用的基础上，算法才能更好地发挥效力	供应商有外资企业、合资企业以及一些本土民营企业如Waymo、麦格纳电子有限公司、DIGEN株式会社、安森美半导体、虹软中国、惠州华阳数码特电子、北京经纬恒润科技、广州一谷电子、深圳道可视科技、凌上科技等
核心算法芯片	图像相关算法对计算资源有很高的要求，因此芯片性能要求较高。如果在算法上叠加深度学习来帮助提升识别率，对硬件性能的要求只增不减，主要考虑的性能指标是运算速度、功耗以及成本	多数被国外垄断，主要供应商有瑞萨电子（Renesas Electronics）、意法半导体（ST）、飞思卡尔（Free scale）、亚德诺（ADI）、德州仪器（TI）、恩智浦（NXP）、富士通（Fujitsu）、赛灵思（Xilinx）、英伟达（NVIDIA）等

2.5 GPS、北斗及惯性传感器

2.5.1 智能网联汽车定位技术

行车定位是智能网联汽车最核心的技术之一，全球定位系统(GPS)在智能网联汽车定位中也担负起相当重要的职责。然而GPS在复杂的动态环境中，尤其在大城市，其多路径反射的问题很显著，导致获得的GPS定位信息很容易产生几米的误差。另外，由于GPS的更新频率低(10Hz)，在车辆快速行驶时很难给出精准的实时定位。单纯依赖GPS的导航很有可能导致交通事故。因此GPS通常辅助以惯性传感器(IMU)来增强定位的精度。

IMU是检测加速度与旋转运动的高频(1kHz)传感器，但IMU自身也有偏差积累与噪声等问题影响结果。通过使用基于卡尔曼滤波的传感器融合技术，我们可以融合GPS与IMU数据，结合GPS的定位精度高和误差无积累的特点与IMU的自主性和实时性的优点。

由于智能网联汽车对可靠性和安全性要求非常高，所以基于GPS和惯性传感器的定位并非智能网联汽车里唯一的定位方式，我们还会使用LiDAR点云与高精地图匹配，以及视觉里程计算法等定位方法，让各种定位法互相纠正以达到更精准的效果。多传感器融合定位的详细内容在本书第3章介绍。

2.5.2 GPS与北斗系统简介

一、GPS系统简介

GPS系统包括太空中的32颗GPS卫星，地面上1个主控站、3个数据注入站和5个监测站及作为用户端的GPS接收器。最少只需其中3颗卫星，就能迅速确定用户端在地球上所处的位置及海拔高度。现在民用GPS可以达到10m左右的定位精度，GPS系统使用低频信号，纵使天候不佳仍能保持相当的信号穿透性。

1. GPS的运作原理、三边测量法定位。如图2.7所示，GPS定位系统是利用卫星基本三角定位原理、GPS接收器以测量无线电信号的传输时间来量测距离。由每颗卫星的所在位置，测量每颗卫星至接收器间的距离，便可以算出接收器所在位置的三维空间坐标值。使用者只要利用接收器接收到3个卫星信号，就可以定出使用者所在的位置。

2. 多路径。多路径问题是指由于GPS信号的反射与折射造成信号传播时间的误差，这会导致定位的错误。特别在城市的环境中，空气中有许多悬浮介质会反射与折射GPS信号，另外信号也会在高楼大厦的外墙发生反射与折射，这些都造成距离测量的混乱。尤其是在大城市中，GPS多路径反射的问题会更加明显。这样得到的GPS定位信息很容易就有几米的误差，很有可能会导致交通事故发生。

二、北斗系统简介

如今，北斗国内布局越来越强大，北斗卫星导航系统进入全球组网的密集发射阶段，“全国一张网”一期已正式通过验收，可在中国的21个省份提供实时动态厘米级精准定位服务。在北斗赋能之下，智慧城市、自动驾驶、智慧物流等都将实现大规模商用。北斗的

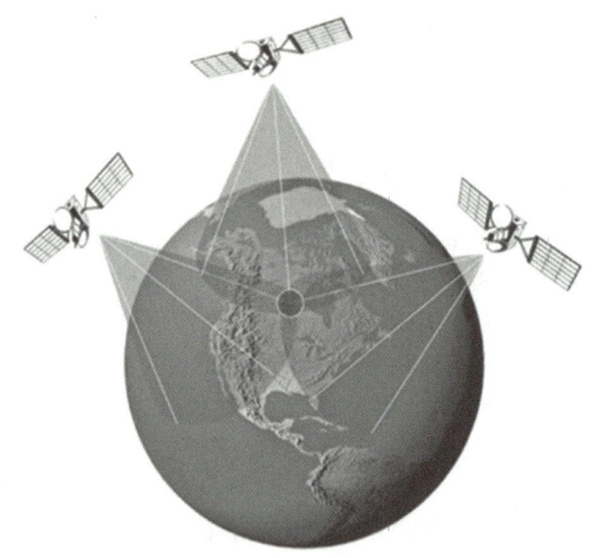

图 2.7　GPS 三边测量法定位

优势：

1. 安全。这绝对是建北斗最最重要的原因，GPS 使用了这么多年，军队官方都没有统一装备 GPS 的任何产品，因为战时美国绝对不会让你用它的 GPS，GPS 信号是可以加密或关闭的。在地理信息如此重要的战场，你只能靠自己。

2. 三频信号。北斗使用的是三频信号，GPS 使用的是双频信号，这是北斗的后发优势。虽然 GPS 在 2010 年 5 月 28 日发射了第一颗三频卫星，但等到 GPS 卫星全部老化报废更换为三频卫星还要好几年。这几年就是北斗的优势期。三频信号可以更好地消除高阶电离层的延迟影响，提高定位可靠性，增强数据预处理能力，大大提高模糊度的固定效率。而且如果一个频率信号出现问题，可使用传统方法利用另外两个频率进行定位，提高了定位的可靠性和抗干扰能力。北斗是全球第一个提供三频信号服务的卫星导航系统。

以下是主题相关的课程思政内容，具体请扫二维码 2.1～2.3。

教材切入点	GPS、北斗及惯性传感器
课程思政	科技自信，爱国主义情怀
教材体现内容、方法	教材新形态资源二维码：中国在世界科技之林占有重要一席

2.1 教材课程思政——北斗与 GPS

2.2 课程思政报告 1

2.3 课程思政报告 2

2.5.3　惯性传感器简介

惯性传感器（IMU）是可以检测加速度与旋转运动的传感器，基础的惯性传感器包括加速度计与角速度计。如基于 MEMS 的六轴惯性传感器，主要是由三个轴加速度传感器以及三个轴的陀螺仪组成。

MEMS[1]惯性传感器分为三个级别：低精度惯性传感器作为消费电子类产品主要用在智能手机。中精度惯性传感器主要用于汽车电子稳定系统以及 GPS 辅助导航系统，在控制芯片中对测量误差有一定修正，所以测量结果更加准确。但是长时间运行后，累计的误差也会越来越大。高精度惯性传感器作为军用级和宇航级产品，要求具备高精度、全温区、抗冲击等特征。

无人车使用的一般是中低精度的惯性传感器。其特点是更新频率高(1kHz)，可以提供实时位置信息。但是惯性传感器的致命缺点是它的误差会随着时间的推进而增加，所以我们只能在很短的时间内依赖惯性传感器进行定位。

由于制作工艺的原因，惯性传感器测量的数据通常都会有一定误差。第一种误差是偏移误差，也就是陀螺仪和加速度计即使在没有旋转或加速的情况下也会有非零的数据输出。第二种误差是比例误差，即所测量的输出和被检测输入的变化之间有一个比率。第三种误差是背景白噪声。

2.5.4 GPS 和惯性传感器的融合

GPS 是一种相对精准的定位传感器，但更新频率低，并不能满足实时计算的要求。而惯性传感器的定位误差会随着运行时间累积，但由于其是高频传感器，在短时间内可以提供稳定的实时位置更新。所以我们只要找到一个能融合这两种传感器的优点的方法，各取所长，就可以得到比较实时与精准的定位。

GPS/IMU 组合的优势在于：(1)系统精度的提高。利用 GPS 的长期稳定性弥补 IMU 误差随时间累积的缺点。GPS/IMU 组合后的导航误差比单独的 GPS 小。(2)系统抗干扰能力的增强。利用 IMU 的短期高精度弥补 GPS 系统易受干扰、信号易失锁等缺点，同时借助 IMU 的姿态信息、角速度信息可进一步提高 GPS 系统快速捕获或重新锁定卫星信号的能力。(3)导航信息的补全。GPS/IMU 组合系统与单 GPS 相比，除了可以提供载体运动的三维位置和速度信息外，还可提供加速度、姿态和航向信息。

可以用卡尔曼滤波器融合这两种传感器数据以进行定位。卡尔曼滤波器可以从一组有限的、包含噪声的物体位置的观察序列预测出物体的位置坐标及速度。它具有很强的鲁棒性，即使对物体位置的观测有误差，根据物体历史状态与当前对位置的观测，我们也可以较准确地推算出物体的位置。卡尔曼滤波会根据各测量量在不同时间下的值，考虑各时间下的联合分布，再产生对未知变数的估计。卡尔曼滤波器的数学模型及应用请扫码看二维码 2.4 中的内容。

卡尔曼滤波器运行时主要分两个阶段：预测阶段，基于上个时间点的位置信息去预测当前的位置信息；更新阶段，通过当前对物体位置的观测去纠正位置预测，从而更新物体的位置。

2.4 卡尔曼滤波器

使用卡尔曼滤波器对惯性传感器与 GPS 数据进行融合，如图 2.8 所示。首先我们在上一次位置估算的基础上使用惯性传感器对当前的位置进行实时预测。在得到新 GPS 数据前，我们只能通过积分惯性传感器的数据来预测当前位置。但惯性传感器的定位误差会随着运行时间而累积，所以当接收到新的比较精准的 GPS 数据时，我们可以使用这个 GPS 数据对当前的位置预测进行更新。通过不断地执行这两个步骤，我们可以取两者所长，对无人车进行准确实时的定位。假设惯性传感器的频率是 1kHz，而 GPS 的频率是 10Hz，那么每两次 GPS 更新之间，我们可以使用 100 个惯性传感器数据点进行位置预测。

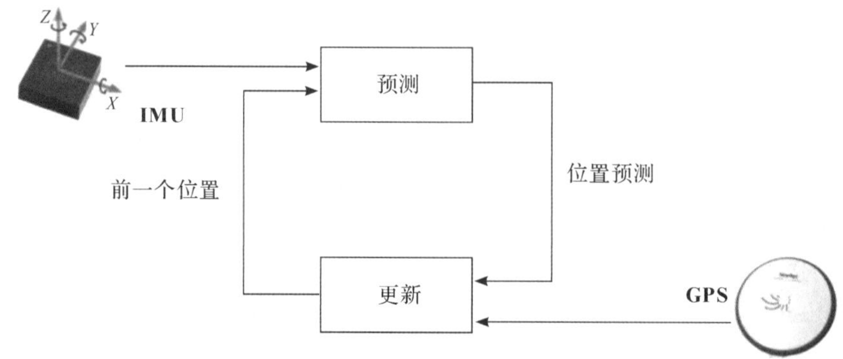

图 2.8　GPS 与 IMU 的传感器融合定位

1. 预测

卡尔曼滤波分为两步，第一步为状态预测(prediction)。有辆小车在道路上水平向右侧匀速运动，在左侧 o 点安装了传感器，传感器每隔 1 秒测量一次小车的位置 s 和运动速度 v。根据上一时刻的状态 $\boldsymbol{x}_{t-1}$ 预测当前时刻的状态 $\boldsymbol{x}_{\text{pre}}$，将预测的状态 $\boldsymbol{x}_{\text{pre}}$ 与当前时刻的测量值 z_t 进行加权更新，更新后的结果为最终的追踪结果 $\boldsymbol{x}_t$，用向量 $\boldsymbol{x}_t$ 来表示小车在 t 时刻的运动状态。现在我们已经有了小车第 1 秒的状态 $\boldsymbol{x}_1$，可以预测小车在第 2 秒的状态，小车所处位置假设如图 2.9 上图所示。由于小车是做匀速运动，因此小车在第 2 秒时的预测状态为

$$\boldsymbol{x}_{\text{pre}}=[s_1+v_1, v_1] \tag{2.2}$$

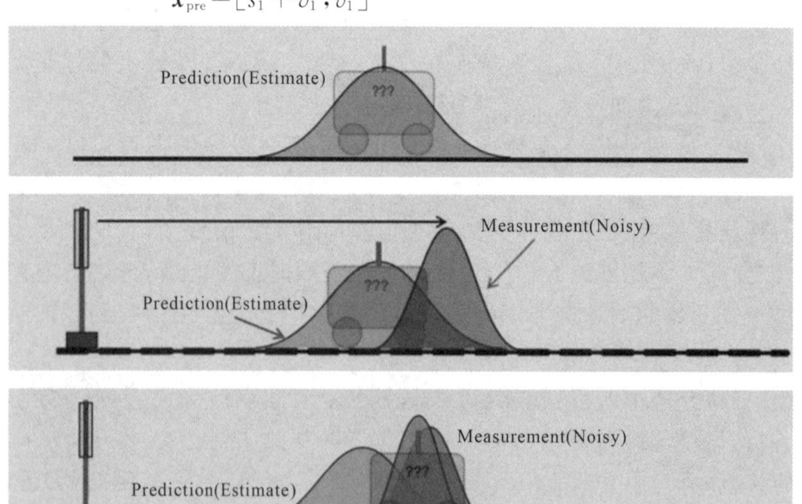

图 2.9　卡尔曼滤波的预测更新结果

扫码看彩图 2.9

2. 更新

现在我们已经预测了小车在第 2 秒的状态，同时传感器也测量出小车在第 2 秒时的位置，测量结果用 $\boldsymbol{z}_2$ 表示，则

$$\boldsymbol{z}_2=[s_2,v_2] \tag{2.3}$$

由于传感器本身存在着测量噪声，测量结果存在很大不确定性，将小车预测位置与测量值进行比较，如图 2.9 中图所示，小车的真实位置应该处于测量值与预测值之间。对测量值与预测值进行加权，加权后的结果如图 2.9 下图所示。这样，根据第 2 秒的预测值和测量值，我们就能得到第 2 秒的状态向量 $\boldsymbol{x}_2$ 同理，按照上述预测、更新的过程，我们就能得到第 3 秒、第 4 秒、…、第 n 秒的状态向量 $\boldsymbol{x}_n$。

2.6 V2X 通信传感

V2X(vehicle to everything)通信技术旨在通过车辆及路边基础设施间的协同通信来提高驾驶安全性、减少拥堵以及提高交通效率。与自动驾驶技术中常用的摄像头或激光雷达相比，V2X 拥有更广的使用范围，它具有突破视觉死角和跨越遮挡物的信息获取能力，同时可以和其他车辆及设施共享实时驾驶状态信息，还可以通过研判算法产生预测信息。另外，V2X 是唯一不受天气状况影响的车用传感技术，无论雨、雾或强光照射都不会影响其正常工作。所以除了传感器，V2X 技术也属于自动驾驶的一个感知手段。

V2X 通信主要通过装载在车辆上的传感器等芯片技术和通信模块来检测车辆周围的交通状况，获得系统负载状态等一系列重要信息，与此同时，利用 GPS 来实时获得车辆的位置，并指引车辆始终行驶在最优路线。正是由于车联网系统的信息共享，车辆可以有效地预测前方的道路信息，并自动选择最优行驶路线，从而避开拥堵路段。具体而言，根据通信对象不同，V2X 通信可以划分为车辆对车辆通信(vehicle to vehicle，V2V)、车辆对基础设施通信(vehicle to infrastructure，V2I)以及车辆对行人通信(vehicle to pedestrian，V2P)3 种方式。

一、V2X 通信的技术标准

V2X 通信的技术标准主要有基于 IEEE 802.11p 的 DSRC 标准与基于 LTE 蜂窝网络的 LTE-V 技术标准两种，基于 5G 的蜂窝网络 5G V2X 的技术仍在标准化过程中。

1. DSRC

DSRC 以 IEEE 802.11p 为基础，其中 IEEE 802.11p 由 IEEE 802.11 标准扩充而来。IEEE 802.11p 不但能支持 QAM(正交振幅调制)以及 PSK(相位移键调制)等关键调制技术，还支持 FEC(前向纠错码校正)，用以避免信息在重传过程中所产生的时延。DSRC 中车辆对车辆通信以及车辆对基础设施通信主要利用了通用射频通信技术，从而在高速移动的场景中为车辆提供信息安全和中短距离传输服务。

2. LTE-V

LTE-V 是指以 LTE 蜂窝网络为基础的 V2X 通信标准，能重复利用现有的蜂窝式基础设施与频谱资源，运营商等也同样不需要重新布置专用的路边单元以及提供专用频谱资源。目前华为、大唐电信以及高通等一系列厂商在努力推动着以 LTE 网络为基础的 LTE-

V技术。

针对基于LTE-V的V2X应用，现有两种不同的通信方式：LTE-V-Cell，即集中式，也称为蜂窝式，以基站为分布和控制中心，主要定义车辆对路边单元以及基础设施的通信方式；LTE-V-Direct，即分布式，也称为直通式，具体指车辆对车辆的直接通信，而不需要基站作为控制中心。

二、LTE-V2X车联网标准及演进

基于车联网相关技术研究的迅速进展，国内、国际标准化组织对于车联网标准的研制也进展十分迅速。

1. 3GPP LTE-V2X标准进展

2015年2月，在世界主流通信设备商和运营商的推动下，3GPP正式开始LTE-V2X技术标准化工作，设立了业务需求、系统架构、安全研究和空口技术4个技术工作组并开展工作。

2. 3GPP LTE-eV2X标准进展

2016年6月，3GPP SA1进行“增强的V2X业务需求”标准研究工作。在发布的研究结果TS22.886中，定义了25个应用案例，包括自动车队驾驶、半/全自动驾驶、可扩展传感、远程驾驶等需求。2017年3月，由大唐电信等公司联合牵头的“3GPP V2X第二阶段标准研究”，主要讨论了包括载波聚合、发送分集、高阶调制、短帧传输等物理层关键技术。

3. 5G NR-V2X标准进展

2017年3月，3GPP RAN开始进行V2X新型应用评估方法研究，对3GPP TS22.886中定义的增强业务需求进行评估研究，包括仿真场景、性能指标、频谱需求、信道模型和业务模型等。

在5G时代，车联网拥有更加复杂多变的体系结构和新型的系统元素，如5G车载单元、5G基站、5G移动终端、5G云服务器等。5G车联网可以实现多种网络的融合，从而进行无缝的信息交互和信道切换。

2.7 智能网联汽车传感器的安全

对于智能网联汽车来说，安全性至关重要。如果达不到安全要求就上路是极其危险的。目前，针对智能网联车攻击的方法五花八门，渗透到无人驾驶系统的每个层次，包括传感器、操作系统、控制系统、车联网通信系统等。

由于传感器处于整个无人驾驶计算的最前端，最直接攻击无人车的方法就是攻击传感器。这种外部攻击法并不需要入侵到无人驾驶系统内部，使得入侵的技术门槛相当低。正是因为入侵的门槛低，我们需要在传感器上做大量的工作来保证其安全。

对各种传感器，我们都可以轻易地攻击与误导：

1. 可以使用惯性传感器(IMU)辅助无人驾驶定位，但是IMU对磁场很敏感，如果使用强磁场干扰IMU，就有可能影响IMU的测量。

2. 对于GPS，如果在无人车附近设置大功率假GPS信号，就可以覆盖原来的真GPS信号，从而误导无人车定位。

3. 通过两种简单攻击方法的结合，GPS 与 IMU 的定位系统会轻易被攻破。

4. 激光雷达是目前无人驾驶最主要的传感器，而无人车也依赖于激光雷达数据与高精地图的匹配进行定位。但激光雷达也可以轻易地被干扰。激光雷达是通过测量激光反射时间来计算深度的。如果在无人车周围放置强反光物，比如镜子，那么激光雷达的测量就会被干扰，从而返回错误信息。

5. 如果黑客使用激光照射激光雷达，测量也会受干扰，会分不清哪些是自身发出的信号，哪些是外部激光的信号。

6. 无人车会不断下载更新的高精地图，如果黑客把下载的地图调包，也会造成定位失效。

7. 计算机视觉可以辅助无人车完成许多感知的任务，比如交通灯识别、行人识别和车辆行驶轨迹跟踪等等。在交通灯识别的场景中，无人车上的摄像机如果检测到红灯，就会停下来。如果检测到行人，也会停下以免发生意外。黑客可以轻易地在路上放置假的红绿灯以及假的行人，迫使无人车停车并对其进行攻击。

既然每个传感器都可以轻易被攻击，如何保证无人车的安全？对此，需要使用多传感器融合技术互相纠正。攻击单个传感器很容易，但是如果同时攻击所有传感器则难度相当大。当无人车发现不同传感器的数据相互间不一致，就知道自己可能正在被攻击。例如，无人车检查到交通灯，但是高精地图在此处并未标注有交通灯，那么就很可能是被攻击了。又例如 GPS 与 LiDAR 系统定位的位置极不一致，无人车也很可能是被攻击了。详细的安全策略我们将在本书的第三篇“车联网与信息安全技术”中介绍。

2.8 多传感器融合

在实际的行驶场景中，仅依赖某一种类型传感器获得数据往往是不可靠的，单一传感器采集的信息有限，不可避免地存在时空盲区。而且在不同的天气或光照场景下，不同传感器感知性能存在较大差异，单一传感器在恶劣天气或其他场景扰动下可能发生严重的性能损失，导致场景分析的改变，从而直接影响行车安全。

因此，为保证环境感知系统能实时获得可靠的数据，自动驾驶汽车一般采用多种传感器同时采集数据。一方面融合多种传感器的信息加强感知的完整性，另一方面在部分传感器因场景扰动失效时提供备份信息。这表现为多种传感器获得的信息具有互补性，同时也会存在矛盾。对于互补的信息，利用多源信息融合技术对原始数据进行分析、加权和综合，实现各个传感器的优势互补，增大容错率，减小视野盲区。对于矛盾的信息，其很大程度源于不同传感器精度差异或是扰动失效，由于处理器在同一个时间点对于某个动作只能给出一个决策，因此必须对各个传感器原始数据设计筛选和融合策略。

一、多传感器融合的定义

把分布在不同位置的多个同类或不同类传感器所提供的局部数据资源加以综合，采用计算机技术对其进行分析，消除多传感器信息之间可能存在的冗余和矛盾，加以互补，降低其不确定性，获得被测对象的一致性解释与描述，从而提高系统决策、规划、反应的快速性和正确性，使系统获得更充分的信息。

二、多传感器融合的结构

多传感器融合的结构有分布式、集中式和混合式三种。

1.分布式。先对各个独立传感器所获得的原始数据进行局部处理，然后再将结果送入信息融合中心进行智能优化组合来获得最终的结果。分布式结构对通信带宽的需求低、计算速度快、可靠性和延续性好，但跟踪的精度却远没有集中式结构高。

2.集中式。集中式结构将各传感器获得的原始数据直接送至中央处理器进行融合处理，可以实现实时融合。其数据处理的精度高，算法灵活，缺点是对处理器的要求高，可靠性较低，数据量大，故难于实现。

3.混合式。混合式多传感器信息融合框架中，部分传感器采用集中式融合方式，剩余的传感器采用分布式融合方式。混合式融合框架具有较强的适应能力，兼顾了集中式和分布式的优点，稳定性强。混合式融合方式的结构比前两种融合方式的结构复杂，这样就加大了通信和计算上的代价。

三、多传感器融合的体系

多传感器融合可分为数据级融合、特征级融合和决策级融合。

1.数据级融合。针对传感器采集的数据，依赖于传感器类型，进行同类数据的融合。数据级的融合要处理的数据都是在相同类别的传感器下采集，所以数据融合不能处理异构数据。

2.特征级融合。提取所采集数据包含的特征向量，用来体现所监测物理量的属性，这是面向监测对象特征的融合。如在图像数据的融合中，可以采用边沿的特征信息来代替全部数据信息。

3.决策级融合。根据特征级融合所得到的数据特征，进行一定的判别、分类，以及简单的逻辑运算，根据应用需求进行较高级的决策，是高级的融合。决策级融合是面向应用的融合。

四、多传感器融合要求

1.传感器选择与系统构建。不同传感器在精度、适用场景方面各有自己的优势，因此需要根据传感器特性结合成本等情况设计搭配组合以及系统结构，以尽可能保证覆盖全场景，从而保证信息获取充分且冗余。目前常见的多传感器感知融合方案有相机-LiDAR、相机-LiDAR-RADAR、相机-偏振相机等。

2.融合算法设计。因为多传感器的使用会使需要处理的信息量大增，其中甚至有相互矛盾的信息，如何保证系统快速地处理数据，过滤无用、错误信息，从而保证系统最终做出及时正确的决策十分关键。目前多传感器融合的理论方法有贝叶斯准则法、卡尔曼滤波法、D-S 证据理论法、模糊集理论法、人工神经网络法等。

五、常见多传感器融合方案

目前，最常见的多传感器融合方案就是相机与 LiDAR 的方案，之前章节已经提到，双目相机可以提供 3D 场景信息，但计算量较高且在高遮挡和无纹理的环境中难以实现。此外，复杂的天气或照明条件限制了相机的拍摄能力。而 LiDAR 可以提供高精度的 3D 场景，并且对环境光保持不变。然而，LiDAR 受到低分辨率、低刷新率、恶劣天气条件（大雨、大雾和大雪）和成本较高等限制。因此很多方案将这两个互补的传感器结合起来，较单一传感器展示出显著的性能优势。多传感器融合目前在 3D 目标检测、深度图估计、车辆定位等多种感知任务中均有应用。不同的任务往往会共享同一套多传感器硬件系统，配合不同的专门化算法完成。以 3D 目标检测的感知任务为例，介绍几种相机与 LiDAR 融合方法。

MV3D 是一种经典的特征级融合方法（multi-view 3D objectdetection network for autonomous driving，CVPR2017），该方法如图 2.10 所示，先在 LiDAR 鸟瞰数据中通过设计神经网络结构-自编码器生成 3D 候选对象。然后将这些 3D 候选对象投影到 LiDAR 点云前视图和相机图像平面，提取和融合区域特征。鸟瞰（BEV）、前视图（FV）和相机图像（RGB）上的特征在感兴趣区域（ROI）层级上进行融合。每个传感器数据模态的 ROI 可以表示为

$$\mathrm{ROI}_{views}=T_{3\mathrm{D}\rightarrow views}(p_{3\mathrm{D}}),views\in\{\mathrm{BV},\mathrm{FV},\mathrm{RGB}\} \tag{2.4}$$

其中表示从点云数据 $p_{3\mathrm{D}}$ 到鸟瞰（BEV）、前视图（FV）和相机图像（RGB）的投影，则三者融合过程并得到融合特征可表示为

$$f_{views}=R(x,\mathrm{ROI}_{views}),views\in\{\mathrm{BV},\mathrm{FV},\mathrm{RGB}\} \tag{2.5}$$

MV3D 的缺陷是其假设感兴趣的对象在鸟瞰图没有遮挡，这在一些较小的物体上很难成立，比如行人或自行车在点云中很容易被大型物体遮蔽。其次空间信息在其融合过程中有损失。

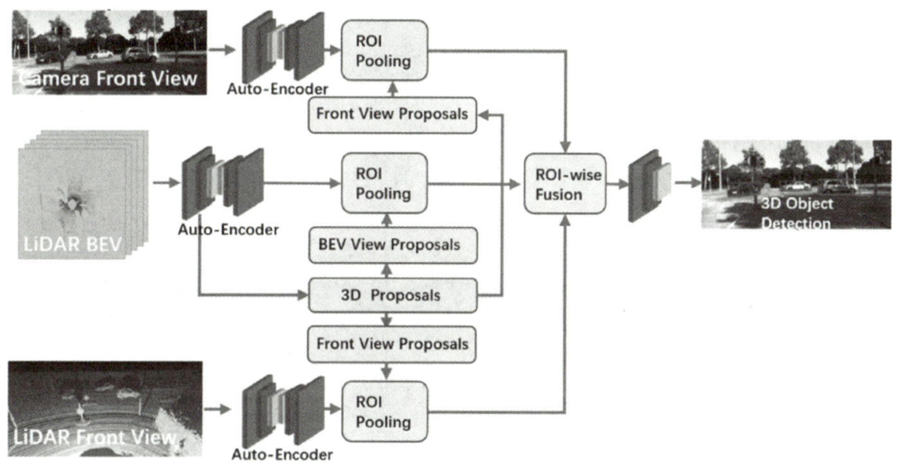

图 2.10　MV3D 方法相机 LiDAR 融合示意图

扫码看彩图 2.10

AVOD 方法则改进了 MV3D 对于较小物体的检测问题，如图 2.11 所示。首先其候选对象不仅从 BEV 中提取，也从相机图像中提取。利用全尺寸的特征图，结合 Region Proposal Network （RPN）实现了特征融合。后续还有很多类似改进方法提出，如 ContFuse、MVX-Net 等。

另一种更为简单的融合思路是先从相机图像上提取 2D 候选对象，再投影到 3D 空间在 LiDAR 点云数据的约束下进一步判断，代表方法是 F-PointNets、RoarNet、PointFusion 等。此外还有一种思路是将候选对象提取与对象框的确定统一在同一个步骤中，从而减少了计算量、提升了实时性。Meyer 等人提出的方法（multitask multi-sensor fusion for 3D object detection）能同时进行三维物体检测和融合图像与激光雷达数据的三维语义分割。两个卷积神经网络并行处理深度图像（由点云生成）和前视图图像，将点投影到图像平面上进行融合，关联相应的图像特征。这个特征图被输入 LaserNet 来预测包围盒的点分布，并将它们

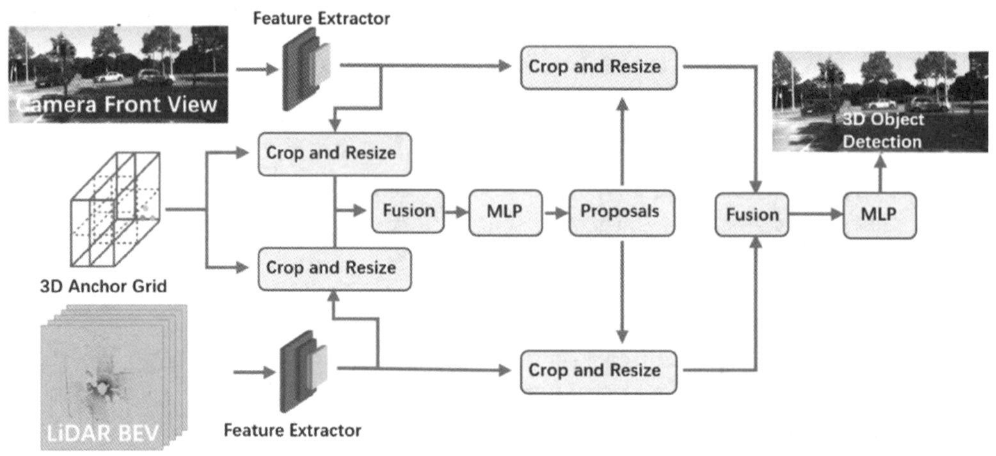

图 2.11　AVOD 方法相机 LiDAR 融合示意图

组合成最终的 3D 对象框。这种方法非常高效且性能优秀。

除了相机与 LiDAR 的融合，在 3D 目标检测任务中，还有一些方法融合了更多传感器来实现恶劣天气的精确识别。Bijelic 在 2020 年发表的"Seeing Through Fog Without Seeing Fog: Deep Multimodal Sensor Fusion in Unseen Adverse Weather"一文中提出的针对浓雾天气的方法中，融合了 LiDAR、RGB 相机、门控相机、RADAR 四种传感器数据。该方法如图 2.12 所示，在深度神经网络的逐层特征上实现了特征融合，这一方法能在浓雾天气实现实时目标检测，精度领先其他方法。

扫码看彩图 2.11

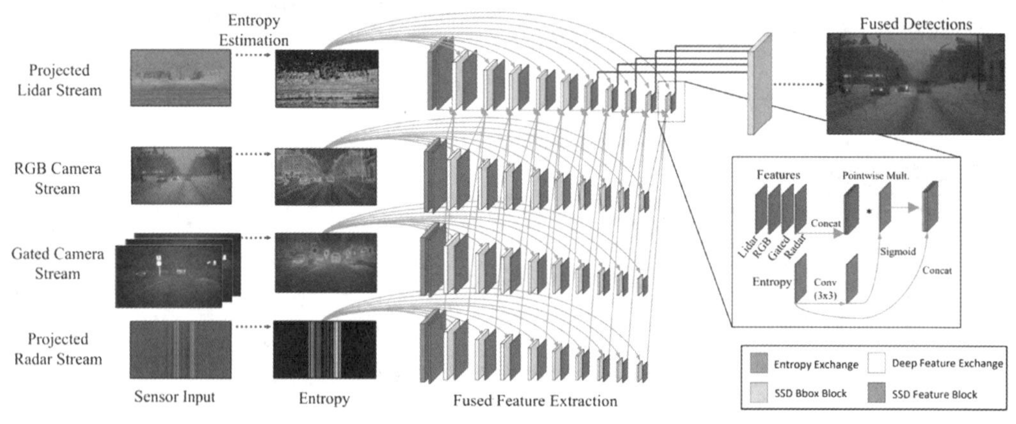

图 2.12　Bijelic 提出的四种模态传感器融合方法结构

这些融合方案总体上看都基于深度神经网络的发展，现在越来越多的融合方法通过深度神经网络整合复杂的多模态数据，基于强大的专门化芯片体系结构实现高效的场景感知。

扫码看彩图 2.12

六、智能网联车辆定位中的多传感器融合

从上面的分析可看出，多传感器融合在硬件层面并不难实现，重点和难点都在算法上。传感器收集的数据被发送给理解子系统来了解车辆的周围环境。智能网联车辆的理解系统的三大主要任务就是定位、物体探测和物体跟踪。以定位为例，以下三种

传感器都可以用于定位，但都有各自的应用场合。

1. GPS 和 IMU 都可以被用于定位

GPS 提供相当精确的定位，但更新速度较慢；而 IMU 可以提供快速更新，但精度较差。我们可以使用卡尔曼滤波来结合这两者的优点，提供精确且及时的位置更新。不过我们不能仅仅依赖于这个组合方法得到的定位结果。这主要是因为三个原因：(1)定位结果的精度仅有 1m；(2)GPS 的信号会有多路径的问题，即 GPS 信号可能会被建筑物反射，从而引入很多的噪声；(3)使用 GPS 要求车辆上方空间无遮拦，因此无法在封闭空间里工作，比如隧道。

2. 摄像头也能被用于定位

基于视觉的定位过程：

(1)通过三角定位双目图像对，就可以获得一个视差图，它可以用来推导出图像里每个点的深度信息；

(2)通过比对连续两帧立体图像里的显著特征，就能够估算出两帧图片间的移动；

(3)通过比较视频图片里的显著特征和已知的地图，就能推导出车辆的当前位置。

然而，基于视频的定位方法对于光线非常敏感，因此这个方法单独使用时也不够可靠。

3. LiDAR 是主要的定位传感器

由 LiDAR 产生的点云提供了对环境的"形状描述"，匹配点云的算法有很多，如：

滤波算法：这种算法可以消除冗余信息，并在地图上找到最可能的车辆位置。百度的无人驾驶车系统 Apollo 采用了直方图滤波算法（又称误差平方和算法，SSD）。将通过传感器扫描的点云滑过地图上的每个位置，对于每个位置，我们计算扫描的点与高精度地图上的对应点之间的距离或者误差，然后计算误差平方和，以降低该平方和为目标。

卡尔曼滤波：根据过去的状态和新的传感器测量结果预测我们当前的状态，即预测更新周期。它根据之前的状态以及对移动距离和方向的估计来估计或预测我们的新位置。同时需要使用传感器测量我们的位置并加以纠正。即先预测我们的新位置，然后用传感器测量我们的位置。关于智能网联车中定位的详细介绍，请扫二维码 2.5。

2.5 定位

粒子滤波器(particle filter)是一种使用蒙特卡洛方法(Monte Carlo method)的递归滤波器，透过一组具有权重的随机样本（称为粒子）来表示随机事件的后验概率，从含有噪声或不完整的观测序列，估计出动力系统的状态。粒子滤波器可以运用在任何状态空间的模型上。它的数学模型及应用请扫二维码 2.6。粒子滤波方法已经被证明能获得实时的定位，精度在 10cm，同时对于城市环境也有效。粒子滤波器是卡尔曼滤波器(Kalman filter)的一般化方法，卡尔曼滤波器建立在线性的状态空间和高斯分布的噪声上；而粒子滤波器的状态空间模型可以是非线性的，且噪声分布可以是任何形式。

2.6 粒子滤波器

因此，为了能获得可靠且精确的定位，我们需要一个传感器融合的过程来结合这些定位传感器的优点，如图 2.13 所示。通过使用粒子滤波，系统把一个特别的观测形状和已知的地图进行比对，从而提高确定性。

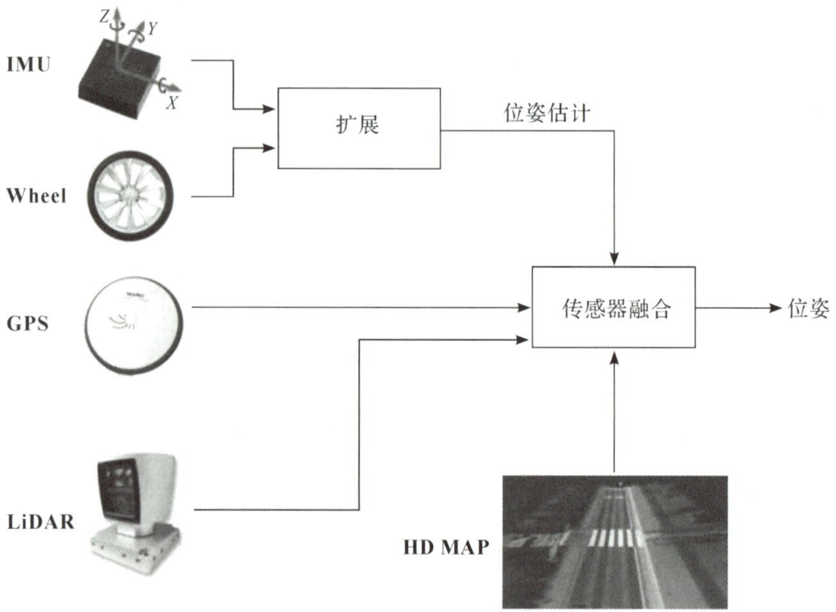

图 2.13　多传感器融合

参考文献

请扫以下二维码 2.7。

2.7 参考文献

第3章　智能网联汽车视觉与定位基础

本章介绍智能网联汽车视觉与定位基础，包括基于机器视觉的场景分割、目标检测、目标识别、目标定位等算法。

3.1　机器视觉基础

机器视觉是一项综合技术，涉及图像处理、机械工程技术、控制、电光源照明、光学成像、传感器、模拟与数字视频技术、计算机软硬件技术（图像增强和分析算法、图像卡、I/O卡等）。一个典型的机器视觉应用系统包括图像捕捉模块、光源系统、图像数字化模块、数字图像处理模块、智能判断决策模块和机械控制执行模块。

机器视觉技术有以下发展趋势：

（1）深度学习与人工智能：随着深度学习和人工智能的发展，机器视觉将更加智能化和自适应。利用深度学习算法，机器可以自动学习并提取图像中的特征，从而提高视觉任务的准确性和鲁棒性。

（2）多模态融合：将机器视觉与其他传感器数据进行融合，如声音、激光雷达等，可以提供更全面和准确的环境感知和理解能力。

（3）实时性与低延迟：随着计算能力的提升和算法的优化，机器视觉系统将实现更快的处理速度和更低的延迟，以满足实时应用的需求。

（4）移动与嵌入式应用：随着移动设备和嵌入式系统的普及，机器视觉将更广泛地应用于智能手机、智能家居、无人机等设备中，为用户提供更智能和便捷的体验。

（5）跨行业应用：机器视觉将渗透到更多的行业和领域，如农业、零售、医疗等。它将帮助提高生产效率、改善用户体验和解决实际问题。

一、机器视觉的应用[1]

针对计算机视觉领域，重点介绍深度学习的卷积神经网络在图像分类、目标检测、人脸识别、行人再识别、图像语义分割、图片标题生成、图像超分辨率、人体动作识别以及图像检索等任务的最新研究进展，以下内容中所涉及的参考文献，请扫二维码3.1。

1. 图像分类

图像分类是计算机视觉领域的一个重要应用，主要是指对给定的一幅图片，使计算机根据图片中的内容将其分类到合适的类别，分配一个语义类别标记。

深度卷积神经网络在图像分类中最重要的进展体现在ImageNet ILSVRC挑战中的图像分类任务上，针对这类任务重点有几种网络模型，如AlexNet、ZF-Net、GoogleNet[2]、

VGG[3] 和 ResNet[4] 等。

3.1 机器视觉的应用参考文献

2. 目标检测

目标检测(object detection)是计算机视觉领域的一项基本任务，主要是定位图像中特定物体出现的区域并判定目标类别。与图像分类相比，目标检测更加关注图像的局部区域和特定的物体类别集合，被视为更加复杂的图像识别问题。

(1)传统的目标检测算法

传统的目标检测算法大多采用滑动窗口的方式，使用手工设计的特征，如常用的特征描述子 Haar[5]、SIFT(scale-invariant feature transform)[6]、PCA-SIFT[7]、SURF(speeded up robust feature)[8] 等，对每类物体单独训练一个浅层分类器。

传统目标检测算法主要依靠设计者的先验知识，抽取样本中手工设计的特征。为了方便手工调参数，特征设计中只能出现少量的参数。另一方面，面对难度较高的检测任务，所需要的参数和训练样本会呈指数增加。

(2)深度卷积神经网络

可以从大数据的丰富内在信息中自动学习包含上万个参数的特征表示，同时，深度模型使特征学习过程更有效率。

随着 2012 年深度卷积神经网络在图像分类任务上取得重大突破，众多学者开始利用 Deep CNN 取代浅层分类器解决目标检测问题，也带动了目标检测精度的提升[9,10]。其中较有影响力的工作包括 R-CNN[11]、Deep MultiBox[12]、Overfeat[13]、Fast RCNN[14] 和 SPP-Net[15]。

(3)最具代表性的工作

Girshick 等人在 R-CNN 中提出的基于 Region Proposal 的深度学习目标检测框架。如图 3.1 所示，R-CNN 算法首先采用选择性搜索(selective search)[16] 策略在输入图像上提取若干候选窗，利用深度卷积神经网络从候选窗提取深度特征，然后利用 SVM 等线性分类器基于特征将候选窗分为目标和背景，最后使用非极大值抑制方法舍弃部分候选窗，得到目标物体的定位结果。候选窗方法能够高效地在图像候选区域内进行识别，更为灵活地处理物体长宽比的变化，从而获得较高的检测正确。

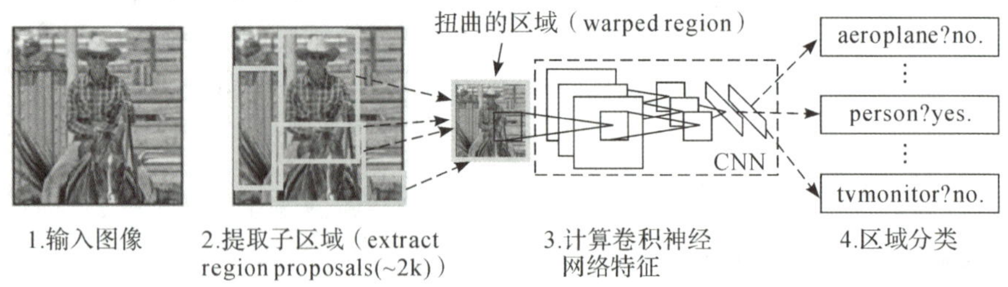

图 3.1　R-CNN 目标检测算法的流程图[1]

3. 图像语义分割

图像语义分割(image semantic segmentation)是对图像本身更为精准的理解与分析。它通过解析训练图像的内容，在分割图像的同时获得图像的所有分割区域甚至每个像素的语义类别，从而获得图像基于内容的标注。

图像语义分割不仅需要对图像分割区域的边界做出精准识别，而且要求对分割区域的目标类别进行准确识别。精准的图像语义分割不仅能够有效降低后续的图像分析与识别、语义检索等高层次任务处理的数据量，而且能保留图像的结构化信息[17]。

图像语义分割常用的评价指标是计算预测的语义类别和正确的语义类别像素点的重合度(intersection over union，IOU)，重合度越高说明模型的准确度越高。

(1)传统的图像语义分割方法

通常包含三个部分：第一部分主要进行图像的底层分割，将图像划分成多个子区域；

第二部分提取子区域的底层特征，如颜色、纹理、形状等；

第三部分学习从底层特征到高层语义空间的映射，根据学习好的映射模型标注图像，识别出图像区域乃至每个像素的语义类别。

(2)Deep CNN 应用到图像语义分割领域

Lonjong 等人[18]提出的全卷积网络(fully convolutional network，FCN)能够端到端(end to end)得到每个像素的目标分类结果。FCN 虽然在图像语义分割上取得不错的效果，但缺少对图像空间、边缘信息的约束，导致最后的图像分割结果比较粗糙。

(3)最具代表性的工作

Zheng 等人[19]提出的 CRF-RNN 将全连接 CRF 的学习、推理过程看成一个递归神经网络(recurrent neural network，RNN)，并且嵌入 FCN 模型中，完成了端到端的训练、预测。该方法相较于 FCN，可以较好地解决图像边缘信息丢失的问题，对边界分割精度有很大的提升。图 3.2 是 CRF-RNN 与 FCN、DeepLab 在 PASCAL VOC2012 分割数据集上的语义分割结果展示。

4. 图片标题生成

图片标题生成(image captioning)技术，指自动产生自然语言来描述一幅图片的内容。随着深度学习和自然语言理解领域相关技术的突破，图片标题生成技术获得了迅猛的发展。在微软 COCO 图片标注竞赛中，来自微软[20][21]、谷歌[22]、多伦多大学和蒙特利尔大学[23]、加州大学伯克利分校[24][25]等研究机构的最新工作都取得了令人惊叹的成绩。谷歌(基于 CNN 视觉特征和 RNN 语言模型)和微软(基于区域的单词检测和最大熵语言模型)目前在技术和性能方面处于领先地位[26]。

最具代表性的工作是 Fang 等人[27]将图片描述过程分为三步：

首先利用多示例学习(multiple instance learning，MIL)方法，根据图片各个部分提取的 CNN 特征产生相对应的名词、动词和形容词；

然后使用最大熵语言模型(maximum entropy language model，MELM)产生图片标题；

最后使用最小错误率训练(minimum error rate training，MERT)对所产生的可能性最高的几组句子进行打分并排序。

5. 人脸识别

计算机视觉领域一个重要的挑战问题是人脸识别。人脸识别包含两种任务，人脸验证和人脸辨识。人脸验证的任务是判断两张人脸照片是否属于同一个人，属于二分类问题，随机猜的正确率是 50%。人脸辨识的任务是将一张未知人脸图像分为 N 个身份类别之一，这是个多分类问题，随机猜的正确率是 $1/N$。人脸辨识更具有挑战性，其难度随着类别

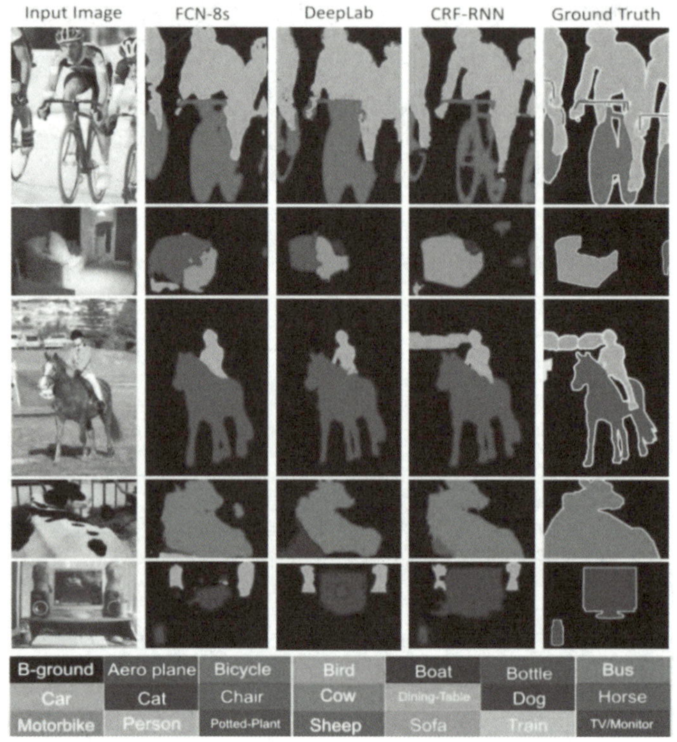

图 3.2 CRF-RNN 与 FCN、DeepLab 的语义分割结果比较[1]

扫码看彩图 3.2

数的增多而增大。

人脸识别的最大挑战是如何辨别由于光线、姿态和表情等因素引起的类内变化，以及由于身份类别不同产生的类间变化。这两种变化分布极为复杂且都是非线性的，传统的线性模型无法将它们有效区分开。卷积神经网络可以通过多层的非线性变换，尽可能多地去掉类内变化，同时保留类间变化。

LFW (labeled faces in the wild)[28]是当今最著名的人脸验证公开测试集，它从互联网上收集了五千多个名人的人脸照片，用于评估算法在非可控条件下的人脸验证性能。在 LFW 测试集上，人眼的正确率是 97.53%，非深度学习算法的最高正确率是 96.33%，而目前深度学习可以达到 99.47%的验证率。

最具代表性的工作：

FaceNet[29]提出了使用 Triplet 网络结果学习人脸特征，以两张同类图片和一张不同类图片的方式输入样本，在最后一层隐藏层直接使用欧氏距离来度量输入图像之间的相似度。FaceNet 在 LFW 数据集上验证精度达到 99.63%。

6. 行人再识别

行人目标是监控视频中最为关注的目标，对多个监控视频环境下行人目标的检索问题常称为行人再识别(person re-identification)问题。

在可控的环境下，依靠人脸、虹膜等生物特征进行行人再识别已经是较为成熟的技术。然而，监控视频的环境通常非常复杂而且含有很多不可控因素(如低分辨率、遮挡、运动模糊、复杂背景等)，其获取的行人图像质量通常很差，因此较难提取到鲁棒的人脸特征。因此，绝大部分研究人员通过行人穿的衣服和携带的物品等外貌特征来实现行人再识别。

由于不同监控视频下的行人存在尺度、视角及光照等差异，可能导致不同监控视频中，不同行人目标的外貌特征比同一个行人目标的外貌特征更相近。随着视频监控领域应用需求的增长，许多研究人员对行人再识别技术进行了深入研究。目前广泛使用的公开数据库有 VIPeR[30]、ETH-Z[31]、CUHK[32]、PRID2011[33]、i-LIDS[34]等。

(1)传统的行人再识别算法大致分为两类：基于距离度量学习的方法和基于特征描述的方法。

基于距离度量学习的方法是学习度量行人目标特征分布的距离函数，即不同行人目标的特征距离值较大，而同一个行人目标的特征距离值较小。

基于特征描述的方法是设计可靠、鲁棒、具有判别性的行人图像特征，既能够有效区分不同的行人目标，又能不受尺度、视角及光照等变化的影响。

(2)利用 Deep CNN 来解决行人再识别的问题，并且在公开的数据集上取得了最好的测试结果。

(3)最具代表性的工作：

Cheng 等人[35]提出利用深度卷积神经网络分别从全局和局部两个不同的角度对行人的特征进行学习，学习得到的模型对光照、视角、分辨力等影响因素具有很强的鲁棒性。该研究成果在业界公布的标准数据集的测试中取得了最好的结果，例如：在 PRID2011 数据集上领先既有最好结果 4.1 个百分点，在 VIPeR 数据集上领先既有最好结果 7.28 个百分点，在 i-LIDS 数据集上领先既有最好结果 8.3 个百分点。

7. 图像超分辨率

图像超分辨率指从一幅低分辨率图像或图像序列恢复出高分辨率的图像或图像系列。越高的图像分辨率、越精细的细节意味着图像提供的信息越丰富。在军事侦察、医学诊断等许多实际应用中，高分辨率的图像显得尤为重要。从低分辨率图像复原高分辨率图像是一个欠定的病态问题。对于这一病态问题，通常采用引入各种先验（比如光滑先验、梯度先验等）来约束图像超分辨过程。

(1)传统方法

传统方法分为三类，即基于插值[36]、基于重建[37,38]和基于学习的方法[39-41]。

(2)使用深度卷积神经网络

Dong 等人[42]首次提出了学习低分辨率图像和高分辨率图像之间端对端的映射关系，进行图像超分辨率。该工作方法利用深度卷积网络强大的非线性学习能力，设计了包含三个卷积层的深度卷积网络，通过输入大量的数据样本来训练模型，进而得到比较理想的高分辨率图像，具有更好的主观效果。

(3)最具代表性的工作

Liang 等人[43]提出了结合图像的先验知识对图像超分辨率映射的学习过程施加约束，监督超分辨率映射的学习过程。该方法在原有超分辨率网络引入了一个额外的特征提取层（见图 3.3），通过提取学习图像的先验信息（梯度）来指导高分辨率图像的重建过程。加入图像先验特征大大加速了网络的学习过程（将近 10 倍的提速），并得到了更好的图像的超分辨率结果。

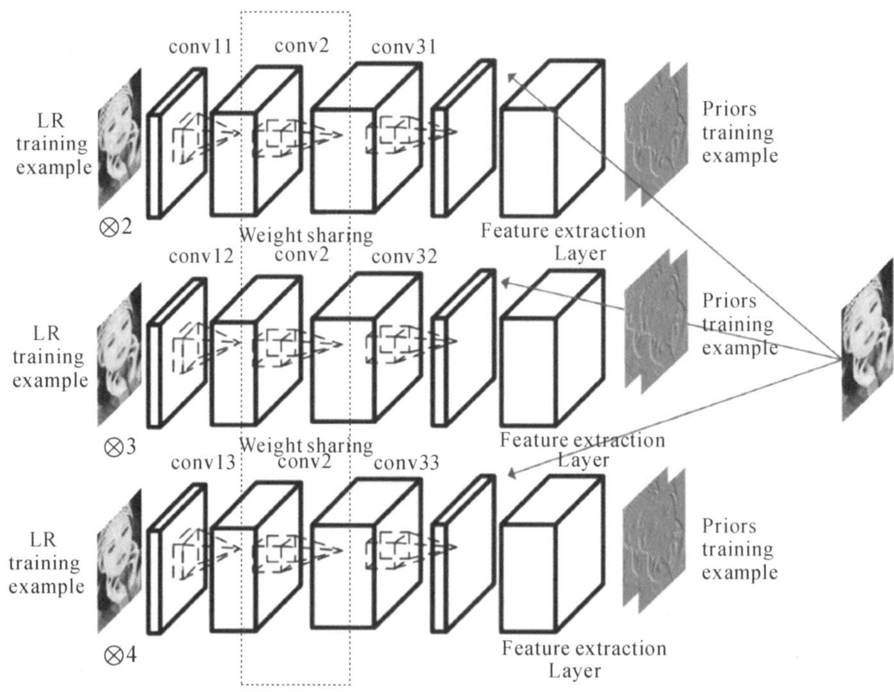

图 3.3 结合图像先验的超分辨率多通道深度卷积神经网络结构[1]

Wang 等人[44]将稀疏先验引入深度卷积神经网络的设计中，利用将深度卷积神经网络级联的方法，重新提升了超分辨率结果（相比既有最好结果 0.1db 的提升），同时拥有更好的收敛速度。在主观评价试验中，该方法也取得了压倒性的优势。

二、应用展望[71]

1.借鉴视觉认知的研究成果，改进神经网络的模型结构

借鉴人脑视觉系统的特性去研究和改进已有神经网络的结构，让机器获得更高层次的类脑智能，是未来研究的一个重要方向。

现有的神经网络都是借鉴人类视觉系统自下而上对图像进行全局内容识别的特性，对输入图像进行特征提取的过程均为一个单向过程，但人脑对于输入图像的特征提取和认知过程是一个包含自下而上和自上而下的双向迭代过程。如何模拟人脑视觉系统自上而下识别图像局部细节的特性，改善现有神经网络结构，以提高检测、定位、分割等任务的精度，值得进一步研究。

2.基于无监督式特征学习的研究

深度学习中的监督式特征学习取得了非常大的成功，但是监督式特征学习算法的训练过程往往依赖于百万级以上的标注数据，通常需要花费很多的人力物力去完成数据标注。然而，在人类和动物的学习过程中，无监督式学习一直占主导作用：我们通过观察和亲身体验来发现世界，而并不需要其他人告诉我们每一个事物的名称。

近几年，虽然众多研究人员开始关注无监督学习这一领域，有关无监督特征学习算法的研究取得了一定的成果，但其对特征进行高效表达的能力相对于监督式特征学习算法仍差距尚远。如何才能使机器具备像人类和动物一样仅仅通过观察世界就能获取常识的无

监督学习能力，成为未来的一个重要发展方向[72]。具有代表性的是人工智能对抗训练。

Goodfellow 提出的生成式对抗网络(generative adversarial networks，GAN)为半监督学习/举一反三式的学习发展提供了新思路。

目前监督式学习需要依靠大数据，而人是举一反三式的学习，例如人没有见过飞机，看过几张照片就可以把世界上所有的飞机都认出。目前的大数据驱动的深度学习方式，是把世界上所有飞机照片都看过才行，现在进行举一反三的半监督或无监督式学习思路是采用对抗的方法：一个网络造假，另一网络鉴别照片是真是假，通过对抗式的学习来共同进步，如图 3.4 所示。

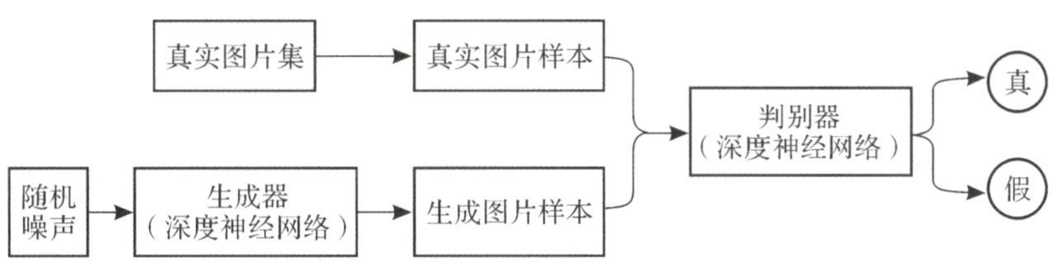

图 3.4　生成式对抗网络(GAN)学习法

3. 优化神经网络模型，降低计算复杂度

当前神经网络模型依赖于高性能的 GPU 进行计算，而对某些特定任务需要 GPU 集群进行并行加速计算，这对硬件平台提出了更高的要求。另外，较高的计算复杂度也限制了神经网络模型在嵌入式产品上的集成开发。研究低能耗、高精度的神经网络模型是当前产业化过程的当务之急。

4. 研究卷积神经网络的迁移和泛化能力

当前卷积神经网络模型通常在某类数据集上训练，在同一数据集上测试性能表现良好，然而在其他数据集尤其是互联网大规模数据上的性能则会大幅下降。

研究迁移学习和在线学习，对神经网络模型进行不断的迁移和更新，增强神经网络的泛化能力是未来的一个研究方向。

迁移学习[73,74,75]可以说是一种“站在巨人肩上”的学习方法，可以在不同领域中进行知识迁移，使得在一个领域中已有的知识得到充分的利用，不需要每次都将求解问题视为全新的问题。一个好的迁移学习方法可以大大加快模型的训练速度。

3.2　安全驾驶中的视觉技术

在本章，我们介绍安全驾驶中的传统道路视觉技术，作为对比，后面将在第 4 章介绍基于深度学习的道路视觉技术。

一、道路检测

1. 直道检测

在视觉导航系统中，利用距相机不远处的车道线方向变化不大，即曲率变化很小的假设，近似用直线来拟合车道线。

2. 弯道检测

要从道路图像中检测出弯曲车道线的边界，判断道路弯曲的方向，确定弯道的曲率半径才能为无人车提供有效的信息。国内外的弯道检测方法主要是基于道路模型的检测。一般分为三个步骤：

(1)建立弯道模型，完成对道路形状的假设；

(2)提取车道线像素点，把每一条车道线的像素点从前景像素点中提取出来作为依据；

(3)拟合车道模型，运用检测到的像素点确定弯道数学模型的最优参数。

3. 复杂环境下检测图像预处理

实际情况下往往会出现复杂的情况，由于外界环境光线的变化不均匀导致相机提取的图像出现多块纯白色和纯黑色区域，让图像识别算法失去目标。常用图像预处理来解决这个问题。其中有 Gamma 调节、灰度映射调节、直方图调节等方法。

4. 非结构化道路检测

对于乡村公路、野外土路等非结构化道路的情况，采用基于机器学习的道路探测，结合探测到的环境信息和先验知识库中的模型，对图像和数据进行处理。同时根据环境的不同来修正预测模型，实现模型不断更新的效果，如图 3.5 所示。

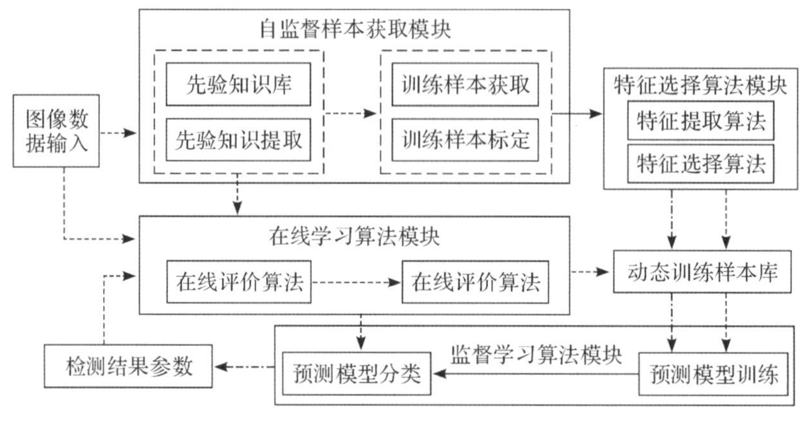

图 3.5　非结构化道路检测

二、行人检测

基于 HOG 特征的行人检测：HOG 特征是一种对图像局部重叠区域的密集型描述符，它通过计算局部区域的梯度方向直方图来构成人体特征。该方法是提取图像的 HOG 特征后通过 SVM 进行决策的检测方式。

三、车辆检测

V-disparity 方法是基于立体视觉的障碍物检测方法。其算法流程为：首先获取立体图像对，然后计算得到稠密视差图，建立 V-disparity 图，通过分析 V-disparity 图，可以提取出行驶环境中的路面，从而计算出路面上车辆的位置。

四、交通信号灯检测

运用基于彩色视觉的交通信号灯识别方法可以检测到单帧图像中的交通信号灯。为防止出现误检或跟踪丢失的现象，可以采用基于彩色直方图的目标跟踪算法。

五、交通标志检测

交通标志检测包括三方面内容：色彩分割、形状检测和象形识别。通常情况下交通标志和驾驶方向并不是垂直的。在对圆形标志进行判断时往往采用基于随机连续性采样的椭圆检测。而在色彩分割后的边缘直线可以通过 Hough 直线变换获得。选择相关的模板将处理后的图像大致分成红色禁止标志、蓝色允许标志和黄色警告标志。

对于每一类交通标志分别设计分类器。首先运用阈值分割算法对探测到的标志进行预处理，能有效避免光照阴影和遮挡造成的误差。然后基于算法获得的图像运用矩运算提取辐射状特征，最后选取多层感知器来完成识别内核的目标，输出相似程度最高的结果。

六、传统特征提取

在传统的道路场景中，会用到形状、颜色等特征提取来进行目标检测，如图 3.6 所示。

(a)形状特征

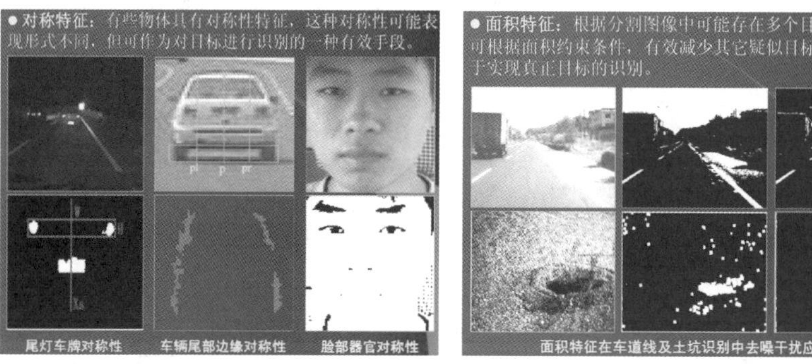

(b)对称特征和面积特征

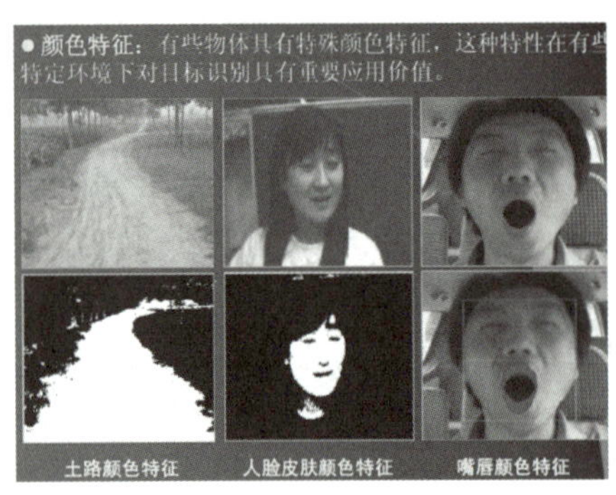

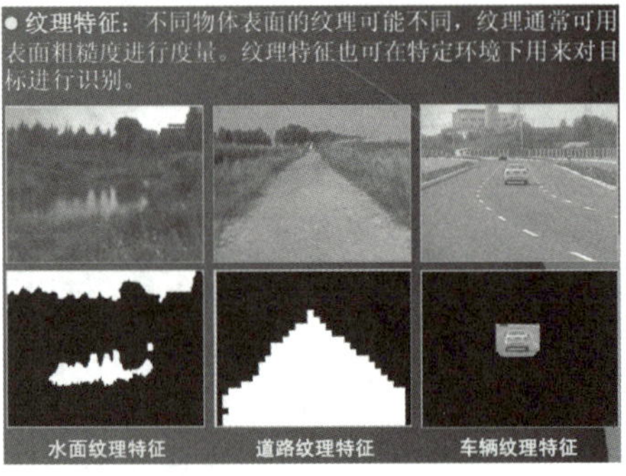

扫码看彩图3.6

(c)颜色特征和纹理特征

图 3.6　传统道路场景中的特征提取

3.3　机器视觉在线课程推荐

由于本书内容涉及图像处理、机器学习、深度学习技术等领域的知识，我们选择了较合适的在线课程推荐给读者，供读者根据自己的需求自主学习。

1. 图像处理

① 网址：https://www.bilibili.com/video/av51238267?from=search&seid=5475033378026664963

②目录：

P1　1-1 计算机视觉导学_bilibili

P2　2-1 本章介绍_bilibili

P3　2-2 Mac下一站式开发环境anaconda搭建_b...

P4　2-3 Windows下一站式开发环境anaconda...

P5　2-4 测试案例helloWorld_bilibili

P6　2-5 案例1：图片的读取和展示_bilibili

P7　2-6 Opencv模块组织结构_bilibili

P8　2-7 案例2：图片写入_bilibili

P9　2-8 案例3：不同图片质量保存_bilibili

P10　2-9 像素操作基础_bilibili

P11　2-10 案例4：像素读取写入_bilibili

P12　2-11 tensorflow常量变量定义_bilibili

P13　2-12 tensorflow运算原理_bilibili

P14　2-13 常量变量四则运算_bilibili

P15　2-14 矩阵基础1_bilibili

P16　2-15 矩阵基础2_bilibili

P17　2-16 矩阵基础3_bilibili

P18　2-17 numpy模块使用_bilibili

P19　2-18 matplotlib模块的使用_bilibili

P20　2-19 小综合：人工神经网络逼近股票价格1...

③简介：通过这门课你将学到一些基本的基于 OpenCV 的图像预处理技术，能够对像素进行简单的处理和变换，利用神经网络实现一些简单的识别功能。

2. CNN 理论知识

① 网址：https://mooc.study.163.com/course/2001281004?tid=2001392030&_trace_c_p_k2_=4a3a71136fa941e79b5d637d04715699#/info

②目录：

第一周 卷积神经网络

1.1 计算机视觉
1.2 边缘检测示例
1.3 更多边缘检测内容
1.4 Padding
1.5 卷积步长
1.6 卷积为何有效
1.7 单层卷积网络
1.8 简单卷积网络示例
1.9 池化层
1.10 卷积神经网络示例
1.11 为什么使用卷积?

第二周 深度卷积网络：实例探究

2.1 为什么要进行实例探究
2.2 经典网络
2.3 残差网络
2.4 残差网络为什么有用?
2.5 网络中的网络以及 1×1 卷积
2.6 谷歌 Inception 网络简介
2.7 Inception 网络
2.8 使用开源的实现方案
2.9 迁移学习
2.10 数据扩充
2.11 计算机视觉现状

第三周 目标检测

3.1 目标定位
3.2 特征点检测
3.3 目标检测
3.4 卷积的滑动窗口实现
3.5 Bounding Box预测
3.6 交并比
3.7 非极大值抑制
3.8 Anchor Boxes
3.9 YOLO 算法
3.10 RPN网络

第四周 特殊应用：人脸识别和神经风格转换

4.1 什么是人脸识别?
4.2 One-Shot 学习
4.3 Siamese 网络
4.4 Triplet 损失
4.5 面部验证与二分类
4.6 什么是神经风格转换?
4.7 什么是深度卷积网络?
4.8 代价函数
4.9 内容代价函数
4.10 风格代价函数
4.11 一维到三维推广

③简介：通过这门课你将理解如何搭建一个神经网络及变体，例如残余网络，知道如何将卷积网络应用到视觉检测和识别任务。知道如何使用神经风格迁移生成艺术。能够在图像、视频以及其他 2D 或 3D 数据上应用这些算法。

3. Tensorflow 入门

① 网址：https://www.bilibili.com/video/av22530538?from=search&seid=2407703627575206987

②目录：

P1 1.1-概述
P2 1.2-双系统安装
P3 1.3-Windows虚拟机安装
P4 1.4-Mac Tensorflow安装
P5 2.1-Linux指令、Hello World
P6 2.2-列表、元组、字典
P7 2.3-条件语句
P8 2.4-循环语句
2.3-条件语句
P9 2.5-turtle模块
P10 2.6-函数、模块、包
P11 2.7-类、对象、面向对象的编程
P12 2.8-文件操作
P13 3.1-张量、计算图、会话
P14 3.2-前向传播
P15 3.3-反向传播
P16 4.1
3.3-反向传播
P17 4.2-学习率
P18 4.3-滑动平均
P19 4.4-正则化
P20 4.5-神经网络搭建八股
P21 5.1-MNIST数据集
P22 5.2-模块化搭建神经网络八股
P23 5.3-手写数字识别准确率输出
P24 6.1-输入手写数字图片输出识别结果
P25 6.2-制作数据集
P26 7.1-卷积神经网络
P27 7.2-lenet5代码讲解
7.2-lenet5代码讲解
P28 8.1-复现已有的卷积神经网络
P29 8.2-用vgg16实现图片识别

③简介：通过这门课的学习，能够学会搭建 Tensorflow 环境，能够使用 Tensorflow 搭

建神经网络，学习到手写数字识别的步骤，以及一些网络参数优化的方法。

4. Keras 入门

① 网址：https://www.bilibili.com/video/av40787141?from=search&seid=8709207710045606390

②目录：

P1 1.keras介绍和安装
P2 2.实现线性回归
P3 3.实现非线性回归
P4 4.MNIST分类程序
P5 5.交叉熵的介绍和应用
P6 6.Dropout应用
P7 7.正则化应用
P8 8.优化器介绍及应用
P9 9.CNN应用于手写数字识别
P10 10.RNN应用
P11 11.模型的保存和载入
P12 12.绘制网络结构

③简介：通过本课程的学习，能够使用 Keras 搭建一个基本的全连接神经网络并进行训练，能够使用一些参数优化方法来优化结果。

3.4 智能网联汽车的定位

传感器收集的数据被发送给理解子系统来了解车辆的周围环境。自主驾驶车辆的理解系统的三大主要任务就是定位、物体探测和物体跟踪。

定位技术（自身定位以及对周围环境相对位置的认知）要达到安全可靠，需满足以下四大性能指标：

1. 精度：测量值和真实值之间的重合度；
2. 完好性：服务不可用时提出警告的能力；
3. 连续性：告知客户系统正常工作的持续能力；
4. 可用性：提供符合指标定位服务的百分比。

3.4.1 定位问题分类

定位分为局部定位和全局定位。局部定位通过实时的局部环境感知，如车道线检测、路面检测等，提供无人车与局部环境的相对位置关系；全局定位通常是指无人车在全局地图中的定位，通过该全局定位和地图数据，可弥补局部感知信息的单一和缺失，并为无人车提供超过感知范围的全局导航参考信息。大范围真实交通场景中无人车实时局部定位和全局定位的精度和鲁棒性已经成为衡量无人车智能化程度的一个核心指标，也是无人车技术走向实际应用的瓶颈之一。

全局地图通常包含了车道线、道路边界、路口等导航信息。全局地图不但是无人车精确定位的基础，也可以为无人车提供大范围、长距离的导航信息，无人车在全局地图中的定位通过车载 GPS 接收器提供，然而受城区环境电气电磁干扰或多路径效应的影响，GPS 定位数据往往存在着几米到几十米的偏差，无法直接用于定位，因此需要通过车载传感器，如相机，绘制高精度的局部地图，通过局部地图与全局地图的匹配，校正自身位置，以此获得精确的全局定位。

该功能的实现需要解决两个问题：1）无人车局部定位。通常指以车体当前位置为坐标原点建立局部坐标系，根据车道线、路面、路沿检测等局部环境特征，准确给出无人车与局部环境特征的相对位置关系，这是实现精确全局定位的基础。2)无人车全局定位。通过局部地图与全局地图的匹配，得到精确的全局定位，从而实现无人车的全局定位和导航。

3.4.2 定位技术分类

定位方式多种多样，涉及多种传感器类型和技术，各种技术各有优劣，在实际过程中可以相互结合使用。

一、卫星定位技术

全球导航卫星系统(global navigation satellite system，GNSS)技术。GNSS的设计主要是将空间上的人造卫星作为参照点，确定物体的空间位置。主要根据几何学理论，通过地球上某个点到三颗人造卫星的距离能对这个点的位置进行三角形的测定。

通过三个卫星到固定 P 点的距离，通过卫星 S1、S2、S3 分别以到 P 点距离的大小为半径画球，三个球面的交点即为 P 点的位置。

二、惯性导航定位技术

惯性导航系统是一种不依赖于外部信息，也不向外部辐射能量的自主式导航系统。主要通过陀螺仪和加速度计为感知元件的导航参数解算系统，通过航迹递推算法提供位置、速度和姿态信息。基于牛顿第二定理，加速度大小和作用力成正比，方向与作用力方向相同，表达式为 $F=ma$，惯性系统利用载体先前的位置、惯性测量单元测量的加速度和角速度来积分，最终确定当前位置。

三、地图匹配定位技术

地图匹配定位利用实时道路的物理信息与预制的高精度地图来匹配汽车当前的位置。地图匹配定位技术是指将自动驾驶汽车行驶轨迹的经纬度采样序列与高精度地图路网去匹配的过程。

通过将汽车定位信息和高精度地图中提供的道路位置信息进行比对，通过适当的算法确定汽车当前行驶路段以及在路段中的准确位置，校正误差。通过汽车装载的GNSS做出初始位置判断，确定高精度地图局部搜索范围。然后将激光雷达实时数据与预先制作的高精度地图匹配，确定汽车定位信息。

四、多传感器融合定位技术

多传感器数据融合是20世纪80年代出现的一门新兴学科，它是将不同传感器对某一目标或环境特征描述的信息融合成统一的特征表达信息及其处理的过程。

在多传感器系统中，各种传感器提供的信息可能具有不同的特征，如模糊的与确定的、时变的与非时变的、实时的与非实时的等。多传感器数据融合实际上是模拟人脑综合处理复杂问题的过程，通过对各种传感器及其观测信息的合理支配与使用，将各种传感器在空间和时间上的互补与冗余信息，依据某种优化准则加以组合，产生对观测环境或对象的一致性解释和描述，实现多个传感器共同或联合操作，提高整个传感器系统的有效性。

数据融合的目标是利用各种传感器的独立观测信息，对数据进行多级别、多方位和多层次的处理，从而产生新的有意义的信息，这种信息是最佳协同作用的结果，是任何单一传感器无法获得的。数据处理流程如图 3.7 所示。

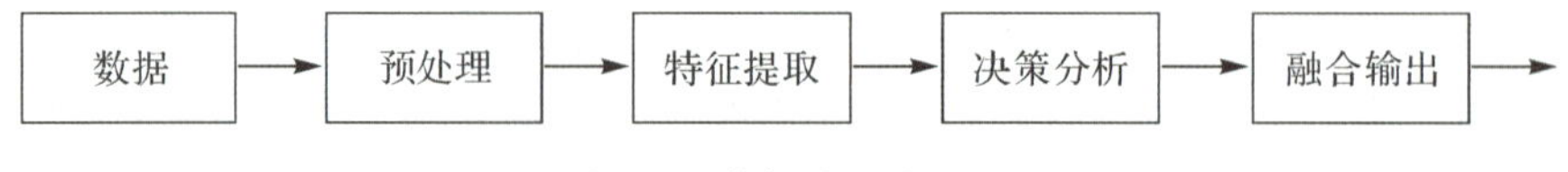

图 3.7 数据处理流程图

多传感器融合算法有多种，主要有贝叶斯估计、卡尔曼滤波、D-S 证据推理、神经网络法以及模糊逻辑法等。目前使用较为广泛的是卡尔曼滤波法。

3.4.3 多传感器融合定位算法

一、卡尔曼滤波

卡尔曼滤波(Kalman filtering)是一种利用线性系统状态方程，通过系统输入输出观测数据，对系统状态进行最优估计的算法。由于观测数据中包括系统中的噪声和干扰的影响，所以最优估计也可看作是滤波过程。

卡尔曼滤波在测量方差已知的情况下能够从一系列存在测量噪声的数据中，估计动态系统的状态。由于它便于计算机编程实现，并能够对现场采集的数据进行实时的更新和处理，卡尔曼滤波是目前应用最为广泛的滤波方法，在通信、导航、制导与控制等多领域得到了较好的应用。

卡尔曼滤波的基本模型、数学推导及在此基础上的马尔可夫定位，详细内容请扫二维码 3.2。

3.2 卡尔曼滤波及马尔可夫定位

二、粒子滤波

粒子滤波(particle filter，PF)的思想基于蒙特卡洛方法(Monte Carlo methods)，它是利用粒子集来表示概率，可以用在任何形式的状态空间模型上。其核心思想是通过从后验概率中抽取的随机状态粒子来表达其分布，是一种顺序重要性采样法(sequential importance sampling)。简单来说，粒子滤波法是指通过寻找一组在状态空间传播的随机样本对概率密度函数进行近似，以样本均值代替积分运算，从而获得状态最小方差分布的过程。这里的样本即指粒子，当样本数量 $N\to\infty$ 时可以逼近任何形式的概率密度分布。

尽管算法中的概率分布只是真实分布的一种近似，但由于非参数化的特点，它摆脱了解决非线性滤波问题时随机量必须满足高斯分布的制约，能表达比高斯模型更广泛的分布，也对变量参数的非线性特性有更强的建模能力。因此，粒子滤波能够比较精确地表达基于观测量和控制量的后验概率分布，可以用于解决 SLAM 问题。

粒子滤波技术在非线性、非高斯系统表现出来的优越性，决定了它的应用范围非常广泛。另外，粒子滤波器的多模态处理能力，也是它应用广泛的原因之一。国际上，粒子滤波已被应用于各个领域。在经济学领域，它被应用在经济数据预测；在军事领域已经被应用于雷达跟踪空中飞行物，空对空、空对地的被动式跟踪；在交通管制领域它被应用在对车或人的视频监控；它还用于机器人的全局定位。

虽然粒子滤波算法可以作为解决 SLAM 问题的有效手段，但是该算法仍然存在着一些问题。其中最主要的问题是需要用大量的样本才能很好地近似系统的后验概率密度。车辆面临的环境越复杂，描述后验概率分布所需要的样本数量就越多，算法的复杂度就越高。因此，能够有效地减少样本数量的自适应采样策略是该算法的重点。

3.4.4 智能网联汽车定位实例

基于视觉的定位算法有两大类：一种是基于拓扑与地标的算法，把所有的地标组成一个拓扑图，当无人车监测到某个地标时，便可以大致推断出自己所在的位置。但是要预先建立精准的拓扑图，比如将每个路口的标志物做成地标。另一种是基于几何的视觉里程计算法，计算比较复杂，但是不需要预先建立精准的拓扑图，这种算法可以在定位的同时扩展地图。主要分为单目以及双目两种，单目的算法无法推算出观察到的物体的大小，所以使用者通过与其他传感器(如陀螺仪)的结合去进行准确的定位。

双目的视觉里程计算法如图 3.8 所示，通过左右图三角剖分(triangulation)计算出特征点的深度，然后从深度信息中推算出物体的大小，主要步骤如下：

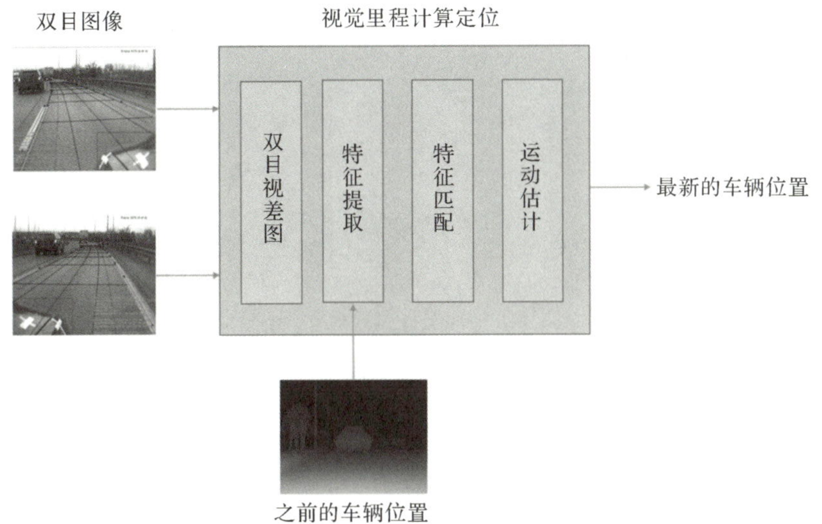

图 3.8 双目的视觉里程计算法

1. 双目摄像机抓取左右两图。
2. 双目图像经过三角剖分产生当前帧的视差图。
3. 提取当前帧与之前帧的特征点，特征点提取可以使用角点特征检测。
4. 对比当前帧与之前帧的特征点，找出帧与帧之间的特征点对应关系。
5. 根据帧与帧之间的特征点对应关系，推算出两帧之间车辆的运动。这个推算是通过最小化两帧之间的重投影误差(reprojection error)实现的。
6. 根据推算出的两帧之间车辆的运动，以及之前的车辆位置，计算出最新的车辆位置。

通过以上的视觉里程计算法，无人车可以实时推算出自己的位置，进行自主导航。但是，纯视觉定位计算的一个很大问题是算法本身对光线相当敏感。在不同的光线条件下，同样的场景不能被识别。特别在光线较弱时，图像会有很多噪点，极大地影响了特征点的质量。在反光的路面，这种算法也很容易失效。

因此，为了能获得可靠且精确的定位，我们需要一个传感器融合的过程来结合这些传感器的优点。

参考文献

第 3 章内容的参考文献，请扫二维码 3.3。

3.3 第 3 章内容的参考文献

第4章 基于深度学习的智能网联汽车感知系统

本章介绍基于深度学习的智能网联汽车感知系统,深度学习在自动驾驶中感知、检测、追踪等任务的应用,以及车路协同技术。

4.1 深度学习技术及 CNN 架构

4.1.1 深度学习常用模型

一、自动编码机——类似压缩感知中的稀疏编码

其基本想法是将输入信号经过多层神经网络后重构原始的输入,通过非监督学习的方式挖掘输入信号的潜在结构,将中间层的响应作为潜在的特征表示。其基本结构如图 4.1 所示。

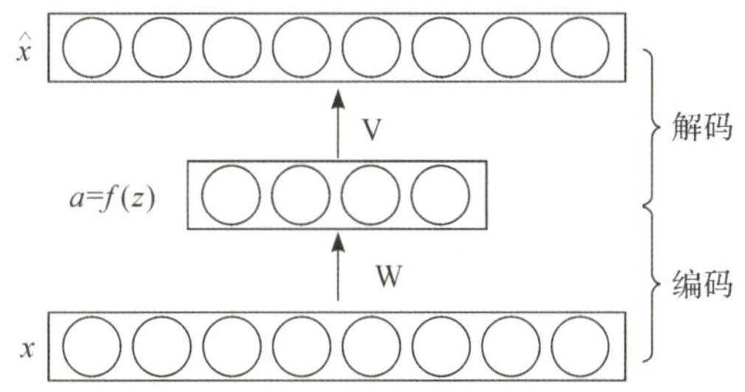

图 4.1 自动编码机模型结构示意图

自动编解码机由将输入信号映射到低维空间的编码机和用隐含特征重构初始输入的解码机构成。假设输入信号为 x,编码层首先将其线性映射为 z,然后再施加某种非线性变换,这一过程可以形式化为

$$a=f(z)=f(Wx+b) \tag{4.1}$$

其中:$f(\cdot)$为某种非线性函数,常用的有 sigmoid 函数和修正线性单元(rectified linear unit, ReLU)函数,其也称为激活函数。然后,解码层通过相似的操作,将隐含特征 a 映射回输入空间,得到重构信号 $\hat{x}$。自动编码机的参数即为每一层连接权重和偏置。网络训练时的优化目标为最小化重构信号与输入信号之间的均方差:

$$\min\sum_{i}(\hat{X}_i-x_i)^2 \tag{4.2}$$

一些研究者将稀疏表示的思想引入,提出了稀疏自动编码机。Yu 等提出深度稀疏编码模型,用于学习图像像素块的潜在结构特征。Zeilier 等通过级联多个卷积稀疏编码和最

大值池化层，构建了深度反卷积网络，可以直接从全局图像中学习从底层到高层的层级结构特征。

二、受限玻尔兹曼机

如图 4.2 所示，受限玻尔兹曼机（restricted Boltzmann machine，RBM）是玻尔兹曼机的扩展，由 Hinton 等提出，由于去掉了玻尔兹曼机同层之间的连接，因而大大提高了学习效率。

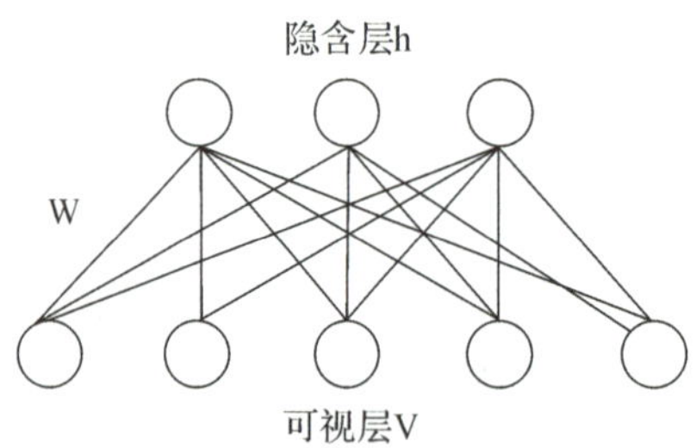

图 4.2　受限玻尔兹曼机

三、深度神经网络

深度神经网络（deep neural networks，DNN）可以理解为有很多隐藏层的神经网络。从 DNN 按不同层的位置划分，DNN 内部的神经网络层可以分为三类：输入层、隐藏层和输出层。第一层是输入层，最后一层是输出层，而中间的层数都是隐藏层。

图 4.3 为全连接深度神经网络结构示意图。通过增加隐含层的数量及相应的节点数，可以形成深度神经网络，深度神经网络一般指全连接的神经网络。

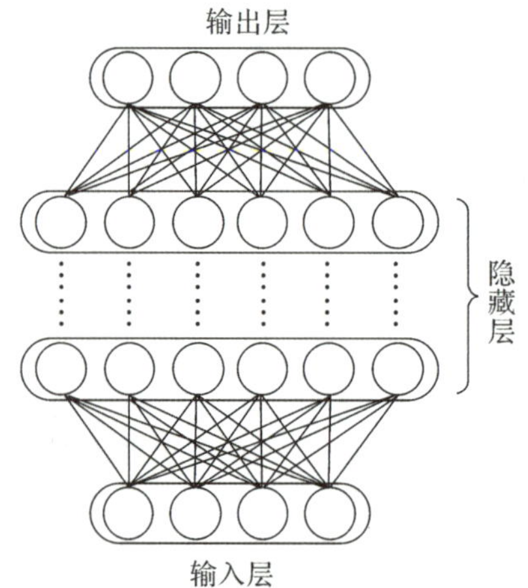

图 4.3　深度神经网络结构

四、卷积神经网络

卷积神经网络（convolutional neural networks，CNN）最早由 leCun 等人在 1998 年提出，用于手写字符图像的识别，其网络结构如图 4.4 所示。

该网络的输入为原始二维图像，经过若干卷积层和全连接层后，输出图像在各类别下的预测概率。

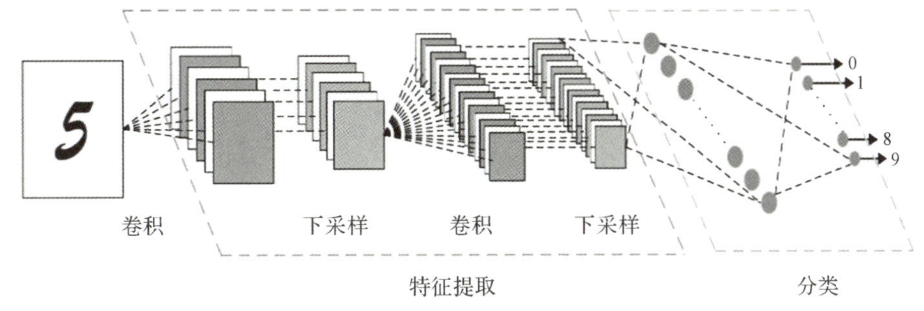

图 4.4 卷积神经网络

每个卷积层包含三种运算：卷积、非线性激活函数和最大值池化。

在卷积神经网络中，需要学习一组二维滤波模板 $F=f_1,\cdots,f_{N_k}$，和输入特征图 x 进行卷积操作，得到 N_k 个二维特征图：

$$z_k=f_k * x \tag{4.3}$$

采用卷积运算的好处有如下几点：(1)二维卷积模板可以更好地挖掘相邻像素之间的局部关系和图像的二维结构；(2)和一般神经网络中的全连接结构相比，卷积网络通过权重共享极大地减少了网络的参数量，使得训练大规模网络变得可行；(3)卷积操作对图像上的平移、旋转和尺度等变换具有一定的鲁棒性。

得到卷积响应特征图后，通常需要经过一个非线性激活函数来得到激活响应图，如sigmoid、tanh 和 ReLU 等函数。

紧接着，在激活函数响应图上施加一个最大值池化(max pooling)或者平均值池化(average pooling)运算。在这一操作中，首先用均匀的网格将特征图划分为若干空间区域，这些区域可以有重叠部分，然后取每个图像区域的平均值或最大值作为输出。关于 CNN 模型结构、前向/反向传播算法等内容可扫描二维码 4.1。

由于卷积神经网络的参数量较大，很容易发生过拟合，影响最终的测试性能。研究者为克服这一问题提出了很多改进的方法。Hinton 等人提出了称为“dropout”的优化技术，通过在每次训练迭代中随机忽略一半的特征点来防止过拟合，取得了一定的效果。

4.1 CNN 模型结构

五、循环神经网络

在全连接的 DNN 和 CNN 网络中，每层神经元的信号只能向上一层传播，样本的处理在各个时刻相互独立，因此，该类神经网络无法对时间序列上的变化进行建模，如样本出现的时间顺序对于自然语言处理、语音识别、手写体识别等应用。为了适应这种需求，就出现了另一种神经网络结构——循环神经网络。

循环神经网络(recurrent neural network, RNN)是一类以序列(sequence)数据为输入，在序列的演进方向进行递归(recursion)且所有节点(循环单元)按链式连接的递归神经网络。

RNN 中神经元的输出可以在下一个时间戳直接作用到自身，即第 i 层神经元在 t 时刻的输入，除了 $i-1$ 层神经元在 $t-1$ 时刻的输出外，还包括其自身在 t 时刻的输入。如图 4.5 所示，$t+1$ 时刻网络的最终结果 $O(t+1)$是该时刻输入和所有历史共同作用的结果，这就达到了对时间序列建模的目的。

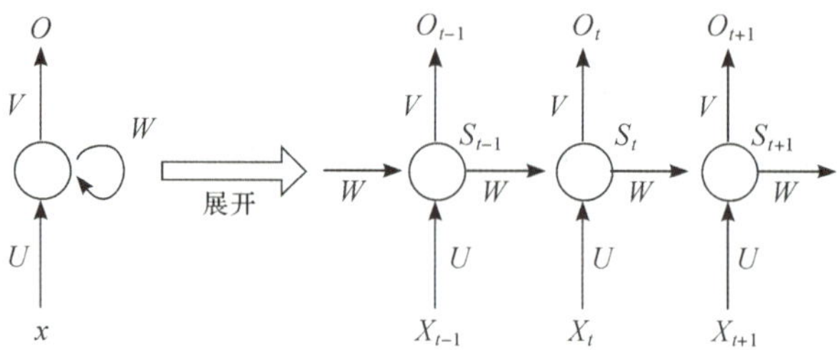

图 4.5 RNN 在时间上进行展开

六、多模型融合的神经网络

除了单个的神经网络模型，还出现了不同神经网络模型组合的神经网络，比如 CNN 和 RBM、CNN 和 RNN 等，通过将各个网络模型的优势组合起来可以达到最优的效果。

随着深度学习技术的发展，相信会有越来越多的性能优异的神经网络模型出现在大众的视野，如近期火热的生成式对抗网络(GAN)及相应变种模型为无监督学习的研究开启了一扇门窗。

4.1.2 深度学习常用软件工具及平台

第一类是 Tensorflow。由谷歌基于 DistBelief 进行研发的第二代人工智能系统，该平台吸取了已有平台的长处，既能让用户触碰底层数据，又具有现成的神经网络模块，可以使用户非常快速地实现建模，是一个非常优秀的跨界平台，该软件库采用数据流图模式实现数值计算，流图中的节点表示数学运算，边表示数据阵列，基于该软件库开发的平台，架构灵活，代码一次开发无须修改即可在单机、可移动设备或服务器等设备上运行，同时可支持多 GPU/CPU 并行训练。

第二类是以 Keras 为主的深度学习抽象化平台。其本身不具有底层运算协调能力，而是依托于 TensorFlow 或 Theano 进行底层运算，Keras 提供神经网络模块抽象化和训练中的流程优化，可以让用户在快速建模的同时，具有很方便的二次开发能力，加入自己喜欢的模块。

第三类是以 Caffe、Torch、MXNet、CNTK 为主的深度学习功能性平台。该类平台提供了完备的基本模块，支持快速神经网络模型的创建和训练，不足之处是用户很难接触到这些底层运算模块。

接下来以 Windows 10 为例，介绍使用 Anaconda 搭建 Tensorflow 环境的过程。Anaconda 是 Python 的包管理器和环境管理器。若选择直接安装 Python 后搭建，建议使用 Python 3.5/3.6 版本。另外需要注意的是，Tensorflow 不支持 32 位。具体操作可扫描二维码 4.2，流程为：

4.2 搭建 Tensorflow 环境

(1)安装 Anaconda(3 以上)；

(2)创建环境并启动，在该环境安装 Tensorflow；

(3)安装合适的编辑器以及常用的 Python 工具包。

Linux 系统一般自带 Python 2.7，运行以下代码：

```
pip install https://storage.googleapis.com/tensorflow/linux/cpu/tensorflow-0.9.0-cp27-none-linux_x86_64.whl
```

也可安装 Anaconda 后，运行以下代码：

```
pip install tensorflow
```

4.2 智能网联汽车双目 3D 感知

4.2.1 光流和立体视觉

通过深度学习的方法，我们可以识别在行驶途中遇到的物体，比如行人、空旷的行驶空间、地上的标志、红绿灯以及旁边的车辆等。由于行人以及旁边的车辆等物体都是在运动的，我们需要跟踪这些物体以达到防止碰撞的目的，这就涉及光流等运动预测算法。

当人的眼睛观察运动物体时，物体的景象在人眼的视网膜上形成一系列连续变化的图像，这一系列连续变化的信息不断“流过”视网膜（即图像平面），好像一种光的“流”，故称之为光流。光流表达了图像的变化，由于它包含了目标运动的信息，因此可被观察者用来确定目标的运动情况。

在计算机视觉领域，光流是图像序列或者视频中像素级的密集对应关系，例如在每个像素上估算一个二维的偏移矢量，得到的光流以二维矢量场表示。立体视觉则是从两个或更多的视角得到的图像中建立对应关系。这两个问题有高度相关性，一个是基于单个摄像头在连续时刻的图像，另一个是基于多个摄像头在同一时刻的图像。

一、光流

光流（Optical Flow）是一种研究图像对齐的算法，一般包括两大类：稀疏光流和稠密光流。稀疏光流就是研究图像中稀疏点的光流，这些点一般是角点；稠密光流则是研究图像中所有点的偏移量。

1. 稀疏光流

稀疏光流是一类专门针对图像上稀疏的点进行图像配准的方法，也就是在参考图上给定若干个点（一般为角点），找到其在当前图像中的对应点：即给定参考图 T 和当前图 I，计算参考图 T 中的一个角点 $P(x_p, y_p)$ 在当前图 I 中对应的点 $Q(x_p+u, y_p+v)$，其中 (u,v) 就是角点的偏移量。如果以 P 点和 Q 点为中心的两个小矩形窗口内的所有点都相同，那么就表示这两个点是匹配的。

在实际的图像数据中，由于有噪声的存在，两个对应点所在的小矩形窗口内的像素点不可能完全相同，因此可以考虑取其差异最小的一个位置为匹配点，也就求解如下目标函数：

$$\min_{u,v} E(u,v) = \sum_{(x,y)\in w} |T(x,y) - I(x+u, y+v)|^2 \tag{4.4}$$

其中，$w = [x_p - r, x_p + r] \times [y_p - r, y_p + r]$ 是一个以 (x_p, y_p) 为中心、r 为半径的矩形窗口。

上式可以用非线性最小二乘法进行求解，当第 t 帧的时候 A 点的位置是 (x_1, y_1)，那么我们在第 $t+1$ 帧的时候再找到 A 点，假如它的位置是 (x_2, y_2)，那么我们就可以确定 A 点的运动了 $(u_x, v_y) = (x_2, y_2) - (x_1, y_1)$。

那怎么知道第 $t+1$ 帧的时候 A 点的位置呢？这就存在很多的光流计算方法了。它们分成四种:基于梯度的方法、基于匹配的方法、基于能量的方法、基于相位的方法。目前OpenCV中实现了不少的光流算法。

2. 稠密光流

稠密光流是一种针对图像进行逐点匹配的图像配准方法,不同于稀疏光流只针对图像上若干个特征点,稠密光流计算图像上所有的点的偏移量,从而形成一个稠密的光流场。通过这个稠密的光流场,可以进行像素级别的图像配准,所以其配准的效果也明显优于稀疏光流配准的效果。但是其副作用也是明显的,由于要计算每个点的偏移量,其计算量也明显大于稀疏光流。

3. Optical Flow 相关函数库

Optical Flow 在 OpenCV 中有成熟的函数库,例如:

(1) calcOpticalFlowPyrLK

通过金字塔 Lucas-Kanade 光流方法计算某些点集的光流(稀疏光流)。它的相关论文是:"Pyramidal Implementation of the Lucas Kanade Feature Tracker Description of the Algorithm"。

(2) calcOpticalFlowFarneback

用 Gunnar Farneback 的算法计算稠密光流(即图像上所有像素点的光流都计算出来)。它的相关论文是:"Two-Frame Motion Estimation Based on Polynomial Expansion"。

(3) CalcOpticalFlowBM

通过块匹配的方法来计算光流。

(4) CalcOpticalFlowHS

用 Horn-Schunck 的算法计算稠密光流。它的相关论文是:"Determining Optical Flow"。

(5) calcOpticalFlowSF

它的相关论文是:"Simple Flow: A Non-iterative, Sublinear Optical Flow Algorithm"。

二、立体视觉

立体视觉研究的是由两个摄像机同时拍摄下的两幅图像,而光流法中研究的是单个摄像机沿任一轨道运动时顺序拍下的两幅或更多幅图像。前者可以看作后者的一个特例,它们具有相同的几何构形,研究方法具有共同点。

1. 研究方法

一般而言,立体视觉的研究有如下两类方法:

(1)直接利用测距器(如激光测距仪)获得程距(range data)信息,建立三维描述的方法。根据已知的深度图,用数值逼近的方法重建表面信息,根据模型建立场景中的物体描述,实现图像理解功能。这是一种主动方式的立体视觉方法,其深度图是由测距器(range finders)获得的,如结构光(structured light)、激光测距器(laser range finders)等其他主动传感技术(active sensing techniques)。这类方法适用于严格控制下的环境(tightly controlled domains),如工业自动化的应用方面。

(2)利用不同视点上、也可以是不同时间拍摄的两幅或更多幅图像提供的信息重构三维结构的方法。利用多幅图像来恢复三维信息的方法,它是被动式的。

双目立体视觉是它的一个特例。双目视觉是模拟人类视觉原理,使用计算机被动感知距离的方法。从两个或者多个点观察一个物体,获取在不同视角下的图像,根据图像之间像素的匹配关系,通过三角测量原理计算出像素之间的偏移来获取物体的三维信息。得到了物体的景深信息,就可以计算出物体与相机之间的实际距离、物体三维大小、两点之间的实际距离。

2. 建立立体视觉

为了精确地求得某个点在三维空间里的深度信息,我们需要获得的参数有焦距 f、视差 d、摄像头中心距 T_x;

为了获得某个点的 x 坐标和 y 坐标,还需要知道左右成像平面的坐标系与立体坐标系中原点的偏移 c_x 和 c_y。

因此我们需要进行下列三个步骤:相机标定,图像校正,立体匹配。

(1)相机标定

标定目的:获取相机的内参(焦距、图像中心、畸变系数等)和外参(R(旋转)矩阵和 T(平移)矩阵)。

相机标定需要采集标定数据,通常使用打印棋盘格的纸作为特制的标定参照物,摄像头获取该物体的图像,并由此计算摄像头的内外参数。相机标定有两种方法:

方法一:Bouguet 的 Matlab 标定工具箱;有比较详细的介绍和使用方法,用起来还是比较方便的,只不过做完标定还要把标定结果存入 xml 并导入 OpenCV 再进行。

方法二:OpenCV 的 cvStereoCalibrate。

(2)双目图像校正

双目图像校正是根据摄像头定标后获得的单目内参数据(焦距、成像原点、畸变系数)和双目相对位置关系(旋转矩阵和平移向量),分别对左右视图进行消除畸变和行对准,使得左右视图的成像原点坐标一致、两摄像头光轴平行、左右成像平面共面、对极线行对齐。将左右视图调整成完全平行对准的理想形式。校正反映到图像上就是要把消除畸变后的两幅图像严格地行对应,使得两幅图像的对极线恰好在同一水平线上,这样一幅图像上任意一点与其在另一幅图像上的对应点就必然具有相同的行号,只需在该行进行一维搜索即可匹配到对应点。如用 OpenCV 中的 cvRemap 来校准输入的左右图像。

(3)立体匹配

立体匹配主要是通过找出每对图像间的对应关系,根据三角测量原理,得到视差图;在获得了视差信息后,根据投影模型很容易地可以得到原始图像的深度信息和三维信息。

立体匹配是建立立体视觉中最重要的一环,立体匹配的效果直接影响得到的三维信息。一般可以使用 OpenCV 的 BM 方法和 SGBM 方法。

4.2.2 智能网联汽车双目 3D 感知[1]

在无人车感知中,对周围环境的 3D 建模是重中之重。激光雷达能提供高精度的 3D 点云,但密集的 3D 信息就需要摄像头的帮助了。人类用两只眼睛获得立体的视觉感受,同样的原理能让双目摄像头提供 3D 信息。

假设两个摄像头间距为 B,空间中一点 p 到两个摄像头所成图像上的偏移(disparity)为 d,摄像头的焦距为 f,那么我们可以计算点 p 到摄像头的距离为

$$z=\frac{B}{d}f \tag{4.5}$$

所以为了感知 3D 环境得到 z，需要通过双目摄像头的两张图像 I_l 和 I_r 得到 d，通常的做法都是基于局部的图片匹配：

$$I_l(p)\Rightarrow I_r(p+d) \tag{4.6}$$

由于单个像素的值可能不稳定，所以需要利用周围的像素和平滑性假设（假设 α 和 β 都较小），所以求解变成了一个最小化问题：

$$\min_d D(q,d)=\min_d \sum_{q\in N(p)} \| I_l(q)-I_r(q+d) \| \tag{4.7}$$

这和 Optical Flow 任务想要解决的是非常类似的问题，不过是(I_l,I_r)变成了(I_t,I_{t+1})，所以下面将要介绍的算法，两者都适用。

一、Siamese 网络

多伦多大学的 Raquel Urtasun 教授和她的学生改进了深度学习中的 Siamese 网络，用一个内积层代替了拼接层，把处理一对图片的时间从一分钟左右降低到了一秒以内。

Siamese 网络是一种相似性度量方法，适合在类别数多但每个类别的样本数量少的情况下，用于类别的识别、分类。

传统的用于区分的分类方法是需要确切地知道每个样本属于哪个类，需要针对每个样本有确切的标签，而且相对来说标签的数量是不会太多的。在类别数量过多、每个类别的样本数量又相对较少的情况下，这些方法就不那么适用了。对于整个数据集来说，我们的数据量是多的，但是对于每个类别来说，可以只有几个样本，那么用分类算法去做的话，由于每个类别的样本太少，我们根本训练不出什么好的结果，所以只能去找新的方法来对这种数据集进行训练，从而提出了 Siamese 网络。Siamese 网络从数据中去学习一个相似性

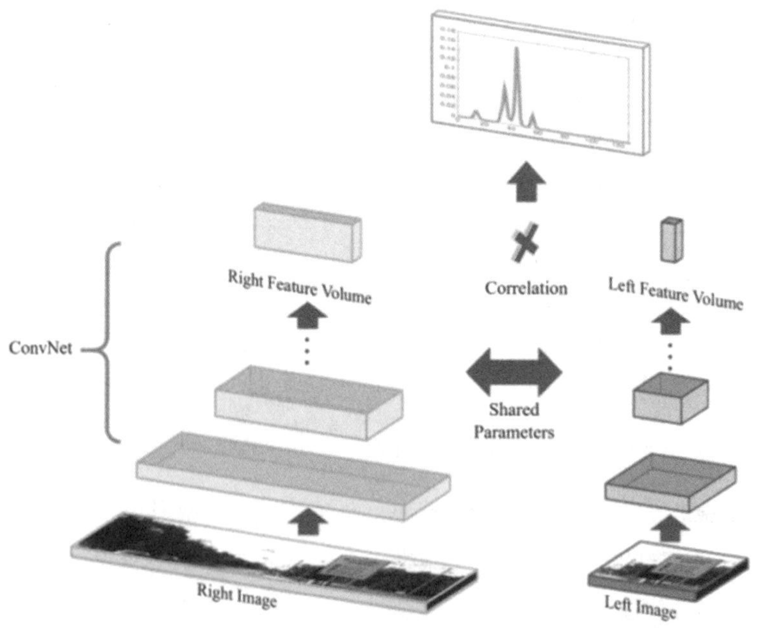

图 4.6　Siamese 结构的深度神经网络[1]

度量，用这个学习出来的度量去比较和匹配新的未知类别的样本。

如图 4.6 所示，Siamese 结构的深度神经网络分左右两部分，各为一个多层的卷积神经网络(CNN)，两个 CNN 共享网络权重。Optical Flow 的偏移矢量估计问题转化为一个分类问题，输入是两个 9×9 的图片块，输出是 128 或者 256 个可能的偏移矢量 $\boldsymbol{y}$。通过从一对已知偏移矢量的图片对中抽取一对图片块输入左右两个 CNN，然后最小化交叉熵(cross-entropy)，我们就能够得到如图 4.7 所示的 MC-CNN。

二、MC-CNN[1]

这个算法使用了一个 CNN 来计算式(4.7)右侧匹配代价(matching cost)，网络结构见图 4.7。

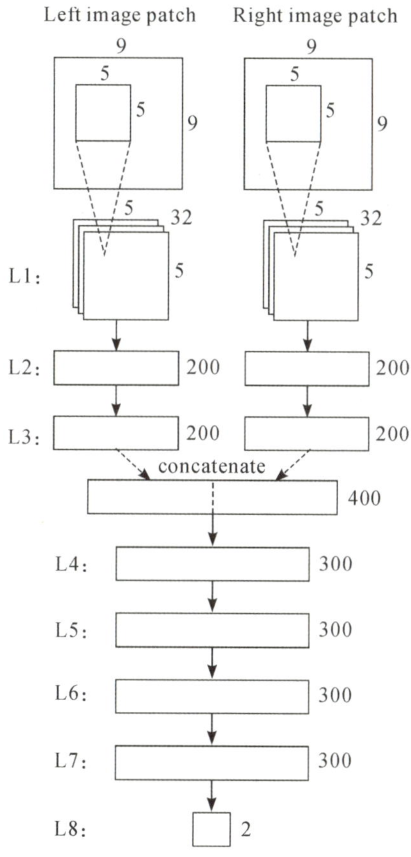

图 4.7 MC-CNN 的网络结构[1]

这个网络的输入是两个图片的一小块，输出是这两块不匹配的概率，相当于一个 cost 函数，当两者匹配时为 0，不匹配时最大可能为 1。通过对一个给定的图片位置搜索可能的 d 取值，找到最小的 CNN 输出，就得到了这一点局部的偏移估算。最终算法效果如图 4.8 所示。

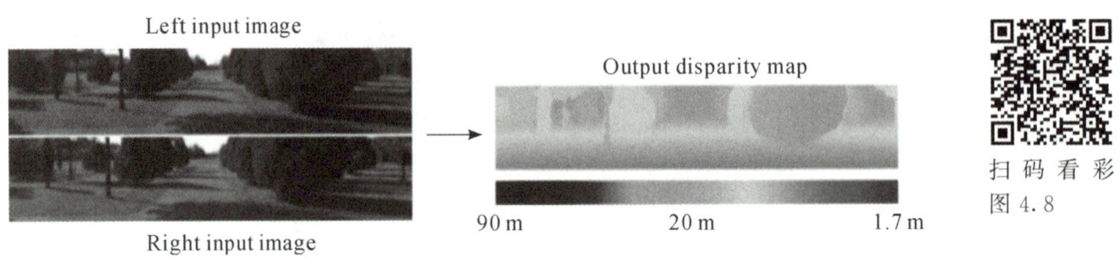

图 4.8　MC-CNN 算法效果[1]

4.3　智能网联汽车目标检测与追踪

4.3.1　道路场景目标检测

物体检测技术是智能网联汽车感知必不可少的部分，CNN 的物体检测算法层出不穷，我们挑选在道路场景中比较有代表性的几个算法做介绍。

一、Faster R-CNN

Faster R-CNN 系列算法是一个两段式的算法，它把物体识别分为以下两步。

1. 物体可能所在区域的选择：输入一张图片，由于物体在其中的位置大小有太多可能性，我们需要一个高效的方法来找出它们，这里的重点是在区域个数的一定上限下，尽可能找到所有的物体。

2. 候选区域的识别：给定了图片中的一块矩形区域，识别其中的物体并修正区域大小和长宽比，输出物体类别和更"紧"的矩形框。

在了解算法的大致架构后，来看看算法的具体实现，它对应上面两步分为 RPN(region proposal network)和 Fast R-CNN。

RPN 的功能是最高效地产生一个候选列表。

如图 4.9 所示，RPN 选择以 CNN 为基础，图片通过多个卷积层进行特征提取，在最后一个卷积层输出的特征图上使用一个 3×3 的滚动窗口连接到一个 256 或者 512 维的全连接隐层，最后再分支到两个全连接层，一个输出物体类别，一个输出物体的位置和大小。为了能够使用不同的物体大小和长宽比，在每一个位置上考虑三个尺度(128×128，256×256，512×512)和三个长宽比(1∶1，1∶2，2∶1)，一共 9 种组合。这样一个 1000×600 的图片上考虑了(1000/16)×(600/16)×9≈20000 种位置、大小和长宽比的组合，由于使用 CNN 计算，这一步耗时不多。最后根据空间重叠程度去掉冗余的候选区域，一张图片获得 2000 个左右的物体可能区域。

二、MS-CNN[1]

虽然 Faster R-CNN 算法大名鼎鼎，但在物体尺度变化很大的场景，比如智能网联汽车，它还有提升的空间，针对这个问题，Multi-scale CNN(MS-CNN)在选择物体候选区域阶段，使用了图 4.10 所示的网络结构，我们看到如果把 CNN 网络里的卷积层看成一个大树的"主干"，那么在 conv3、conv4 和 conv5 这三个卷积层之后，这个网络都长出了"分支"，每

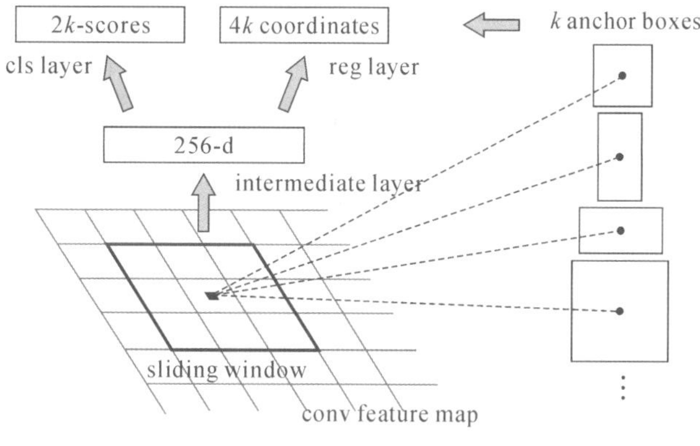

图 4.9 RPN 结构

个“分支”都连接了一个检测层，负责一定的尺度范围，这样多个“分支”一起，就能覆盖比较宽的物体尺度范围，达到我们的目的，如图 4.11 所示。

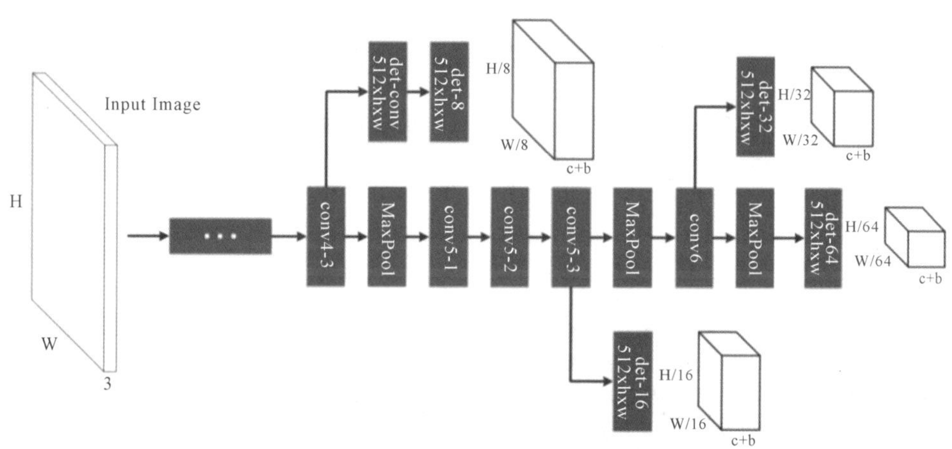

图 4.10 MS-CNN 架构[1]

图 4.11 多尺度目标检测效果[1]

扫码看彩图 4.11

MS-CNN 来源于文献：A Unified Multi-scale Deep Convolutional Neural Network for Fast Object Detection。该篇文章所采用的多尺度目标检测器能够解决这种目标大小与感受野不一致的现象，每一个检测层只着重检测与这一层尺寸相匹配的目标，就是在网络的浅层检测小目标,在深层检测大目标。

注意到 Object Proposal Network 是基于 VGG 来进行设计的,其像一棵树,主干就是原始的 VGG。文章的另一个贡献在于利用特征上采样代替输入图片上采样,扩大小目标的分辨率,提高识别准确率。这一部分是利用一个反卷积层来实现的,采用的方法是双线性插值的方法,减少了内存和计算的消耗。

第一层是"Deconvolution",目的是提高特征图的分辨率,保证物体检测的准确率,特别是对尺度偏小的物体。Deconvolution 之后,在抽取物体特征时,同时还抽取了物体周边的信息,这些"上下文"信息对识别准确率的提高有明显帮助。总的来说,MS-CNN 和 Faster R-CNN 相比,优势是识别的准确度有很大提高,尤其在物体尺度变化的情况下,比如 KITTI 数据集里面的行人和自行车。但是 Faster R-CNN 还是有速度的优势。

三、道路场景物体检测实例

1. 行人目标检测

1)模型:选择 Faster R-CNN Inception v2 (C)OCO 预训练模型。

2)数据集:使用 Active Vision Laboratory, Department of Engineering Science, University of Oxford 在 Coarse Gaze Estimation in Visual Surveillance 项目中使用的 Town Centre Dataset 进行模型的训练。

4.3 行人检测

3)训练及验证:暂时只进行了 666 步的迭代。在验证集中的验证结果如图 4.12 所示,视频演示请扫二维码 4.3。

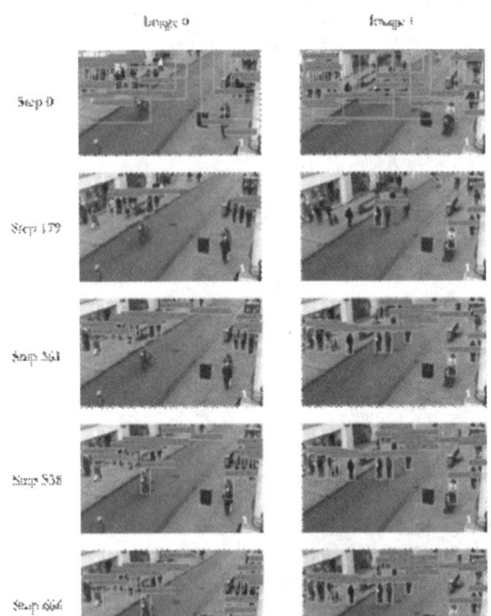

图 4.12　行人检测

扫码看彩图 4.12

2. 车辆目标检测

(1)模型:选取了 YOLO v3。

(2)训练及验证:在道路中能够检测到 Car、Bus、Trunk 三类车型,并能给出检测车辆目标的置信度。其性能表现良好,很好地识别了各种车辆。缺点在于在车辆被其他障碍物遮挡后易出现漏检，但一般只有在隔着防护栏的对侧车道上才会偶尔出现这种情况。

(3)验证结果：扫二维码 4.4 即可观看检测视频，可以获得两个视频(如图 4.13)，视频 1 为完整输出结果，视频 2 为该程序源代码运行过程录屏。

4.4 车辆检测

图 4.13 车辆检测

3. 车道线目标检测

(1)数据集：训练数据集(共计 12764 张图片)，其中 17.4%是夜晚，16.4%是雨天，66.2%是多云的下午。这些视频中有 26.5%是直的或近似是直的道路，30.2%是有曲线或缓和的弯道，43.3%是非常弯曲的道路，同时道路还包括建筑和交叉路口等困难区域。

(2)模型及训练：基于全卷积神经网络的车道识别，基于 Keras 框架，采用全卷积神经网络，设置有 9 个卷积层、4 个池化层、4 个上采样层以及 9 个反卷积层，实现对图像像素级别的分类。测试视频主要有 udacity 的道路测试视频、prescan 软件仿真以及我们自己拍的浙江大学玉泉校区道路测试的视频。

(3)结果及验证：验证结果视频见二维码 4.5，扫码可以获得三个视频，视频 1 为 udacity 的道路测试视频，视频 2 为 prescan 软件仿真，视频 3 为我们自己拍的浙江大学玉泉校区道路测试，截图见图 4.14。

4.5 车道线检测

4.3.2 道路场景追踪

一、目标追踪方法

无人车的感知系统需要实时识别和追踪多个运动目标(multi-object tracking，MOT)，例如车辆和行人。目标视觉跟踪(visual object tracking)，大家比较公认分为两大类：生成(generative)模型方法和判别(discriminative)模型方法，目前比较流行的是判别类方法，也叫检测跟踪(tracking-by-detection)。

生成类方法，在当前帧对目标区域建模，下一帧寻找与模型最相似的区域就是预测位置，比较著名的有卡尔曼滤波、粒子滤波、mean-shift 等。举个例子，从当前帧知道了目标区域 80%是红色，20%是绿色，然后在下一帧，搜索算法就到处去找最符合这个颜色比例的

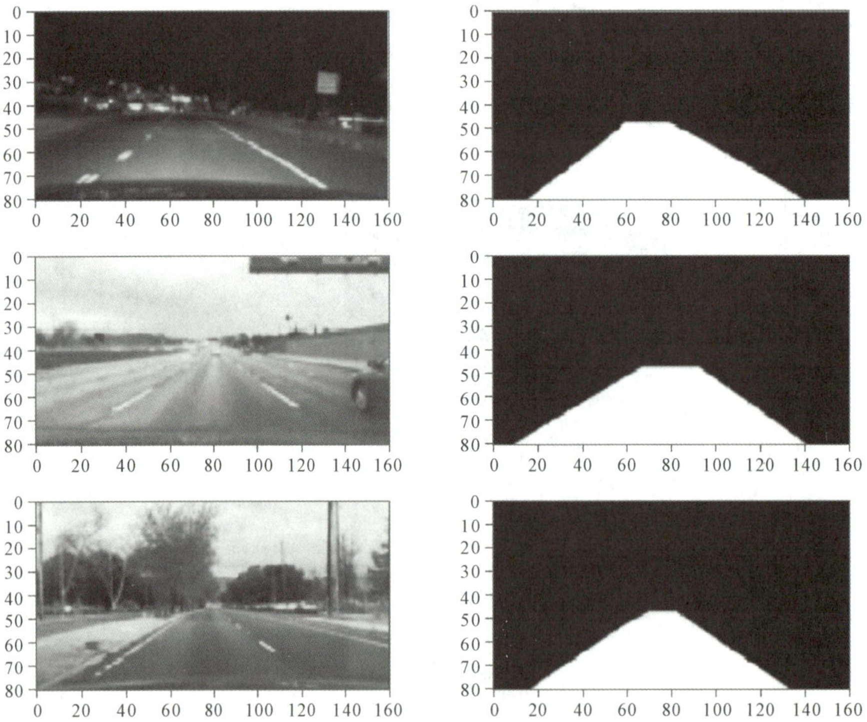

训练数据图　　训练标签图

图 4.14　车道线检测

扫码看彩图 4.14

区域。

判别类方法，当前帧以目标区域为正样本，背景区域为负样本，机器学习训练分类器，下一帧用训练好的分类器找最优区域。与生成类方法最大的区别是分类器训练过程中用到了背景信息，这样分类器专注区分前景和背景，判别类方法普遍都比生成类好。举个例子，在训练时告诉追踪器（tracker）目标 80％是红色，20％是绿色，还告诉它背景中有橘红色，要格外注意别搞错了，这样的分类器知道更多信息，效果也肯定更好。

MOT 问题中流行的判别类方法就要解决这样一个难点：如何基于有噪声的识别结果获得鲁棒的物体运动轨迹。斯坦福大学的研究者发表了基于马尔可夫决策过程（MDP）的 MOT 算法来解决这个问题，运动目标的追踪用一个 MDP 来建模（图 4.15）。

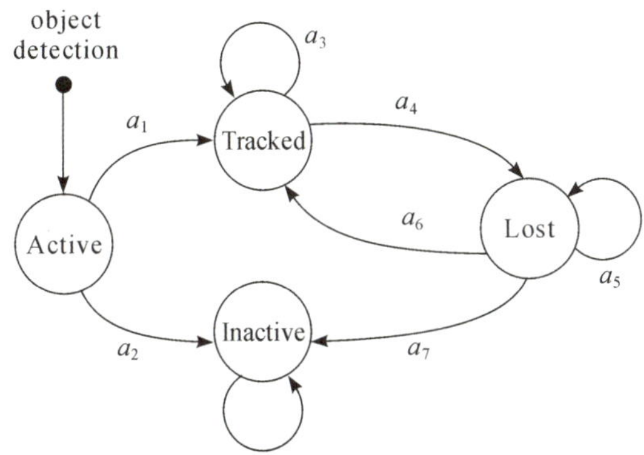

图 4.15 MDP 建模示意图[1]

运动目标的状态：$s \in S = S\_active \cup S\_tracked \cup S\_inactive$，这几个子空间各自包含无穷多个目标状态。

二、马尔可夫决策过程

马尔可夫决策过程（Markov decision process，MDP）：系统的下个状态不仅和当前的状态有关，也和当前采取的动作有关。

MDP 的动态过程如下：某个 agent（智能体）的初始状态为 s_0，然后从 A 中挑选一个动作 a_0 执行，执行后，agent 按 P_{sa} 概率随机转移到了下一个 s_1 状态，然后再执行一个动作 a_1，就转移到了 s_2，接下来再执行 $a_2 \cdots$，我们可以用图 4.16 表示状态转移的过程。

$$s_0 \xrightarrow{a_0} s_1 \xrightarrow{a_1} s_2 \xrightarrow{a_2} s_3 \xrightarrow{a_3} \cdots$$

图 4.16 MDP 状态转移（一）

如果回报 r 是根据状态 s 和 a 动作得到的，则 MDP 还可以表示成图 4.17。

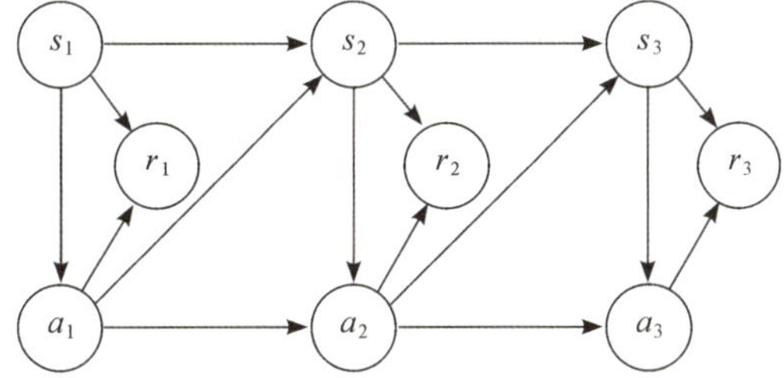

图 4.17 MDP 状态转移（二）

一个马尔可夫决策过程由一个四元组构成：

$$M = (S, A, P_{sa}, R)$$

S：表示状态集（states），有 $s \in S$，s_i 表示第 i 步的状态。

A：表示一组动作（actions），有 $a \in A$，a_i 表示第 i 步的动作。

P_{sa}：表示状态转移概率。P_{sa} 表示的是在当前 $s\in S$ 状态下，经过 $a\in A$ 作用后，会转移到的其他状态的概率分布情况。比如，在状态 s 下执行动作 a，转移到 s' 的概率可以表示为 $p(s'|s,a)$。

$R:S\times A\to\mathbf{R}$，R 是回报函数(reward function)。有些回报函数是状态 S 的函数。如果一组 (s,a) 转移到了下个状态 s'，那么回报函数可记为 $r(s'|s,a)$。如果 (s,a) 对应的下个状态 s' 是唯一的，那么回报函数也可以记为 $r(s,a)$。

三、目标追踪实例[1]

如图 4.18，这个 MDP 的状态空间变化如下：被识别到的目标首先进入 active 状态，如果是误识别，目标进入 inactive 状态，否则进入 tracked 状态。处于 tracked 状态的目标可能进入 lost 状态，处于 lost 状态的目标可能返回 tracked 状态，或者保持 lost 状态，或者在足够长时间之后进入 inactive 状态。

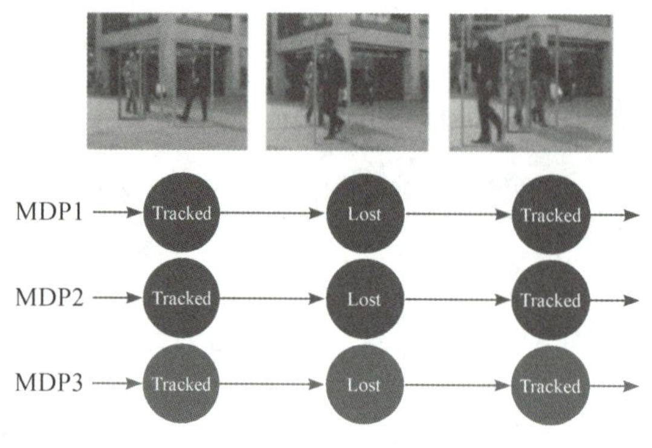

图 4.18 MDP 状态空间变化[1]

扫码看彩图 4.18

这个基于 MDP 的算法在 KITTI 数据集的物体追踪评估中达到了业界领先水平。

4.4 增强学习在智能网联汽车中的应用

一、增强学习

增强学习是最近几年中机器学习领域的最新进展。增强学习的目的是通过和环境交互，学习到如何在相应的观测中采取最优行为。行为的好坏可以通过环境给的奖励来确定。不同的环境有不同的观测和奖励。例如，驾驶中环境观测是摄像头和激光雷达采集到的周围环境的图像和点云，以及其他的传感器的输出，例如行驶速度、GPS 定位、行驶方向。驾驶中的环境的奖励根据任务的不同，可以通过到达终点的速度、舒适度和安全性等指标确定。

增强学习和传统机器学习的最大区别是：增强学习是一个闭环学习的系统，增强学习算法选取的行为会直接影响到环境，进而影响到该算法之后从环境中得到的观测。传统的机器学习把收集训练数据和模型学习作为两个独立的过程。例如，如果我们需要学习一个人脸分类的模型。传统机器学习方法首先需要雇佣标注者标注一批人脸图像数据，然后在这些数据中学习模型，最后我们可以把训练出来的人脸识别模型在现实的应用中进行测试。如果发现测试结果不理想，那么我们需要分析模型中存在问题，并且试着从数据收集或者模型训练中寻找原因。对于同样的问题，增强学习采用的方法是在人脸识别的系统中尝试进行预测，并且通过用户反馈的满意程度来调整自己的预测，从而统一收集训练数据和模型学习的过程。增强学习和环境交互过程的框图见图 4.19。

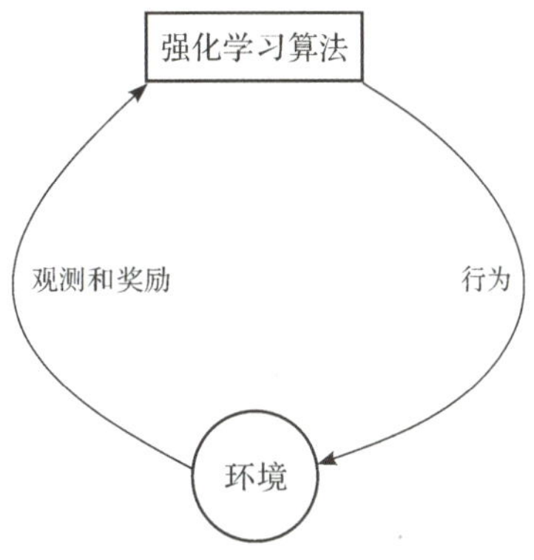

图 4.19 增强学习和环境交互框图

二、增强学习的挑战与优势

增强学习存在着很多传统机器学习所不具备的挑战：首先，因为在增强学习中没有确定在每一时刻应该采取哪个行为的信息，增强学习算法必须通过探索各种可能的行为才能判断出最优的行为。如何在可能行为数量较多的情况下有效探索，是增强学习中最重要的问题之一。其次，在增强学习中一个行为不仅可能会影响当前时刻的奖励，而且还可能会影响之后所有时刻的奖励。在最坏的情况下，一个好行为不会在当前时刻获得奖励，而会在很多步都执行正确后才能得到奖励。在这种情况下，增强学习需要判断出奖励和很多步之前的行为有关非常有难度。

虽然增强学习存在很多挑战，但它能够解决传统的机器学习不能解决的很多问题：首先，由于不需要标注的过程，增强学习可以更有效地解决环境中所存在着的特殊情况。比如，无人车环境中可能会出现行人和动物乱穿马路的特殊情况。只要我们的模拟器能够模拟出这些特殊情况，增强学习就可以学习到怎么在这些特殊情况中做出正确的行为。其次，增强学习可以把系统作为一个整体，从而对其中的一些模块更加鲁棒。例如，自动驾驶中的感知模块不可能做到完全可靠。前一段时间，Tesla 智能网联汽车的事故就是在强光环境中感知模块失效导致的。增强学习可以做到即使在某些模块失效的情况下也能做出稳妥的行为。最后，增强学习可以比较容易学习到一系列行为。自动驾驶中需要执行一系列正确的行为才能成功地驾驶，如果只有标注数据，学习到的模型只要每个时刻偏移一点，到最后可能就会偏移非常多，而增强学习则能够学会自动修正偏移。

三、增强学习在自动驾驶中的应用

英国初创公司 Wayve 发表的一篇文章“Learning to drive in a day”，阐述了强化学习在自动驾驶汽车中的应用。Wayve 是英国两位剑桥大学的机器学习博士创立的自动驾驶汽车公司，它使用的方法与大部分自动驾驶汽车的思维不同。让我们来看看 Wayve 的自动驾驶汽车的解决方案有什么新颖的地方（扫描二维码 4.6 即可观看，其中一个是论文、另一个是演示视频）。

4.6 增强学习在自动驾驶中的应用

4.5 基于深度学习的智能网联汽车计算平台

4.5.1 KITTI 数据集[1]

要验证一个方案是否可行，我们需要一个标准的测试方法。本节将介绍由德国卡尔斯鲁厄技术研究院（KIT）和丰田芝加哥技术研究院（TTIC）共同开发的 KITTI 数据集。在有了标准的数据集之后，研究人员可以开发基于视觉的智能网联汽车感知算法，并使用数据集对算法进行验证。KITTI 数据集是由 KIT 和 TTIC 在 2012 年开始的一个合作项目，网站在 http://www.cvlibs.net/datasets/kitti/，这个项目的主要目的是建立一个来自真实世界的测试集。

他们使用的数据采集车(图 4.20)配备了：一对 140 万像素的彩色摄像头 Point Grey Flea2(FL2-14S3C-C)，采集频率 10Hz；一对 140 万像素的黑白摄像头 Point Grey Flea2(FL2-14S3M-C)，采集频率 10Hz；一个激光雷达 Velodne HDL-64E；一个 GPS/IMU 定位系统 OXTSRT 3003。这辆车在卡尔斯鲁厄的高速公路和城区的多种交通环境下收集了数据，用激光雷达提供的数据作为基准真实值(ground truth)，建立了面向多个测试任务的数据集，如图 4.21 至图 4.25 所示。

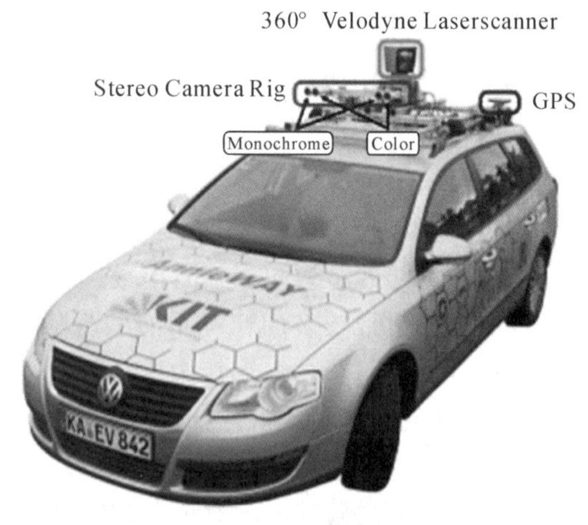

图 4.20　数据采集车

Stereo/Optical Flow 数据集：如图 4.21，数据集由图片对组成。一个 Stereo 图片对是两个摄像头在不同的位置同时拍摄的，Optical Flow 图片对是同一个摄像头在相邻时间点拍摄的。训练数据集有 194 对，测试数据集有 195 对，大约 50%的像素有确定的偏移量数据。

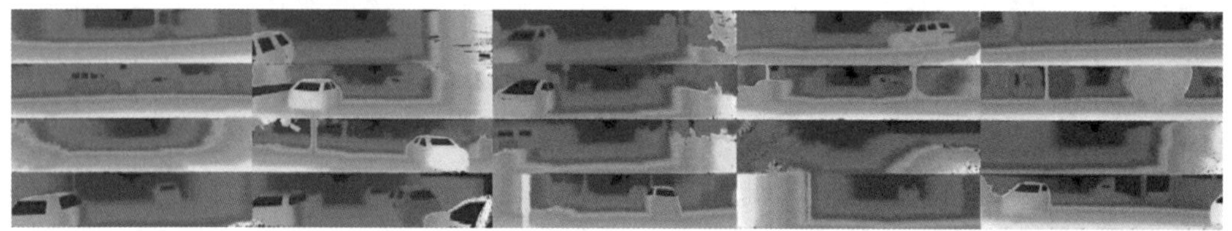

图 4.21　Stereo/Optical Flow 数据集

扫码看彩
图 4.21

视觉里程测量数据集：如图 4.22，数据集由 22 个 Stereo 图片对序列组成，一个 4 万多帧，覆盖 39.2km 的里程。

三维物体检测数据集：手工标注，包含轿车、厢车、卡车、行人、自行车者、电车等类别，用三维框标注物体的大小和朝向，有多种遮挡情况，并且一张图片通常有多个物体实例，如图 4.23 所示。

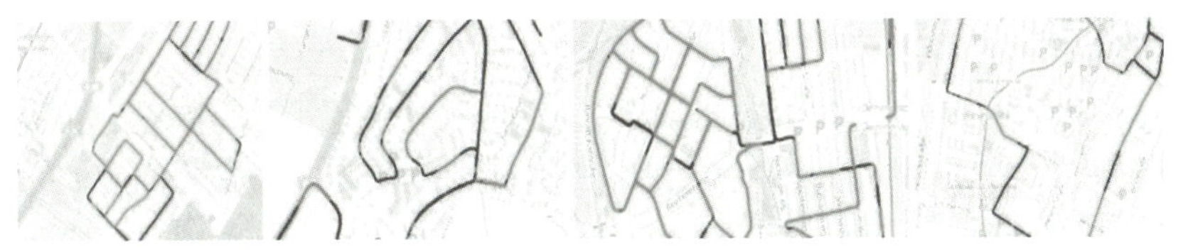

扫码看彩
图 4.22

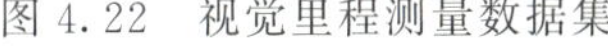

图 4.22 视觉里程测量数据集

图 4.23 三维物体检测数据集

物体追踪数据集：手工标注，包含 21 个训练序列和 29 个测试序列，主要追踪目标类型是行人和轿车，如图 4.24 所示。

图 4.24 物体追踪数据集

扫码看彩
图 4.24

路面和车道检测数据集：手工标注，包含未标明车道、标明双向单车道和标明双向多车道三种情况，289 张训练图片和 290 张测试图片，ground truth 包括路面（所有车道）和自车道，如图 4.25 所示。

图 4.25 路面和车道检测数据集

4.5.2 现有的计算平台[1]

扫码看彩
图 4.25

现有的针对智能网联汽车的计算解决方案主要有以下几种：

一、基于 GPU 的计算解决方案

NVIDIA 的 PX 平台是目前领先的基于 GPU 的智能网联汽车解决方案。每个 PX2 由两个 Tegra SoC 和两个 Pascal GPU 图形处理器组成，其中每个图像处理器都有自己的专用内存并配备有专用的指令以完成深度神经网络加速。为了提供高吞吐量，每个 Tegra SOC 使用 PCI-E Gen 2 x4 总线与 Pascal GPU 直接相连，其总带宽为 4 GB/s。此外，两个 CPU-GPU 集群通过千兆以太网相连，数据传输速度可达 70 Gigabit/s。借助于优化的 I/O 架构与深度神经网络的硬件加速，每个 PX2 能够每秒执行 24 兆次深度学习计算。这意味着当运行 AlexNet 深度学习典型应用时，PX2 的处理能力可达 2800 帧/秒。

二、基于 DSP 的解决方案

德州仪器提供了一种基于 DSP 的智能网联汽车的解决方案。其 TDA2x SoC 拥有两个浮点 DSP 内核 C66x 和四个专为视觉处理设计的完全可编程的视觉加速器。相比 ARM Cortex-15 处理器，视觉加速器可提供八倍的视觉处理加速且功耗更低。类似设计有 CEVA XM4，这是另一款基于 DSP 的智能网联汽车计算解决方案，专门面向计算视觉任务中的视频流分析计算。使用 CEVA XM4 每秒处理 30 帧 1080p 的视频仅消耗功率 30MW，是一种相对节能的解决方案。

三、基于 FPGA 的解决方案

XILINX 公司为智能网联汽车设计的基于机器学习的 Zynq，Zynq 专为智能网联汽车设计的 Ultra ScaleMPSoC。当运行卷积神经网络计算任务时，Ultra ScaleMPSoC 运算效能为 14 帧/秒/瓦，优于 NVIDIA Tesla K40 GPU 可达的 4 帧/秒/瓦。同时，在目标跟踪计算方面，Ultra ScaleMPSoC 在 1080p 视频流上的处理能力可达 60fps。

4.5.3　基于计算平台的解决方案[2]

XILINX 公司为智能网联汽车设计的基于机器学习的 Zynq 解决方案，其 2D 目标检测、3D 目标检测、车道线检测及语义分割的算法、数据集、检测结果及参数如图 4.26 至图 4.33 所示。

1. 2D 目标检测

> 2D Object Detection
>> Detection Algorithms: SSD, TINY YOLOv2, YOLOv2, TINY YOLOv3, YOLOv3, Light-head RCNN etc.
>> Datasets: KITTI 、Cityscapes 、BDD100K and Private data etc.

扫码看彩图 4.26

图 4.26　2D 目标检测算法、数据集、检测结果

> **SSD Lite**
>> Backbone : Mobilenet_v2 (Relu verison)
>> Datasets: BDD100k
>> Input size: 480*360,
>> Operations: 6.57G
>> mAP: 32.9
>> DPU (one core) FPS: 36(ZU9), 21(ZU2)

> **Tiny YOLO v3**
>> Datasets: KITTI ,Cityscapes ,BDD100K and Private data etc.
>> Input size: 416*416
>> Operations: 5.9G
>> DPU FPS: 170 (ZU9 dual core)

图 4.27 2D 目标检测参数

2. 3D 目标检测

> **3D Object Detection**
>> Reproduce latest advanced 3D detection methods(F-PointNet and AVOD) combing the information of Lidar point cloud and RGB image
>> Optimize post processing

图 4.28 3D 目标检测算法检测结果

扫码看彩图 4.28

3. 车道线检测

> **Motivation:**
>> detect lane even if the lanes are occluded by vehicles

> **Algorithm:**
>> SCNN(left) and VPGNet (right)

> **Dataset:**
>> SCNN: 9600 training and 1,300 test images capture from SCNN dataset
>> VPGNet: 1000 training and 200 test images from Caltech-lane dataset
>> Input size: SCNN (800x288), VPGNet (640x480)

图 4.29 车道线检测算法检测结果

扫码看彩图 4.29

4. 语义分割

> **Semantic Segmentation**

(a) Result of WiderRes38

图 4.30　语义分割算法结果

扫 码 看 彩
图 4.30

> **Semantic Segmentation**

» Using state-of-art algorithm for high performance

» Compress large model & try light-weight model to ensure efficiency and performance

Algorithm	Input size	Model backbone	Operation numbers	IOU(%)	FPS @ Input size ZCU9
WiderRes38	1024* 2048	wider-Resnet-38	10T	77.68	——
SegNet	1024 * 2048	VGG 16	2.4T	56	——
FPN-Deephi	1024 * 2048	Google_v1	136G	71.25	——
Deeplabv3+	1024 * 2048	Mobilenet_v2	49G	70.88	——
ESPNet	512 * 1024	——	9.4G	63.64	21.48 @ 256 * 512
ENet	512 * 1024	——	9.36G	57.9	54.86 @ 256 * 512
FPN-Deephi (light weight)	256 * 512	Google_v1	9G	56.45	119 @ 256 * 512
Tiny-FPN	512 * 512	——	1.8G	60.2	117 @ 256 * 512

图 4.31　语义分割算法参数

5. 多任务学习

> **Multi-task learning**

» Shared feature extraction backbone

» Improve accuracy by model architecture optimization

» multi-task model including 2D box detection, orientation and semantic segmentation (left)

» multi-task model including object detection, lane detection and drivable space detection (right)

图 4.32　多任务学习

扫 码 看 彩
图 4.32

6. 总结

汽车模块方案如图 4.33 所示。其硬件平台是 ZYNQ 系列，采用 FPGA 加 MCU 设计方案，如图 4.34、图 4.35 所示。

扫码看彩图 4.33

图 4.33　汽车模块方案

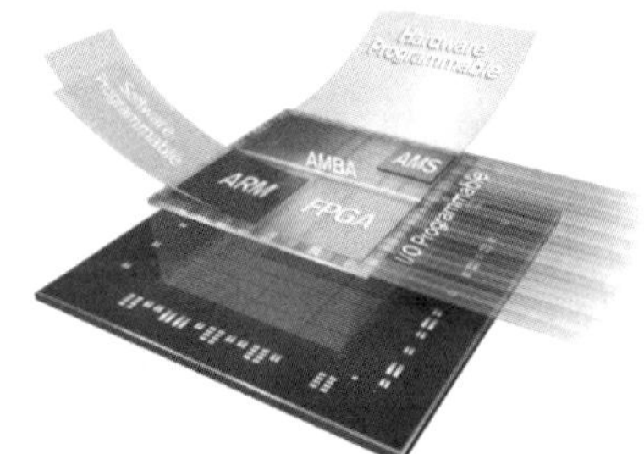

图 4.34　FPGA 加 MCU 设计方案

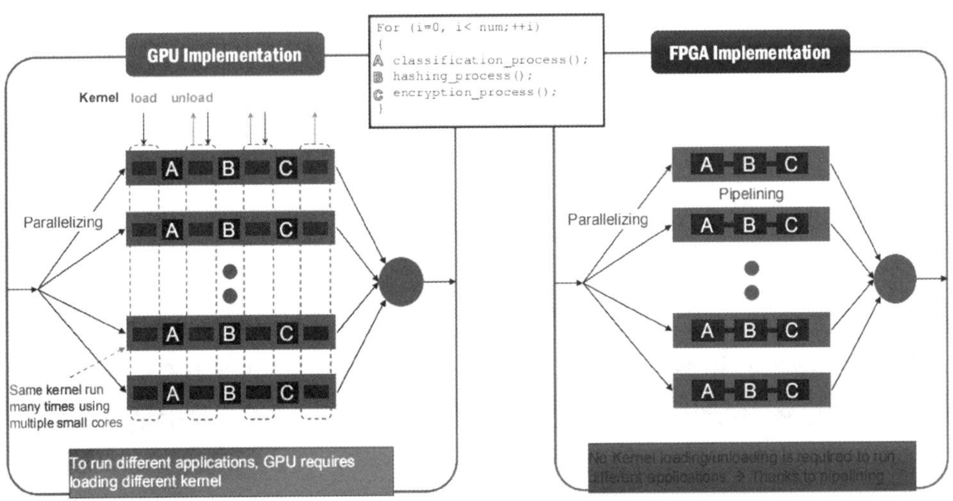

图 4.35　硬件可编程性、成就性能更高的架构

4.5.4 数字系统实现方案及高层次综合技术

为了进一步了解 FPGA 加 MCU 的设计方案，下面简单介绍数字系统实现方案及高层次综合技术，更深入的学习请扫后面的二维码 4.7 和 4.8。

一、常见的数字系统设计方案

1. MCU 加接口芯片的实现

用各种类型的 MCU 加接口芯片来实现数字系统已盛行多年，这也是现代数字系统实现的主流方法。MCU 加接口芯片实现方法的主要缺点是运行速度慢。MCU 指令串行运行的特点决定了系统的运行速度比较慢。基于此特点 MCU 适合做控制器，不适合用于复杂、高速的数据处理。

2. FPGA 加接口芯片的实现

基于 FPGA 加接口芯片，借助 HDL 语言对电路进行描述，并且可以采用 EDA 工具进行仿真、综合的全新数字系统设计方法日渐普及。其主要缺点是对于复杂控制单元采用硬件描述语言进行编程的效率比较低。FPGA 中的控制器通常由状态机完成，程序流程图是事件驱动，而状态机则是时钟驱动，从程序流程图到状态图的转换目前尚无有效的办法。基于以上原因，FPGA 更适合做接口、高速数据运算，而不适合做复杂的控制任务。

3. FPGA 加 MCU 的实现

FPGA 加 MCU 的实现方法充分利用 MCU 与 FPGA 的各自优点，复杂控制单元由 MCU 来完成，高速数据运算和大部分接口由 FPGA 来提供。其具有系统芯片消耗少、排版容易、运行速度快、编程容易等优点。一些新的 FPGA 芯片就内嵌有一个或多个 CPU 内核，在将来的复杂数字系统开发中，基于 FPGA＋MCU 的实现方案将成为主流方法。

二、数字系统设计自动化

高层次综合技术是数字系统设计自动化(electronic design automatic, EDA)的关键技术，是近年来国内外研究、开发和应用的热门课题。针对寄存器传输级(register transfer level, RTL)硬件描述语言(hardware design language, HDL)需要硬件知识基础、可读性较差及其造成的硬件设计工程师短缺等问题，高层次综合(high level synthesis, HLS)的概念被提出，能够实现可读性较强的高级语言(如 C 语言、C^{++})向 RTL 描述(如 Verilog HDL、VHDL)的转化，Cadence、Synopsis、Mentor Graphics 等公司都推出了自己的 HLS 工具，这也体现了 HLS 对于现代 IC 设计的重要性。

高层次综合(HLS)又称高级综合、C 合成、行为级综合、算法级综合等，是在满足一定目标和约束条件下，将数字系统算法的行为描述转换为寄存器传输层的结构描述的方法和过程。它使设计者能够在更高层次进行电子设计，更快速有效地在较高层次设计验证和仿真，而较低层次的工作由工具自动完成，从而让数字电路系统设计工程师可以有更多的精力和更充分的条件去对数字系统进行不同方案的设计，寻求最佳的设计方案。

4.7 了解 FPGA 架构

Vivado HLS 高级综合工具是 Xilinx(赛灵思)公司推出的最新一代的 FPGA 设计工具，全面覆盖了 C、C^{++}、System C)。Xilinx 公司推出的 Zynq-7000 系列 Soc 则是将一个 CPU 和 FPGA 合并到一个芯片中，通过将 PL(programmable logic)和 PS(processing system）两部分集成到一起，C 语言程序也可以通过 PL 部分进行硬件加速，并且仍然保持 C 语言本身的特性。Vivado HLS 高级综合工具的基本架构和使用请扫二维码 4.7 和 4.8[2]。

4.8 在 Vivado 中使用 OpenCV 和 HLS

目前针对计算机视觉的算法越来越复杂，同时对于分辨率的要求也越来越高，这对于处理器的要求是一个巨大的考验。Carl AHLBERG 利用 Xilinx 公司最新推出的 Zynq-7020 开发板，通过 HLS 工具开发了图像处理系统，该系统被用于 GIMME-2 计算机视觉系统，拥有两个高分辨率的图像传感器，专门为立体视觉而设计，用于自动驾驶系统，演示视频请扫二维码 4.9[2]。

4.9 自动驾驶系统：基于 Zynq 的实时物体检测

4.6 车路协同

单车智能的好处在于，不需要依靠太多的外部条件，其本身的硬件＋算法就能解决很多问题，但缺点在单车智能的方案成本确实是有点高，除了需要庞大数据量来锻炼 AI 算法之外，还包括各类高精度摄像头、高精度地图、高精度雷达等硬件层面的运用。尽管目前来说，高精度地图＋高精度雷达＋足够的道路测试数据仍然是进入自动驾驶比较快捷的一种方法，但是，单车智能存在有驾驶盲区、中远距离感知不稳定及难以预测道路交通行为等问题。

基于网联化的灵活性，自动驾驶汽车可通过 V2X 技术获取更丰富的交通信息，其运动决策不仅受到邻近车辆状态的影响，还取决于整个路段乃至交通网络状态信息的约束。巨大的出行需求、交通参与者违反交通规则的行为、未适应交通需求的信号管控等因素将严重影响交通系统的稳定性。网联技术将车—车、车—路、车—云以及交通管理者有机关联到一起，而上述这种便利性使得探究智能网联汽车决策控制技术不再适合将智能网联汽车当作孤立的个体。

车联网、边缘计算网络和高精度定位系统的技术发展，为车车、车路、车人和车云系统的全面融合提供了有效支撑，车辆、道路、云平台与车联网网络的融合，加速打通车内与车外、路面与路侧、云上与云间的信息互通，为实现车路云一体化的融合感知、群体决策及协同控制提供了重要基础。

2023 年 3 月 27 日，阿里云、高德在北京发布“车路协同导航与产业服务”解决方案，带来融合感知、路网多级云控、数字孪生仿真、普惠车路协同等能力升级，让智慧出行变得更普惠。车路协同，又被叫作智能车路协同系统（intelligent vehicle infrastructure cooperative systems），是智能交通系统的最新发展方向。

4.6.1 车路协同综述

车路协同是采用先进的无线通信和新一代互联网等技术，全方位实施车车、车路动态实时信息交互，并在全时空动态交通信息采集与融合的基础上开展车辆主动安全控制和道路协同管理，充分实现人车路的有效协同，保证交通安全，提高通行效率，从而形成的安全、高效和环保的道路交通系统。车路协同是智慧汽车和智慧道路相结合，不仅可以大大增加检测范围并减少车端的运算负担，让自动驾驶落地更容易、成本更低，同时车路协同提供的信息更多，升级潜力更大。

车路协同的简单框图如图 4.36 所示，在图中可以清楚地看到，V2X 参与了部分感知和决策的功能。在原有单车智能的感知、决策、执行三大模块中，V2X 参与对数据的融合和处理，完成对行人、车辆及其他障碍物的检测并规划局部路径，进而实现对车辆的控制，使车变得更加智能。

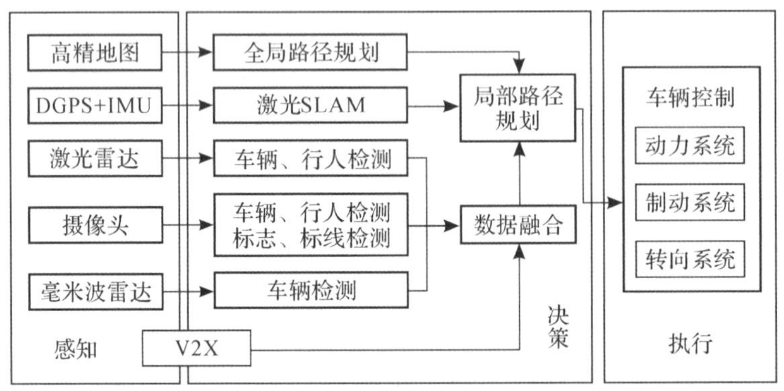

图 4.36　车路协同的框图

车路协同的基础平台由车载单元、路侧单元和通信平台三部分组成，如图 4.37 所示。其中车载单元(OBU)能够从各类传感器和车载网络中获取原始信息，解算出车路协同应用所需的底层信息，并传输给路侧单元。路侧单元(RSU)是车路协同系统的核心基础设施，是感知路网特征、道路参与者信息的交换枢纽，其主要覆盖场景为十字路口及高速公路。路侧单元不仅要对接多种信号的监测和管理，还需要与边缘云端、交通大脑进行数据交互。通信平台负责车车、车路实时传输信息管理，实现信息共享。

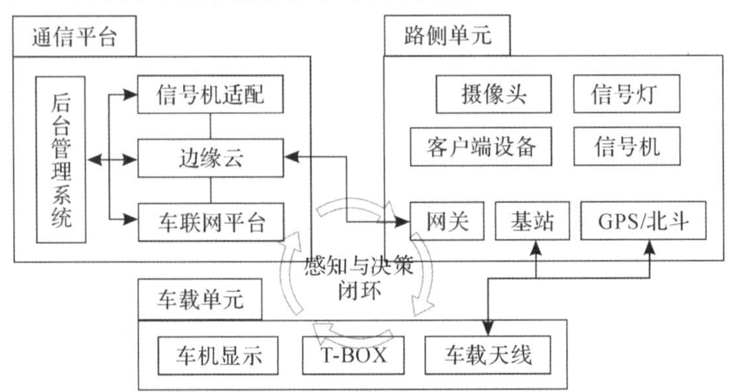

图 4.37　车路协同的基础平台

车路协同的应用场景丰富，涵盖了交叉路口应用、智慧公交应用、货运车队应用等。如交叉路口应用，通过路侧单元接收汽车信息和云端数据，向车辆实时、持续广播交通信息，从而进行安全预警和路况辅助判断。如图 4.38 所示，V2V 方式协作可保证车辆有序交叉汇入。

还有智慧公交应用，车路协同可辅助建设智能公交车联网并为公交车辆提供信号优先服务。货运车队应用，车路协同可辅助货运车以车队形式运行，可减少对货车司机的需求，并大幅降低交通事故的发生概率，从而进一步降低运输成本。园区、机场、港口应用，通过装载 RSU 及 OBU，实现 V2V、V2I、V2N 的互联互通，进而实现对单车的运行控制及区域车辆的协调管理，优化运行路线，提高货物运输的效率。智能停车，通过 OBU 与 RSU 的通信，智能停车系统可实时掌握车辆位置，从而实现停车诱导、停车收费等功能。试驾应用，通过 OBU 采集试乘试驾车辆的行驶数据，实现车辆监控管理、试乘试驾统计，销售顾问还可通过 APP 端管理平台实现导航、讲解、评价等功能。共享汽车应用，车路协同可实现自动调度、自动泊车，将大幅降低共享汽车的运营成本。

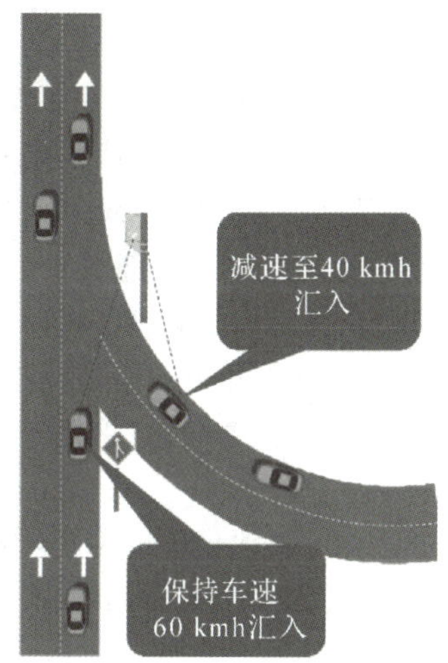

图 4.38 车路协同的交叉路口应用

4.6.2 关键技术

一、基于车路云一体化的混合交通系统框架[7]

基于车路云一体化的混合交通系统以云控平台为核心，以智能网联汽车和路侧基础设施为主要控制主体和交通感知来源媒介，以机动车辆、非机动车辆以及行人作为主要交通参与者。云控平台基于通信技术连接交通系统中的每一个节点，实现车辆及其他交通参与者信息的采集和处理，构建物理世界在信息空间的数字映射，完成交通管理决策以提升混合交通系统的全局性能。路侧基础设施包括感知设备（如摄像头、毫米波雷达、激光雷达等）、计算单元、通信设备和交通管控设施（如信号灯、数字化标志牌、信号机等）。感知设备与计算单元实现对道路交通参与者的识别、跟踪和运动预测，还可辅助车辆进行定位；通信设备实现与车端、云端互联互通，传输交通信息和控制指令；交通管控设施可基于实时交通需求进行动态协调控制。

二、混合交通流建模[7]

交通流建模的目的是揭示各个交通参与者之间的交互关系以及由此产生的交通流变化，以便交通管理者进行实时交通状态估计、预测与管控，制定和实施有效的控制策略，提高道路安全和效率。混合交通流建模为基于车路云一体化的交通管理策略奠定了良好基础，具体包括跟车模型、换道模型、宏观模型等。但是，在基于车路云一体化的混合交通系统中，通信机制起到关键作用，同时不可避免地出现通信延迟、数据丢包与网络攻击等缺陷。根据前期的调研，现有模型鲜有考虑以上不利因素，需实际评估通信设备的可靠性，建立车路云一体化交通系统中各环节通信机制与传输内容的相关标准，分析各环节不同通信设备的实际通信延迟与影响因素，明确通信安全隐患。

三、混合交通系统的优化控制[7]

混合交通系统的控制本质上是一个多目标优化问题，且交通系统状态是随时间不断演化的，因此可借鉴控制理论中的滚动优化与动态规划思想解决在不同场景下不同优化目标的控制问题，包括交通流稳定性、交通效率、交通安全等。如交通安全就包括：(1)人类驾驶员存在行为不确定性，前方人工驾驶汽车可能出现非预期的急减速行为或相邻车道人工驾驶汽车出现突然切入行为；(2)智能网联汽车所装备的传感器存在一定的感知误差与不确定性，对前方或相邻车道汽车的位置和速度检测出现错误；(3)智能网联汽车可能出现通信延迟、数据丢包和网络攻击等情况。

四、智能网联 V2X 通信系统[8]

智能网联 V2X 通信系统由 LTE 和 5G 网络进行承载，研究 5G-V2X 应用架构和人、车、路等多要素协同系统内信息融合，对开展智能网联汽车和交通智能体的系统设计和优化系统性能具有重要意义。5G-V2X 应用架构主要由 5G 核心网(5G core，5GC)域、路侧单元 (road side unit，RSU)(含 RSU 平台)、路侧设施和车辆等组成。在该架构中，车载通信分为车内通信和车外通信两部分，车内通信主要包括车内系统 (分为计算平台、控制器域网(CAN)、网关、传感器阵列、可视化平台和 3D 地图等)和集成车载单元(OBU)平台的接口。车外通信为 OBU 平台承载的各类“人—车—路—云”通信服务，两者之间通过连接器 (如串口、USB 接口或以太网等) 进行信息交换。在车路云协同架构下，智能网联车辆通过自感知 (车内/车外) 与协同感知(车间/车路/车云)服务于多种应用(如跟车、换道和自适应巡航控制等)，从而在 V2X 网络中传输各种消息。

五、智能网联融合定位[8]

现有主流定位技术可分为多卫星组合定位技术、蜂窝定位技术、基于智能传感器的定位技术和局域网定位技术四类。中国正在规划并发展以北斗卫星导航系统、5G 为代表的智能化、综合性的数字交通基础设施。北斗空间卫星数量的增加 、网联汽车自组网、车辆配备传感器的不断拓展以及边缘云网络的部署等，基于多卫星系统组合、多传感器融合、分布式和分阶段解算的融合定位方案呈现越来越明显的发展趋势。

六、数字孪生技术

车路云一体化的智慧交通为现有的交通问题提供了新的解决思路，如何加强车—路—云之间的协同，辅助交通管理者制定更为高效可靠的管理策略，也是目前需要关注的问题。数字孪生技术可实现物理世界的完整映射，完成虚实结合的应用测试，基于数字孪生技术的协同控制也是未来研究的一种可行手段。

4.6.3 车路协同数据集及仿真平台

数据是车路协同自动驾驶的关键，为促进学术界和产业界共同打造数据驱动的车路协同自动驾驶，清华大学智能产业研究院(AIR)依托北京市高级别自动驾驶示范区，推出全球首个车路协同自动驾驶数据集 DAIR-V2X，共同探索车路协同自动驾驶的落地模式。车路协同自动驾驶数据集 DAIR-V2X 系列，由一系列基于真实自动驾驶场景发布的车路协同数据集构成，详见 https://thudair.baai.ac.cn/index。包括：

(1)DAIR-V2X 系全球首个用于车路协同自动驾驶研究的大规模、多模态、多视角 3D 目标检测数据集，总计 71254 帧图像数据和 71254 帧点云数据。

(2)Rope3D 更加聚焦于路侧纯视觉单目 3D 目标检测任务，共计 50009 帧图像数据。

(3)V2X-Seq 系全球首个真实道路场景的大规模时序车路协同数据集，包括：

V2X-Seq 感知数据集包含约 100 段车端与路端协同视角下的图像和点云序列以及完备的 3D 目标及 Tracking ID 标注，用于支持车路协同 3D 检测和跟踪任务；

X-Seq 轨迹预测数据集包含 20 多万个片段(包含目标轨迹、红绿灯信号等)，其中 5 万段是路端与车端协同视角片段，可用于车路协同轨迹预测任务研究。数据集每个片段时长10s，按照10Hz提供8类常见障碍物目标的轨迹。

除了数据集，网站还提供了参考的任务方案和开源框架，如针对车路协同3D检测，提出车路协同3D检测是在通信带宽约束下，车端融合路端信息，实现3D目标检测的视觉感知任务。与传统自动驾驶3D检测任务相比，该任务需要解决车端与路端多视角信息融合、数据多模态融合、时空异步、通信受限等挑战，通过设计车路融合感知算法，实现盲区补充、提升感知精度。

1. 问题建模

输入：车端数据（图像、点云）、路端数据（图像、点云），以及对应的时间戳和标定文件。

输出：车端感兴趣区域内的障碍物目标3D位置、朝向等。

2. 优化目标

（1）提高检测性能：提升算法在测试集上的3D目标检测精度。

（2）减少路端数据使用量：保证相近精度的前提下，降低路端数据使用量，减少通信时延。

（3）减少传感器使用量：保证相近精度的前提下，降低车端和路端传感器使用数量，以节省成本、降低能耗。

3. 评测指标

目标检测精度（mAP）：针对车辆、行人等不同类别目标，计算3D边界框的尺寸、位置和置信度，基于不同的IoU阈值计算检测精度（average precision，AP），最终计算所有类别AP的平均值（mean average precision，mAP）。

数据传输消耗（Bit number）：以比特数（Bit）度量车路融合检测过程使用的路端传输数据量；更少的数据传输可以降低带宽消耗，减少通信时延。

4. Baseline后融合参考方案

分别利用车端相机＋LiDAR及路端相机＋LiDAR传感器信息，计算3D目标位置、置信度等结果，在世界坐标系中将计算结果进行后融合。车路协同感知后融合整体流程如图4.39所示。

借助仿真平台，可以深入探究混合交通系统的潜能并验证协同优化控制效果。用于网联场景的虚拟仿真平台主要包括两类[8]，分别是道路交通仿真软件和网络仿真软件。为了同步评估网联场景下的各单车的组网性能及交通流的通行效率之间的相互作用，网联场景的仿真通常将两类仿真软件进行深度耦合。其中道路交通软件负责模拟车辆（或车队）的协同控制特性并常被作为网络仿真的输入；网络仿真软件则负责模拟网联车辆的通信与组网特性，针对网联车辆的数据传输、接收以及仿真场景下的负载、路由、链路和信道进行报文级仿真。在网络仿真领域，开源仿真软件包括OMNeT＋＋、NS-2、NS-3，商业化网络仿真软件主要有OPNET、OMNEST、QualNet等。较为成熟的交通仿真器包括SUMO、VISSIM、PARAMICS、TransModeler、TRANSIM、CORSIM和PanoSim等。Veins开发环境集成了多种仿真界面，不同模拟器之间通过TCP socket进行通信，可用于网联场景下的网络仿真与地图可视化仿真。

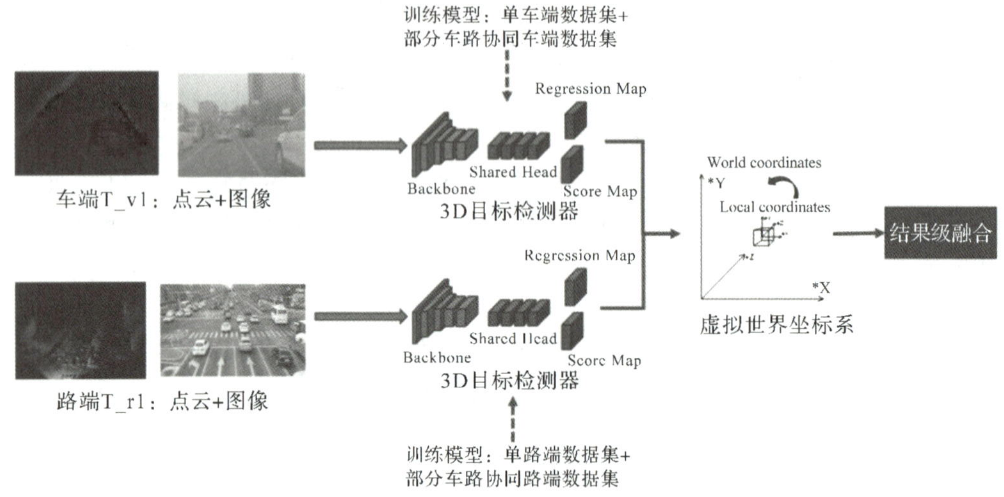

图 4.39　车路协同感知后融合流程

4.6.4　智慧交叉路口综述及实例

交叉口是车辆冲突显著、交通事故频发的道路结点，这主要是因为不同方向车辆之间的信息不对称或者交叉口信号控制没有有效协调车辆通行权所致。随着自动驾驶、智能网联及无线探测等技术的有效集成和迅速推广，车路协同技术为解决交叉口冲突提供了重要的突破口。

最经典的交叉路口通行优化方案是基于车流统计调节红绿灯时长。通过人工或传感器统计路口中各个方向的车流量和拥堵程度，依据统计结果对各方向红绿灯时长进行调整，以提高绿灯时间利用率。随着传感技术的进步和道路设施信息化程度的提高，统计信息愈加精细和全面，一些交通灯已做到按小时调整，工作日、节假日也拥有不同的调度策略。近来，无线技术的成熟使得通过使用车辆到基础设施（V2I）通信成为一种具有成本效益的方式（图 4.40）。

文献[3]对交叉口车路协同控制方法的研究进行了综述，具体包括以下几方面内容。

一、协同控制基本方法

交叉口车路协同控制的本质都是优化控制车辆行驶轨迹与速度，包括编组控制、速度控制、轨迹控制、多式控制等。

1. 编组控制

车辆编组控制主要通过感知车与车之间的通信手段，实时获取一定区域内智能车辆的速度与位置等运行数据，判断是否采用车辆双方协议的通信方案，并形成车队编组行驶，以保证车辆以稳定的速度与间距安全行驶。车辆编组形成过程可分为主动式和被动式，主动式编组是指车辆在行驶中有机会时会主动与邻近车辆协调编组列队行驶，常在异构的车队中采用；被动式编组是车辆按照交通管理者预先设定的车辆行驶路线和任务而做出的编组决策，在指定地点、指定时间与指定车辆编组并列队行驶，常在路径固定的车队中采用。

2. 速度控制

在车路协同场景下对车辆行驶速度进行有效控制非常重要。速度控制通常针对车辆前

扫码看彩图4.40

图 4.40 V2I 交通路况模拟

后横向的加减速度进行合理调控，以保持合适的前车间距或符合快速通行的要求。此方法往往不涉及车辆的横向变道控制，常见做法是分别计算每一路段内车辆最优行驶车速或实时连续计算车辆速度曲线。车辆速度控制可分为两种类型，一种是从前端控制车辆速度，即直接确定能够实现道路中车辆与车辆之间满足低隐患、低能耗、低延误要求的速度曲线，并规定车辆按照该速度曲线行驶；另一种是从后端控制车辆速度，即从车辆本身出发，寻找能达到快速、安全、高效通行要求的油门、刹车及挡位协调控制方法，从而使车辆以较理想的速度行驶。

3. 轨迹控制

车辆轨迹控制是一种在 V2V 和 V2I 通信系统充分交互的基础上，借助数学规划思想，以车辆行驶路径等运动特征作为输入变量，将车辆间安全、高效和环保效益作为结果变量，建立结果变量效益最大化的动态规划模型，并通过求解可靠的车辆通行路径，提升车辆通行效率与道路服务水平的车路协同控制方法。相较于速度控制，该方法主要从车辆左右纵向控制角度出发，并假设车辆在某一路段内匀速行驶下，重点考虑车辆在进口道与其他车辆的协同换道时机及在交叉口内部的安全或最优行驶路线。当前车辆轨迹控制主要借助二元整数线性规划、利用分散的多智能体随机树算法等方法进行求解。

二、单交叉口协同控制方法

1. 信号控制交叉口

智能网联环境使得车辆与信号控制设备之间能够直接建立通信联系，为实现信号灯与车辆联动控制提供了重要基础。信号交叉口协同控制主要是通过预先获取当前交叉口附近车辆状态和信号灯状态的单方或双方信息，分别或同时以优化调整当前交叉口的信号配时、车辆的运动参数，从而实现车辆与基础设施的 V2I 有效实时协同。因此，根据信号灯与车辆联动控制对象组成，可分为车辆端协同控制、信号端协同控制以及车辆端与信号端联合协同控制这三种类型。

2. 无信号控制交叉口

车辆在接近十字路口时频繁的走停和怠速行为是造成交通拥堵和人员伤亡的重要原

因。相较于信号控制交叉口，无信号交叉口协同控制主要关注的是车车协同。在无须考虑信号控制方案前提下，借助车间或车与虚拟代理间的通信，以追求更高的车辆自身交通运行效率与油耗最优为目标，重点解决车辆在交叉口及进口道处的空间冲突问题，本质上是空间的合理分配。无信号交叉口协同控制借助 V2V 通信技术，充分考虑当前交叉口附近车辆速度、位置、数量和目标方向等信息，通过交叉口虚拟代理、车辆虚拟代理或车辆自主制定通行方案，以达到车辆在交叉口安全畅行的目的，主要分为协同资源预留、虚拟信号灯、主动交互控制这三种通行策略。

三、多交叉口协同控制方法

多交叉口协同控制的控制区域为整条道路或整片区域，获取的数据量级更大，往往需要收集道路中所有车辆的状态、通行请求等信息，同时主要控制对象是道路上各交叉口，因而出现了子交叉口代理与总交叉口代理的概念，由总代理分配通行方案，由子交叉口负责执行。此外，多交叉口协同控制不仅借助相邻交叉口间的距离、车辆速度和相位差，同时可获取更为精准的车辆状态信息，从而在区域范围内实现多信号交叉口的信号灯与车辆精细化的联动自主控制，提高了区域内的交通效率。相较于单交叉口，多交叉口协同控制更多的是考虑各方向的上下游车辆运行状态、信号控制状态及交通状态，通过评估道路运行状态，增加模型约束控制条件，从而实现车辆以最优速度等状态行驶，并始终确保道路内部交通密度处于平衡态，以提高通行效率，其中所有交叉口的联合控制主要依靠车辆运行状态、信号控制状态、道路交通状态等三种方式进行综合考虑。

四、智慧交叉路口实例

应用专用短程通信（dedicated short-range communication，DSRC）来实现智能交通系统。以文献[4]一种基于 DSRC 无线电的运输系统作为例子，如图 4.41 所示，DSRC 路侧单元（RSU）感知 DSRC 车载单元（OBU）广播的基本安全消息（BSM），解析出有用的信息，并将其发送到基于强化学习的决策单元。然后，该单位将根据 RSU 提供的信息做出决定。

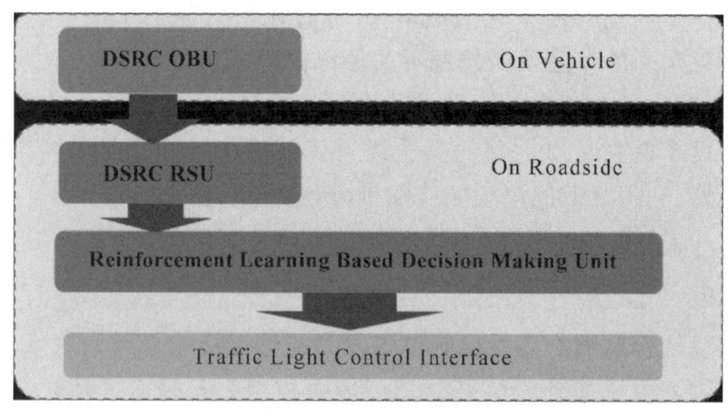

图 4.41　部分监测交通系统框图

1. 交通灯控制

传统的交通灯控制主要有这两类：定时信号控制和车辆驱动的控制方法。文献[5]的研究将强化学习应用于交通灯控制问题，如图 4.42 所示。

系统中涉及强化学习算法，强化学习的一大特征就是没有监督标签，只会对当前状态

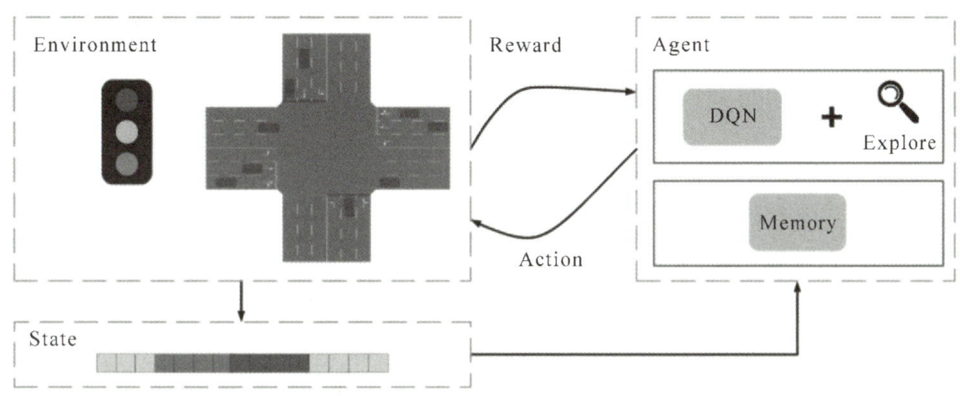

图 4.42 智能交通灯控制系统结构

进行奖惩和打分。以 Q-Learning 算法为例，强化学习的第一层结构，即基本元素：Agent、Environment、Goal。Environment 是环境，Goal 是目标，与环境进行互动的主体，称为 Agent。Agent 有人翻译为“代理”“主体”“智能体”等。有关强化学习请扫二维码“强化学习入门”。

强化学习入门

强化学习的第二层结构，即主要元素：state(状态)、action(行动)、reward(奖励)。整个强化学习的过程是围绕这三个元素展开的。在十字交通路口红绿灯控制中，state 就包括当前红绿灯情况(假设十字路口为南北方向车道和东西方向车道)、通行车辆速度、等待车辆数目等，状态的情况很复杂。在一个状态情况下，agent 需要做出某种行动，也就是 action。比如说当前南北方向车道和东西方向车道都没有车，那么此时红绿灯可以随意亮起南北向或者东西向，当亮灯后，采取了这一行动，忽然来了车，那么此时状态发生了变化，灯将做出相应变化(即 action)，进入下一状态。所以状态和行动的往复就构成了强化学习的主体部分。Reward(奖励)就是 agent 在一个状态之下采取了特定的行动之后，所得到的即时反馈。在强化学习中，reward 通常是一个实数。

与具体的交通灯控制问题相结合，环境由交通灯相位和交通状况组成，state 是环境的特征表示。agent 以 state 为输入，对灯光的控制作为 action，比如改变交通灯的红绿灯阶段或者红绿灯时长等操作，然后 agent 会从环境得到一个 reward，最直接的 reward 应该是车辆通过交叉口的总行驶时间，但是这个时间在每个时间步内无法直接计算，所以一般将 reward 设置为交叉路口的队列长度、车辆的等待时间、交叉口的吞吐量等。

在红绿灯控制中，我们可以评估交通状况：如果很顺畅，那么 reward 值越高，相反，如果交通越拥堵，那么 reward 值可以很小，甚至为负值。元组(s,a,r)中的 state、action、reward 的具体设计过程，以及在模拟实验中用 SUMO 模拟了一个双向六车道十字路口，实现结果分析，请扫二维码“交通灯控制”。

交通灯控制

2. 交叉路口车辆调度

车载计算和通信的局限性是自动驾驶快速发展的最大障碍之一，云计算是一种可能的解决方案，然而，无线网络带宽和实时性往往是联网车辆云计算的性能瓶颈。

移动边缘计算(MEC)为这一困境提供了解决方案，从集中式云向靠近车辆的分布式边缘设备提供处理。特别是在交通信息较为复杂的交叉路口，数据需要边缘计算，以缩短响应时间，提高处理效率，减小网络压力。目前已有许多关于边缘计算的研究，但是存在一些局限性，例如在复杂的道路条件下缺乏换道方法，等等。此外，特种车辆的行驶时间也是一个关键问题。因此，迫切需要研究车道调度方法，以确保不同类型的车辆能够安全、快速地通过交叉路口。

为确保车辆能够安全且快速地通过十字路口，文献[6]介绍一种基于边缘计算的车道调度系统(ECLSS)。ECLSS 中包含以下三层。

(1)底层：由车辆组成，它们可以与部署在道路上的边缘计算设备(ECD)无线交互。

(2)中间层：由 ECD 组成，它们可以在车辆(通过无线)和云(通过有线)之间执行信息交互。此外，在 ECD 中也执行具有实时要求的车辆的请求。

(3)顶层：为云，可以通过 ECD 向车辆提供长途路径规划和大量交通信息。

如图 4.43 所示，交通哨所周围有 4 个 ECD 和许多车辆。它们可以获取周围的交通信息(例如，绿灯的持续时间、车道状态)、车辆的状态(例如，速度、驾驶方向、当前车道、到十字路口的距离)、导航目标以及从任何车辆驶入十字路口的车辆类型，ECD 会发送速度建议并选择取决于其方向、位置和周围的交通信息的最佳路线。

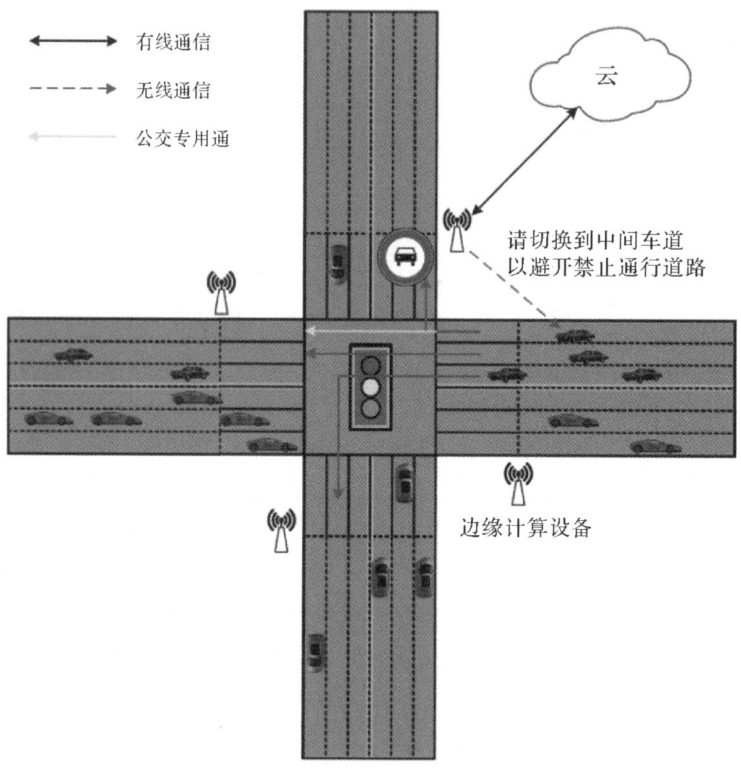

图 4.43　基于边缘计算的车辆调度系统

自动驾驶存在两个潜在的约束：(1)驾驶车辆需要遵守交通规则；(2)自动驾驶的首要任务是确保人身安全。因此，车道调度的挑战可以总结为：

- 车辆切换车道时可能发生碰撞。怎样才能安全地换道？
- 车辆在十字路口只能在相应车道的交通灯为绿色时转弯。车辆如何快速有序地通过？

• 普通车辆必须容纳特殊车辆，如救护车和消防车，以便它们能够快速通过十字路口。如何安排普通车辆换道？

相关参数定义、算法流程和实现以及实验结果分析请扫二维码“交叉路口车辆调度”。

交叉路口车辆调度

参考文献

参考文献，请扫二维码 4.10。

4.10 参考文献

第 5 章　智能网联汽车环境感知实训项目

本章是智能网联汽车环境感知实训项目，以智能网联汽车研发真实工作过程为导向，将理论基础与项目应用相结合，设置 8 个软硬件结合的实训项目。其中提供了实训项目相关的文献资料及算法案例及结果演示视频，并以二维码的形式展示以引导学生进行实训。

实训目标：针对智能网联汽车的自主协同感知问题，研究环境数据的获取、感知、分析与交互；构建面向智能网联汽车网络化的协同感知与安全预警架构。

5.1　基于深度学习的道路车道线识别项目

车道线检测视频 1

车道线检测视频 2

视频 2 源代码

深度学习检测目前的主流方法

目前车道线检测的主流方法分为多阶段 Pipeline 与单阶段端到端的方法。多阶段 Pipeline 可以分为两个部分：二值语义分割产生掩码图和对掩码图进行曲线的拟合。其中，二值语义分割主要采用 CNN 方法，并通过 SCNN、CNN＋RNN、GAN 等方法来提高语义分割精度。对掩码图的曲线的拟合，可以采用学习到的转换矩阵先将分割结果转换为鸟瞰图视角，然后采用均匀取点结合最小二乘法拟合的方法，拟合方程可选三次方程。

5.1.1　文献精读及算法分析

一、《基于 MultiRes＋UNet 网络的车道线检测算法》[1]

这篇文章针对现有算法在车道线检测时存在准确率低、效率低等问题提出基于 MultiRes＋UNet 的检测方法，该方法在模型中引入了具有残差结构的 MultiRes 模块，同等环境下其准确率和检测速度相比之前的网络结构，均有较明显的改进，较好地实现了对车道线的检测。通过空洞卷积扩大卷积感受野，从而对全局信息进行统筹，运用 MultiResblock 和 Respath 结构减轻编码器—解码器特征之间的差异，大大降低了内存的需求。

改进的 MultiRes＋UNet 网络依然采用 UNet 基本构架。网络结构分成对称的两部分：从图像中提取空间特征的编码器（下采样），以及从编码特征构造分割图的解码器（上采样)。MultiRes+UNet 算法架构如图 5.1 所示。

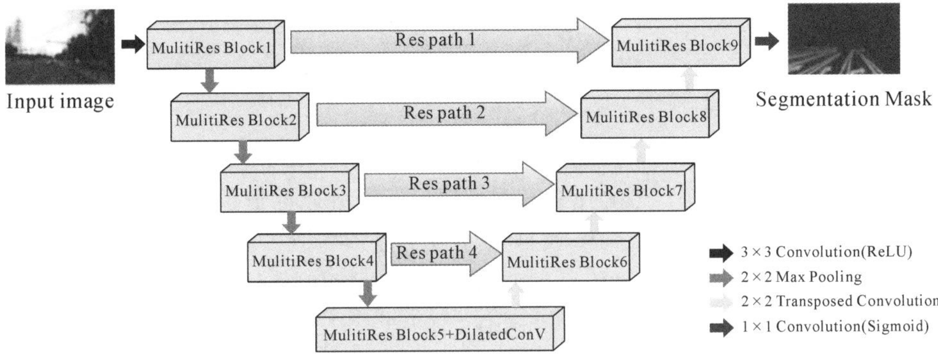

图 5.1 MultiRes+UNet 算法架构

该论文的详细算法架构及结果分析请扫二维码 5.1。

5.1 车道线识别

二、《引入辅助损失的多场景车道线检测》[4]

深度学习的核心是根据训练数据得到学习器的权重,并用损失函数来估量模型的预测值和真实值之间的不一致程度。训练过程需要根据损失函数反向传播来调整学习器的权重,损失函数越小,模型的性能就越好。然而,利用反向传播算法训练深度卷积神经网络时,存在梯度消失问题。

该方法介绍了一种无监督辅助损失,可以重建预测节点前后的一部分随机序列来解决梯度消失问题,优化模型参数。鉴于此,文章提出在 ERFnet 模型的编码器之后额外添加辅助训练分支来解决梯度消失问题,优化学习过程,如图 5.2 所示。该分支的输入通道为128,输出通道为 5(对应背景和 4 条车道线 5 个类别),卷积核为 1×1,输出层利用双线性插值(bilinear)将图像放大 8 倍,以匹配输入的分辨率。

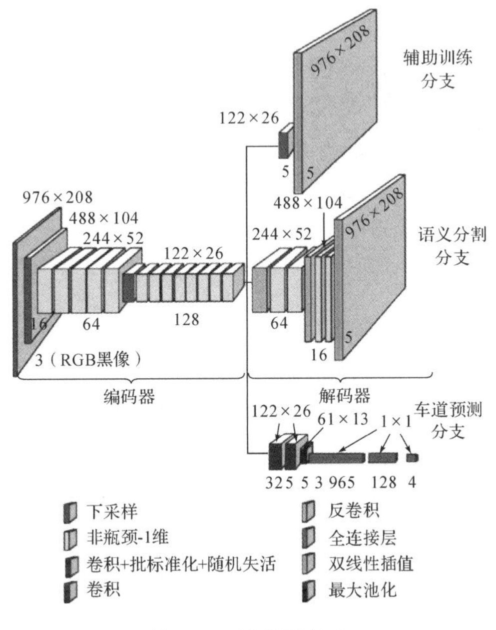

图 5.2 编解码结构

该论文的详细算法架构及结果分析请扫二维码 5.1。

5.1.2 实训软硬件架构及演示

基于 OpenCV 的树莓派小车的车道线检测

该树莓派小车是基于 ROS 系统的，ROS 目前只支持 Linux 系统，首选的开发平台是 Ubuntu。ROS 系统下有一个 Catkin 的工作空间，里面可以存放着 ROS 的各种项目工程包，便于直接调用。一个项目工程包中必须包含 CMakeLists. txt（编译规则）和 package. xml（注释信息）两个文件。为了实现某种功能，项目工程包中还应该包含头文件、可执行脚本 urdf 文件及启动文件等。需要说明的是小车已烧入了众多的功能包以及 Demo 程序，足以满足各种实验要求。

源代码

任务是使小车具备检测到车道线的能力，并在此基础上小车能够稳定运行在车道线内。在实验中我们采用黑色电工胶布粘贴在浅色地板上形成一个环形车道，并且在部分路段，车道线被刻意分割成段状以模拟实际的车道线场景。

小车实际运行视频

实训的详细算法架构及结果分析请扫二维码 5.1。

参考文献

5.1 节的参考文献，请扫二维码 5.1。

5.2 基于深度学习的道路场景车辆识别项目

一、车辆算法的组成

车辆检测视频

语义分割处理视频

基于 YOLOV5 的车辆实时检测

基于 YOLOV5 与 DeepSort 的车辆检测与计数系统

车辆检测算法是智能驾驶中的核心算法之一，是自主导航、碰撞避免等应用不可缺少的环节。在实际道路工况中，车辆检测是一个极富挑战性的任务，需解决的现实难题有：

（1）道路多样：结构化道路，如高速公路，非结构化道路，如城镇道路；

（2）车型丰富：形状、大小、颜色不尽相同，多目标车辆；

（3）环境变化：天气、光照影响，背景干扰，相机振动；

（4）自车变化：姿态、远近，遮挡因素。

实际驾驶中，车辆检测的效果一般需同时满足实时性和准确性，而这两种性能往往相互制约，在不同的道路工况中，体现的重要性不一，如在高速路况下，车辆速度较快，车辆间可看成队列，检测准确性更重要；而在城市路况下，道路环境变化较大，车辆间运动规律不明显，检测实时性突显其重要性。因此，一般来说，车辆检测分为两部分：检测和跟踪。检测部分的任务是搜索图像，检测当前图像序列中是否有车辆目标，并获得目标大小和位置信息。跟踪部分的任务是利用当前帧中检测目标的初始信息，缩小检测范围，在连续帧中跟踪目标的变化。检测需要对图像进行遍历性的搜索，还需考虑不同的尺度空间，所以时间复杂度一般都比较高。而跟踪算法可以利用时间和空间约束条件，减小搜索空间，达到实时性要求，还可以充分利用已检测车辆的特征，提高车辆连续准确识别的稳定性。

二、车辆算法的种类

1. 早期的图像处理算法

早期的图像处理算法中，经过预处理、特征提取、特征选择的数据处理过程，最后用于识别、推理、预测的目的。中间的预处理、特征提取、特征选择三部分的实质就是特征表达，过程如图 5.3 所示，提取特征是靠人工提取特征，能不能选取到好的特征很大程度上依靠研究人员的经验。

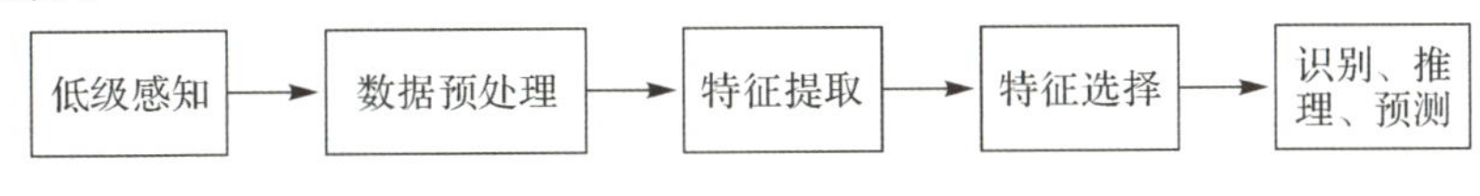

图 5.3 机器学习解决问题的思路

2. 基于 MobileNet 的车辆目标检测算法

MobileNet 是由谷歌团队提出的发表在 CVPR-2017 上的文章。目前关于神经网络模型压缩的研究集中在两个方向：一是对复杂模型进行压缩，二是直接设计小模型进行训练。MobileNet 属于第二种思路，网络核心架构使用深度可分离卷积网络来构建轻量级深度神经网络。

3. 基于 ShuffleNet 的车辆目标检测算法

当下大部分的卷积神经网络模型致力于更大更深更复杂的网络结构，这些大型深度网络模型在移动设备上或者计算力资源非常宝贵的场景下，如自动驾驶场景，往往会因为模型的效率难以运行。ShuffleNet 是一个探索可以满足受限条件的高效基础架构，其提出了逐点群卷积(pointwise group convolution)以帮助降低 1×1 卷积带来的计算复杂度。但是使用逐点群卷积会有“信息不通畅”的问题存在，ShuffleNet 提出通道混洗(channel shuffle)来帮助信息流通。通过这样的处理，ShuffleNet 相比其他卷积神经网络模型能够使用更多的特征映射通道，有助于在有限的网络规模下提取更多的空间分布信息。

4. 基于 FCN 模型的车辆检测算法

Fast R-CNN 使用卷积特征共享、多任务损失函数的方式，显著提高了检测的速度与精度；Fast R-CNN 用 RPN 网络不仅速度得到大大提高，而且还获得了更加精确的结果，真正实现了端到端的目标检测框架；R-FCN 算法引入全卷积操作，将位置敏感得分图加入 FCN，充分利用分类任务的平移不变性及检测任务的平移可变性，解决网络中全连接层计算复杂度较高的问题，大大提升了检测的效率。

5.2.1 文献精读及算法分析

一、《A Vehicle Recognition Algorithm Based on Deep Convolution Neural Network》[1]

论文构造了一种基于深度卷积神经网络的车辆识别算法。该算法采用前向和后向传播算法来最小化损失函数，并通过反向传播算法对权值进行更新，得到识别算法，对输入图像进行分类和识别。算法架构如图 5.4 所示。

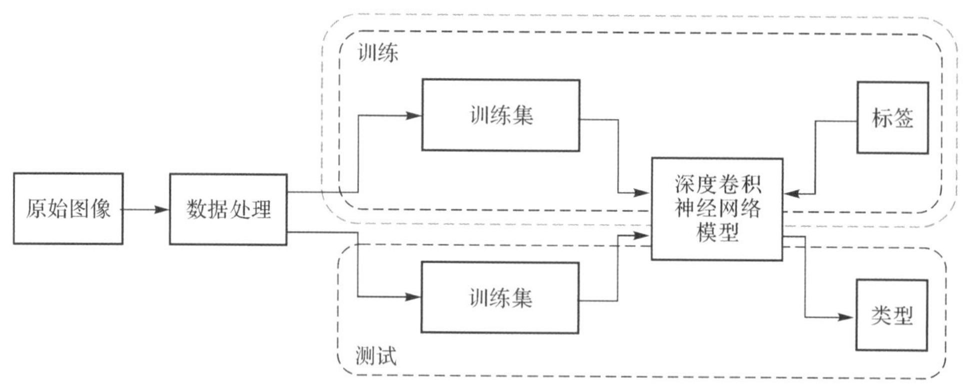

图 5.4　算法架构图

该论文的详细算法架构及结果分析请扫二维码 5.2。

二、《Emergency Vehicle Recognition and Classification Method Using HSV Color Segmentation》[2]

5.2 车辆识别

利用交通监控摄像图像，对应急车辆进行分类和识别，可提供预警，以确保对紧急情况做出及时反应。H. Razalli，R. Ramli 和 M. H. Alkawaz 提出了一种算法，该算法结合了色相饱和度和值（HSV）颜色分割和支持向量机（SVM），可用于检测交通监控摄像机中移动的紧急车辆的新型视觉分析技术。框图见图 5.5。

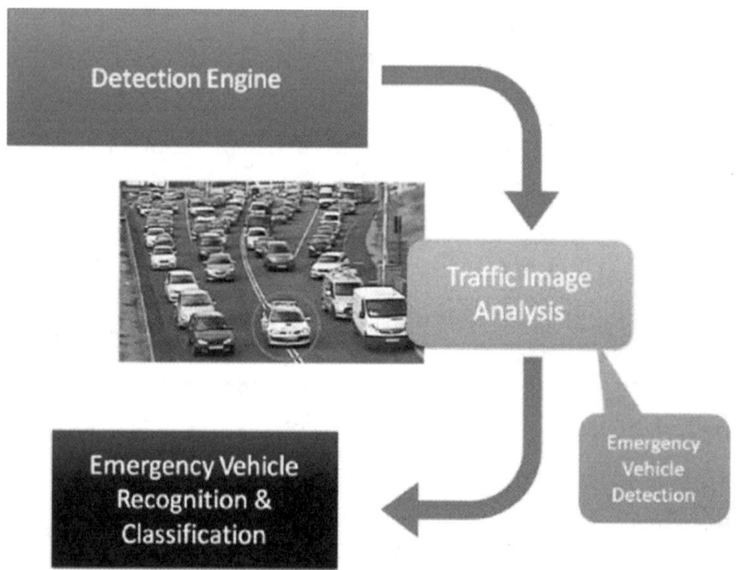

图 5.5　提出的应急车辆检测算法应用框图

其中，应急车辆检测，该过程包括对车辆图像的检测和提取、图像分割以查找应急车辆警笛灯的位置、光提取、颜色填充和应急光的颜色范围的制定。紧急车辆识别和分类，使用

标准 SVM。该论文的详细算法架构及结果分析请扫二维码 5.2。

5.2.2 实训软硬件架构及演示

一、Tensorflow 简介与应用

Tensorflow 可以用来处理数据挖掘任务、机器学习任务、深度学习任务以及进行并行化学习。其使用 Eager 和 Keras,构建模型更简单、快捷;模型更稳健,可在所有平台部署其产品,且功能更加强大;Tensorflow 2.0 中的 API 简洁单一。本实例的搭建即运用了 Tensorflow 2.0 框架。

Python 是被广泛使用的用来实现 Tensorflow 框架的编程语言。通过 Python 与 Tensorflow 框架实现图像识别的过程既可以通过 Tensorflow 的原生代码实现,也可通过 Tensorflow 的 API:tf.keras 来实现模型的建立。

二、Yolo4 算法简介

对汽车自动驾驶技术的设计过程中,对环境快速且准确地识别非常重要,Yolo 算法主要实现了自动驾驶汽车等前沿技术中使用的实时对象检测。

Yolo 将对象检测重新定义为一个回归问题。它将单个卷积神经网络(CNN)应用于整个图像,将图像分成网格,并预测每个网格的类概率和边界框。每个边界框可以使用四个描述符进行描述,即边界框的中心、高度、宽度、值映射到对象所属的类。此外,该算法还可以预测边界框中存在对象的概率。如果一个对象的中心落在一个网格单元中,则该网格单元负责检测该对象。每个网格中将有多个边界框。在训练时,我们希望每个对象只有一个边界框。因此,我们根据哪个 Box 与 ground truth box 的重叠度最高,从而分配一个 Box 来负责预测对象。最后,我们对每个类的对象应用一个称为非最大抑制的方法来过滤出置信度小于阈值的边界框,以此来提供图像预测。Yolo 的运行速度非常快,其检测问题是一个回归问题,不需要复杂的管道。其运行速度远快于 DPM 和 R-CNN,且能够处理实时视频流,延迟小于 25ms。它的精度是以前实时系统的两倍多。

相比于 Yolo1 和 Yolo2,Yolo3 做出了较大的改进,主要修改了主干网络和卷积方法,而 Yolo4 是 Yolo3 的改进版,其在 Yolo3 的基础上结合了非常多的小 Tricks。尽管没有目标检测上革命性的改变,但是 Yolo4 依然很好地结合了速度与精度。本实例中的车辆检测过程基于 Yolo4 算法。

详细 Tensorflow 架构及 Yolo4 算法分析请扫二维码 5.2。

三、实例构建过程

实例框架的构建基于 Tensorflow 2.0+Yolo4+Python 3.6。操作系统为 Windows 10 专业版。本实例首先在 Python 中导入 Tensorflow 模块,随后基于 Tensorflow 模块,根据 Yolo4 的算法结构,实现了 Yolo4 的算法功能。在载入数据集测试集后,对模型的参数进行训练,根据最终得到的训练结果,进行测试并对视频中的车辆进行检测,完成本实例的目标。

构建过程分为以下 5 个步骤,每个步骤的具体代码和过程请扫二维码 5.2。

1. Tensorflow 的导入;

2. 训练集与测试集的载入;

3. Loss 函数的计算；

4. 模型训练；

5. 模型预测。

四、结果

1. 本实例的检测结果可由两个检测视频展示，以下是视频中的部分截图，两个检测视频的二维码如下所示。

车辆检测视频

车辆检测视频 2

2. 在 Ubuntu 操作系统下基于 Pytorch 和 YOLOv5 架构，实现了更好的实时性与准确性，两个检测视频的二维码如下所示。

基于 YOLOv5 的车辆实时检测

基于 YOLOv5 与 DeepSort 的车辆检测与计数系统

参考文献

5.2 节的参考文献请扫二维码 5.2。

5.3 基于深度学习的道路场景行人识别项目

行人检测结果

行人识别

5.3.1 文献精读及算法分析

一、《高层语义特征检测——行人检测的新视角》[1]

《High-Level Semantic Feature Detection: A New Perspective for Pedestrian Detection》

随着深度学习技术的发展，已能够提取具有高级语义特性的特征。文章认为行人检测中行人的中心点(x、y 坐标)和尺度(宽高)是一种高级语义特征,行人检测可以转化为这些语义特征的检测。文中所介绍的检测器(center and scale prediction,CSP)以行人检测为例,提出了一个高级语义特征检测的新视角。CSP 放弃传统的窗体检测方式,通过卷积操作直接预测行人的中心位置和尺度大小,结果显示 CSP 在准确率和速度上都有显著提高。

CSP 整体结构如图 5.6 所示,其中主干网络部分缩减自一个标准的网络结构(如:ResNet-50 和 MobileNet),并且在 ImageNet 上预训练过。主要分成两部分:Feature Extraction 和 Detection Head。

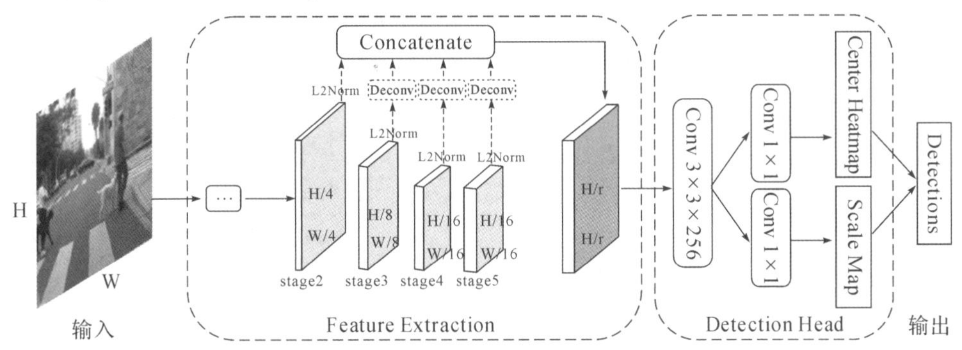

图 5.6 整体网络结构

因为浅层含有更加准确的位置信息,深层拥有更多的语义信息,所以作者将不同阶段的特征图串联成一个。又因为图片特征图大小不一,所以采用反卷积方式将图片转换成相同大小后再做串联操作。详细的数据集处理、损失函数设计及检测结果对比分析请扫二维码 5.3。

5.3 行人识别

二、《视频目标检测:基于记忆增强的全局—局部整合网络》[2]

《Memory Enhanced Global-Local Aggregation for Video Object Detection》

目标检测是机器学习一个重要的应用场景。对于视频目标检测这一方向的研究,与图像目标检测存在着一些明显的区别:其劣势在于视频中存在某些帧失焦或物体被遮挡的问题,而图像目标检测所使用的图像通常是清晰的。但视频目标检测也有其独到的优势,视频中包含着大量的信息,因此可以利用这些信息帮助检测遮挡或模糊的物体。

在视频目标检测中,有两种信息可以利用。一种是整个视频中的全局语义信息:假如在检测中,当前帧中的目标较难检测,如果在整个视频的某些帧中能够找到和当前帧物体高度相似的物体,则倾向于认为它们是同一种物体,这就是在利用全局语义信息进行检测。另一种是当前检测帧附近的相邻位置信息:在黑夜中一只黑猫很难分辨,但是如果它在行走,则通过比较相邻帧之间的差异就可以定位它。在当前帧目标模糊或遮挡的情况下,可以用相邻帧中的信息帮助检测。

该论文提出了基于记忆增强的全局—局部整合网络(MEGA)。首先,使用区域候选网络从当前帧的相邻帧和全局帧中生成一些候选区域;其次,使用关联模块,将全局帧候选区域的特征整合到局部帧候选区域的特征中;最后,局部帧内部会再通过若干层关联模块得到增强后的当前帧特征。由此,当前帧的特征中已经同时包含了全局和局部两方面的信息。

随后,利用长时记忆模块中存储的特征,扩大整合的规模。如果只有基础模型,当前帧能够得到的全局和局部信息仍然很少，如图 5.7(a)所示。而与此同时，在计算过某一帧的特征之后，就将其直接丢弃是非常浪费的。因此，论文提出了长时记忆模块，即对某一帧做完检测后，将其中间特征保存下来，并在下一帧的检测中使用该特征来辅助检测。由于关系模块的多层结构，极大地增加了当前帧包含的信息量，如图 5.7(b)所示。详细的算法框架、流程及检测结果对比分析请扫二维码 5.3。

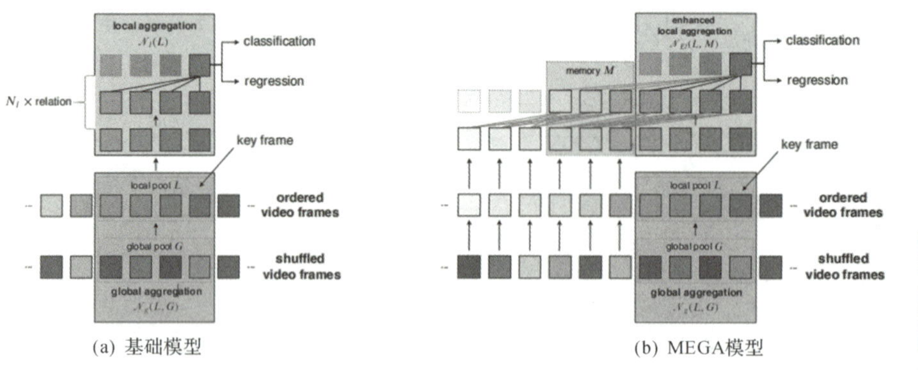

(a) 基础模型　　(b) MEGA模型

图 5.7　基础模型和 MEGA 模型

扫码看彩图 5.7

5.3.2　实训软硬件架构及演示

YOLOv5 架构实现及演示

YOLOv5 网络可以划分为 Backbone(基本网络结构，负责图像特征的提取)、Neck(特征聚合与增强模块)、Dense Prediction(检测模块，生成带有类概率、对象得分和包围框的最终输出向量)三大部分，如图 5.8 所示。

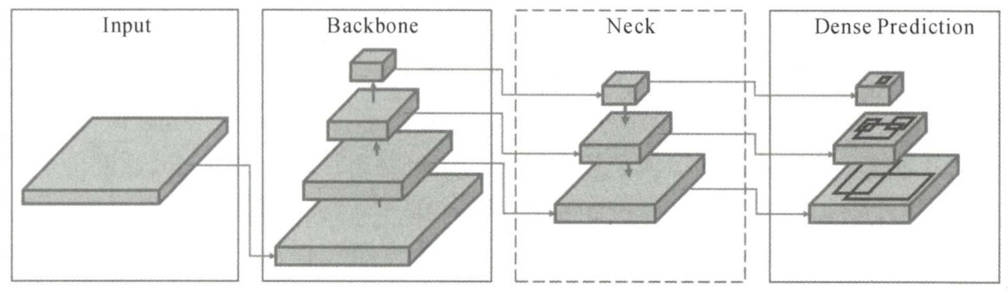

图 5.8　YOLOv5 网络整体结构

YOLOv5 和 YOLOv4 都使用 CSPDarknet 作为 Backbone，从输入图像中提取丰富的信息特征。CSPNet 全称是 Cross Stage Partial Networks，也就是跨阶段局部网络，它将浅层的特征图直接发送到下一个阶段，这样的优势主要有：

1. 有利于大型卷积神经网络中的梯度传播，降低梯度爆炸和梯度消失的可能，降低了训练难度。

2. 由于多层非线性激活的存在，浅层特征传播到深层后会有特征丢失，深层网络很难反推出丢失的特征。跨阶段特征发送有利于浅层特征传播，鼓励深层网络重用浅层特征。浅层特征具有空间分辨率高的优势，对小目标检测帮助较大。

3. 训练阶段优化

在训练阶段，YOLOv5 引入了多种数据增强技术。对于单一图片，除了经典的增强手段（随机裁剪缩放、畸变、更改色调与曝光），还创新地使用了图像遮挡（Random Erase，Cutout，Hide and Seek，Grid Mask，MixUp）技术，对于多图组合，作者混合使用了 CutMix 与 Mosaic 技术。除此之外，作者还使用了 Self-Adversarial Training（SAT）来进行数据增强。

4. 边缘设备推理性能优化

在自动驾驶等应用场景中，训练好的模型要部署到嵌入式系统中进行推理，并且对推理的实时性有较高要求。这方面也有许多优化的手段。

嵌入式系统一般难以提供与独立 GPU 相当的算力。过大的模型在部署后可能推理过慢或内存占用过大，YOLOv5 基础网络深度和宽度系数被设计为可调的，用户可根据实际硬件情况调整模型大小并重新训练，不想自行训练的用户也可在多种规模的预训练模型中挑选。小模型可在手机等低功耗设备上实现大于 30fps 的推理，大模型能够提供高精度的结果。模型剪枝，人们发现模型训练后会有大量接近 0 的参数，如果在计算时跳过这些接近 0 的参数可以降低计算量。我们尝试对 YOLOv5 模型剪枝 30%，结果模型 AP 下降了 3 个点，直接剪枝法在 YOLOv5 中效果欠佳。目前有学者提出在剪枝后继续训练微调的策略，可以降低剪枝带来的精度损失。

YOLOv5 以上几点优势的具体分析及性能对比，实训结果演示请扫二维码 5.3。

总体来看，YOLOv5 在多种环境下的行人检测效果是比较好的。在小目标检测能力方面，行人宽度大于 10 个像素时检测准确率较好，对于宽度小于 10 个像素的行人则不能保证稳定检出。我们也注意到有一些情况会导致漏检概率增大：(1)行人目标分辨率低，且人群互相遮挡。(2)行人目标分辨率低，且被障碍物大面积遮挡。将图像插值放大后送入神经网络可以进一步提升小目标检测效果，但计算量同等程度增大，需要用户根据实际情况权衡。

行人检测结果演示

参考文献

5.3 节的参考文献，请扫二维码 5.3。

5.4 基于深度学习的交通信号灯、交通标志及驾驶员疲劳状态检测项目

5.4.1 交通信号灯检测

交通信号灯检测

交通信号灯关系到最基本的道路通行秩序和安全，是最重要的交通设施之一。基于视觉的交通信号灯检测（traffic light detection，TLD）仍然是自动驾驶车辆以及高级驾驶辅助系统（ADAS）的重要模块。

基于深度学习的TLD本质上属于深度学习图像处理中的目标检测类问题，目标检测最常用的模型包括YOLO、SSD、Faster R-CNN。YOLO模型将图像分割为S×S的网格，将目标检测分为两个步骤：首先扫描整个图片，用求解回归问题的模式提取所有可能包含检测目标的bounding boxes，然后使用分类器对bounding boxes中的目标进行类别的确定，用corresponding confidence表示检测到的目标属于某一类别的确信度。SSD的特点是在多个不同层的特征图上进行bounding boxes的提取，以检测不同尺寸的目标，候选框的生成和对候选框内物体的分类是同时进行的，随着网络加深，小目标的特征信息会丢失，因此SSD对小目标的检测效果相对大目标较差。Faster R-CNN在特征图上应用RPN(region proposal network)网络，采用滑动窗口进行目标候选区(region proposal)的检测，对目标候选区中的物体进行分类。交通信号灯检测步骤如图5.9所示。

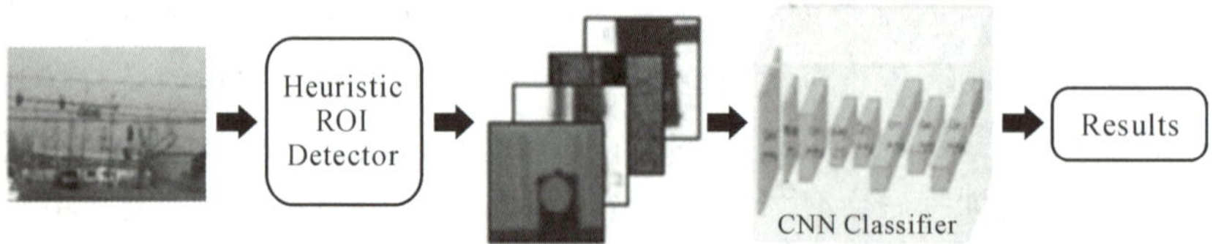

扫码看彩图5.9

图5.9　交通信号灯检测模型的流程图

5.4.2　交通标志检测

交通标志的检测在无人驾驶、交通安全等方面是必不可少的一环。一个完整的交通标志识别系统包括两个部分：标志检测和标志分类。标志检测需要从交通环境中快速、精确地检测到目标所处的位置，而标志分类则需要将检测到的目标按照不同的标签进行分类。虽然不同国家的交通标志不尽相同，但往往形状固定、简单，涂装单一且夺目，很容易被驾驶员及行人注意到。

交通标志的摆放也多种多样，可能在路边、道路上方或者被画在路面上。目前，大多数的研究工作围绕路边或者道路上方的交通标志展开。路面上的交通标志因为光照、视点、遮挡及褪色等原因检测起来则困难许多，具有一定挑战性。

因为交通标志在形状及颜色两个方面的特性，目前许多交通标志检测的文献中主要基于颜色和形状的方法进行识别。基于颜色的检测方法，首先设定颜色阈值来提取特定的颜色点，然后将提取的颜色点连成区域，根据区域特征对区域进行筛选，然后去除背景区域，从而得到交通标志区域。基于颜色特征的检测方法不会受到距离、视角的干扰，处理过程迅速，但是容易受到光照变化的影响，使得准确性降低。

基于形状的检测算法相比基于颜色的检测方法更加稳定可靠，通过Hough变换可以提取区域边界的形状特征，有效地检测出圆形、直线等形状。但是Hough变换运算需要占用较多的资源，不利于实时检测。

还有一种基于特征学习的交通标志检测方法，这类方法通常与颜色或者形状特征相结合，排除干扰项并确定候选区域，然后使用合适的分类器完成检测。

不同于普通的Fast R-CNN的选择性搜索产生感兴趣区域方案，文献[1]提出了一种混合区域方法，在考虑颜色和边缘的补充信息的基础上，利用交通标志的统一和独特的颜色来简化感兴趣区域，大大降低了检测时间。此外，文献[1]提出的Fast R-CNN框架能够同时执行分类和边框回归算法，其 Fast R-CNN 系统概述如图 5.10 所示，Fast R-CNN 将整幅图像作为输入，在 CNN 的最后一层，整个图像的特征映射都被提取出来，结合区域的位置，得到每个区域的特征。然后，在兴趣区域池化层对所有的特征映射进行进一步的处理。最后，Fast R-CNN 通过多任务网络同时进行分类和边框回归分析。

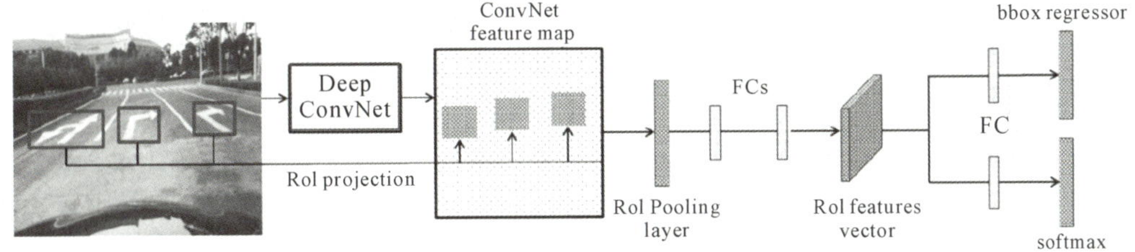

图 5.10　Fast R-CNN 系统概览

参考文献及具体的实验结果分析请扫二维码 5.4。

5.4.3　驾驶员疲劳检测

5.4 交通灯与交通标志

驾驶员疲劳检测已经在一些高级轿车上得到了应用，通过疲劳检测辅助系统判断驾驶员的驾驶状态，当驾驶员出现疲劳驾驶时，系统进行自动判别并采取一定措施，如语音提示、座椅震动等对驾驶员进行提醒，可以有效地提高行车的安全性。

驾驶员的疲劳检测需要对瞳孔位置、眼睛状态、面部动态疲劳表情进行检测和识别，然后对上述结果进行融合，建立驾驶员疲劳判别模型。目前，大多数的论文都是基于机器学习分类和图像分析进行驾驶员疲劳状态检测。文献[2]在得到的睁/闭眼检测(图 5.11)的基础上，结合人脸嘴部特征判断张闭嘴状态，得到面部疲劳检测图(图 5.12)，计算椭圆轮廓的长短轴和倾斜角度，并以此为基础来判断张闭嘴状态。

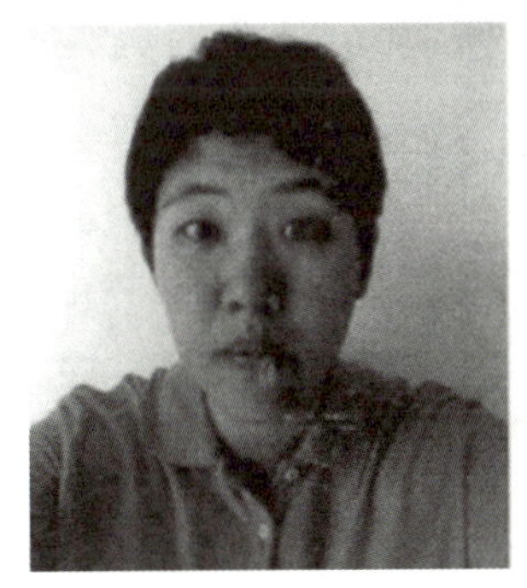

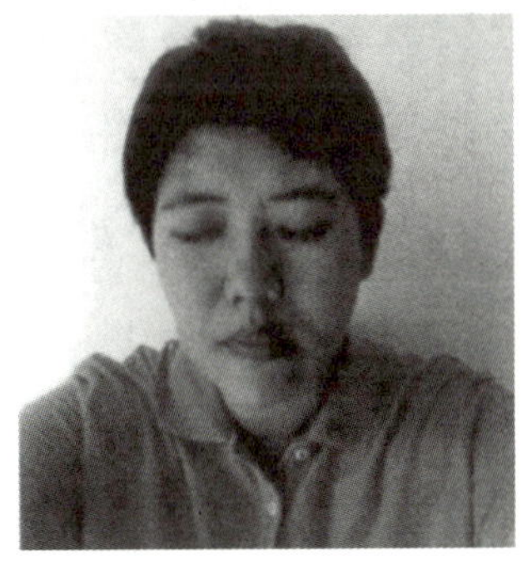

图 5.11　睁闭眼检测示意图

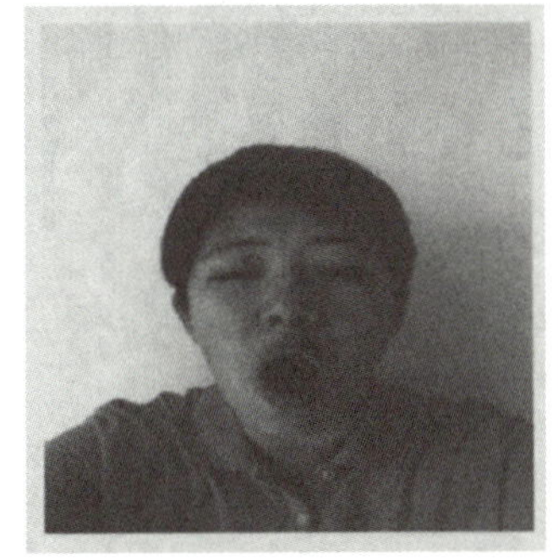

图 5.12　面部疲劳检测图

具体的实验结果分析请扫二维码 5.4。

5.4.4　实训软硬件架构及演示

一、数据集：Bosch Small Traffic Lights Dataset

https://hci.iwr.uni-heidelberg.de/content/bosch-small-traffic-lights-dataset，该数据

集包含 13427 张摄像机图像，其中训练集 5093 张，测试集 8334 张。分辨率为 1280×720 像素，并包含大约 24000 个带注释的交通信号灯，注释包括交通信号灯的边界框和每个交通信号灯的当前状态，如图 5.13 所示。

图 5.13　数据集示图

二、算法架构

采用 YOLOv3 架构，其由四部分构成：图像预处理，Darknet-53 特征提取，多尺度检测，输出层。主要引入了残差模型与 FPN(feature pyramid network)，FPN 的整体结构分为自底向上、自顶向下和侧向连接的过程。并在 YOLOv3 的基础上去掉了一些特征层，只保留了 2 个独立预测分支，包含 7 个卷积层和 6 个最大池化层，获得了 YOLOv3-tiny[3]，如图 5.14 所示。

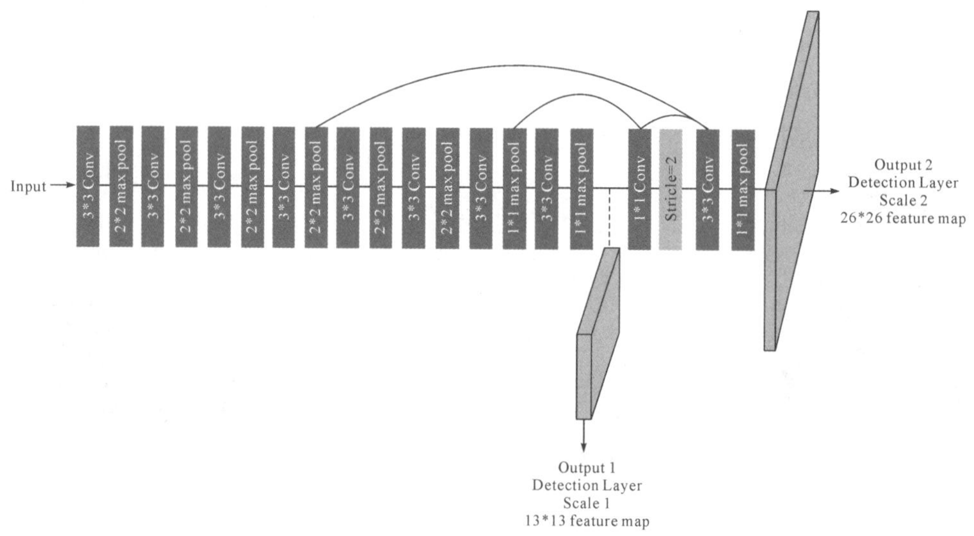

图 5.14　YOLOv3-tiny 结构图

三、算法结果

使用 YOLOv3 架构，基于 NVIDIA AGX Xavier，帧率在 9～10 帧，权重参数大小为 246.7M，视频结果请扫“交通信号灯检测”二维码。

存在问题分析：

对于交通信号灯的检测：(1)识别的帧率波动较大；(2)当多个信号灯并排时，容易存在漏检；(3)暂时无法输出带方向指示的识别结果。对于交通标志的检测：(1)YOLOv3 的识别帧率较低，无法满足实时性要求；(2)交通标志种类较少，且为国外类型；(3)难以在远距离识别交通标志。

交通信号灯检测

实训的具体过程及参考文献请扫二维码 5.4。

参考文献

5.4 节的参考文献请扫二维码 5.4。

5.5 基于激光雷达点云的障碍物识别及道路规划项目

雷达激光点云重建结果

小车的 SLAM 建图过程

小车的避障演示

5.5.1 文献精读

一、《LIO-SAM: Tightly-coupled Lidar Inertial Odometry via Smoothing andMapping》[1]

文章提出了一种紧耦合的激光惯性里程计的框架来进行高精度的、实时的轨迹估计和建图。该框架主要使用激光雷达、IMU 和 GPS 三种传感器，其系统框架如图 5.15 所示。

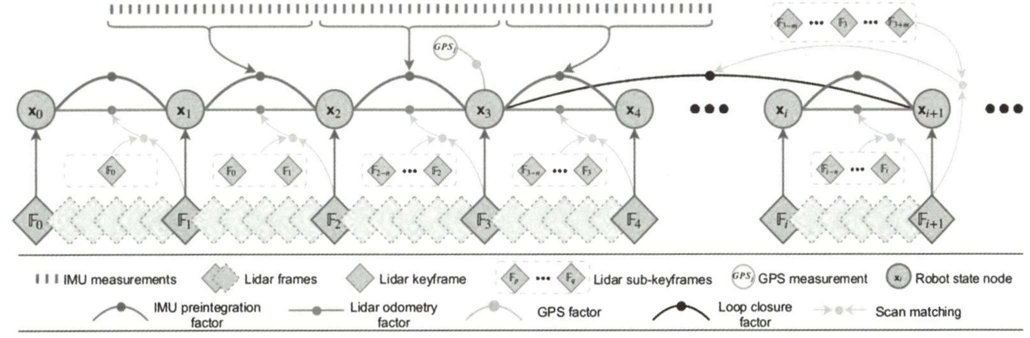

图 5.15　系统框架

图 5.15 中包含“IMU 预积分因子”“激光雷达里程计因子”“GPS 因子”和“回环检测因子”四种因子，该框架利用这四种因子的约束状态对移动状态下的车辆进行位姿优化估计，以达到高精度的要求。

扫码看彩图 5.15

该框架是基于激光雷达、IMU 和 GPS 多传感器融合的因子图优化方案，以及在帧图匹配过程中，使用帧-局部地图取代帧-全局地图，显著提高了实时性和精度。该框架紧耦合了多种传感器，使其运动估计更加具有鲁棒性；另外由于该框架引入因子图，故更好做扩展延伸，任何传感器数据都可作为因子加入因子图中进行运动估计优化。其算法缺点是关键帧之间的数据帧在处理之后，被完全抛弃，损失了一定量的信息。四个因子的数学模型、代码结构、在各个数据集上的建图结果请扫二维码 5.5(a)。

5.5(a) 雷达点云重建

代码复现：这篇文章复现的视频请扫下方二维码观看。

演示 1

演示 2

二、《Localising Faster: Efficient and precise lidar-based robot localisation inlarge-scale environments》[2]

文章提出了一种在大规模环境下实现移动车辆全局定位的新方法。该方法综合利用了基于学习的定位法和基于滤波的定位法，通过在蒙特卡洛定位(MCL)中加入一个基于深度学习的分布来实现高效和精确的车辆定位，可以高效地提供厘米精度的全局连续定位。如图 5.16 所示，它可以在平均 2 秒内对图中这个大尺度地图进行精确定位。网格中每个单元格为 50m×50m。

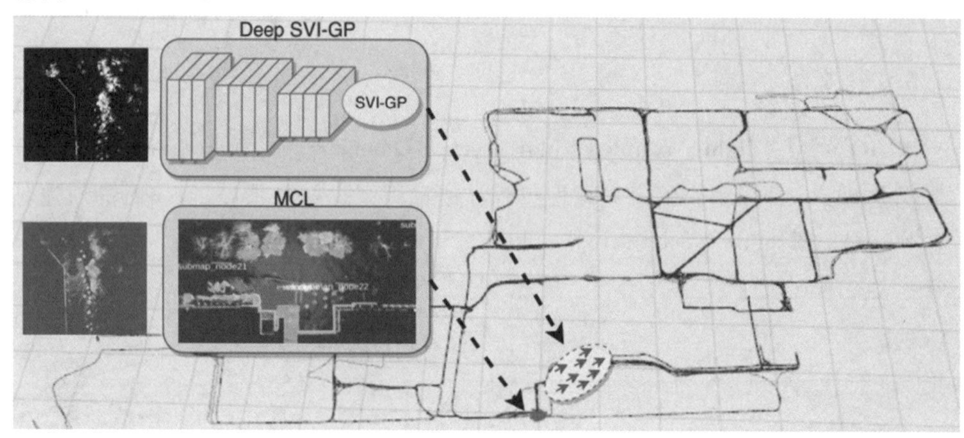

图 5.16　大规模环境下全局定位框图

其详细的深度神经网络架构和结果分析请扫二维码 5.5(a)。

三、《基于激光 SLAM 和深度学习的语义地图构建》[5]

传统 SLAM 与导航避障算法，侧重于标识出障碍物并进行规避，缺点是不能识别障碍物，仅是简单避开障碍物。实际生活中，智能车辆工作环境是动态未知的，移动车辆自主导航过程中，需要能够实时地对周围目标进行识别并做出反应，以完成特定任务。语义 SLAM，其关键在于对环境中目标物体的语义识别和对其位置的精确标注。为使移动车辆更好地完成相关复杂任务，针对传统 SLAM 地图不够精细、语义信息缺失的问题，文章提出了一种多传感器融合的语义地图构建技术。即综合多传感器优势，采用激光 SLAM 构建环境地图，采用视觉信息运用深度神经网络检测算法识别目标语义，然后结合目标深度信息进行坐标转换，最终实现更精确、迅速的实时语义地图信息标注，构建语义地图。语义地图构建，请扫二维码 5.5(a)。

5.5.2 实训软硬件架构及演示

一、智能小车接口和硬件配置

树莓派小车图片如图 5.17 和图 5.18 所示。

图 5.17 树莓派小车示意图(一)

图 5.18 树莓派小车示意图(二)

智能小车的配置参数，请扫二维码 5.5(b)。

5.5(b) 小车接口及配置

二、树莓派智能小车 SLAM、导航、避障算法

车辆研究的问题包含许多的领域，我们常见的三类研究问题包括建图(mapping)、定位(localization)和路径规划(path planning)，其中，同步定位与建图(SLAM)问题为建图和定位的交集部分，导航及避障属于定位和路径规划的交集部分，如图 5.19 所示。

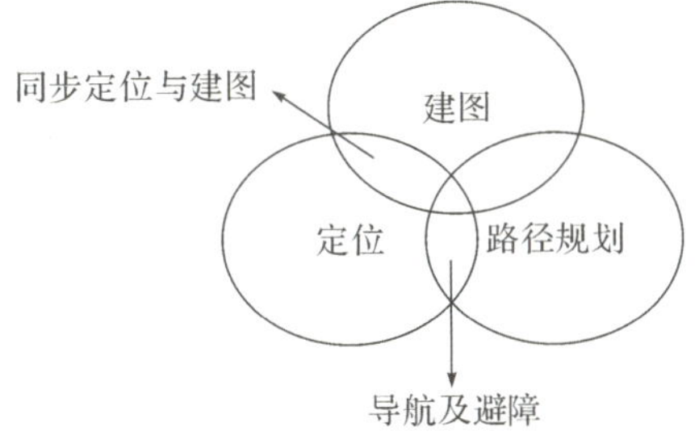

图 5.19 车辆常见的三类研究问题

三、算法介绍

1. SLAM

智能小车中使用的定位建图算法为 Gmapping，它基于 RBpf 粒子滤波算法。Rbpf 是一种有效解决定位和建图的算法，它将定位和建图分离，并且每个粒子都携带一幅地图，同时它也存在所用粒子数多和频繁执行重采样的缺点。粒子数多会造成计算量大和内存消耗变大；频繁执行重采样会造成粒子退化。因此，Gmapping 在 RBpf 的基础之上改进提议

分布和选择性重采样，从而减少粒子个数和防止粒子退化。

Gmapping 的作用是根据激光雷达和里程计的信息，对环境地图进行构建，并且对自身状态进行估计。因此它的输入应当包括激光雷达和里程计的数据，而输出应当有自身位置和地图。详细的 Gmapping 的算法流程代码及消息流向图请扫二维码 5.5(c)。

5.5(c) 雷达实训

图 5.20 所示为我们使用智能小车 SLAM 功能建好的学生寝室平面图，详细建图过程请扫描二维码 5.5(d)观看。

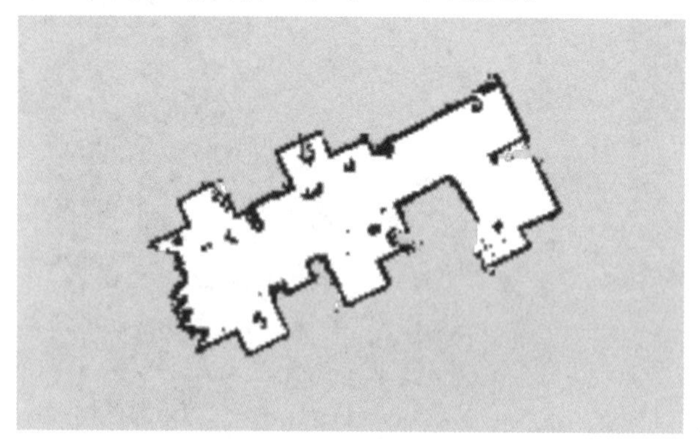

图 5.20　SLAM 建图展示

5.5(d) SLAM 详细建图过程

2. Navigation

ROS 为我们提供了一整套的 Navigation 的解决方案，包括全局与局部的路径规划、代价地图、异常行为恢复、地图服务器等，这些开源工具包极大地减少了我们开发的工作量，任何一套移动车辆硬件平台经过这套方案就可以快速部署实现。车辆中的自主导航功能基本全靠 Navigation 中的 package。

位于导航功能正中心的是 move_base 节点，可以将它理解成一个强大的路径规划器，它包含了 global_costmap、local_costmap、global_planner、local_planner、recovery_behaviors 这五种插件，这些插件用于负责一些更细微的任务：全局地图、局部地图、全局规划、局部规划、恢复行为。这些插件同样也是一个 package，放在 Navigation Stack 中。在实际的导航任务中，只需要启动这个节点，并且给它提供图示的数据，它就可以规划出路径和速度。其详细的工作框架请扫二维码 5.5(c)。

四、AMCL 定位算法

AMCL(adaptive mentcarto localization)是基于多种蒙特卡洛融合算法在 ROS/ROS2 系统中的一种实现。蒙特卡洛自适应定位是一种很常用的定位算法，它通过比较检测到的障碍物和已知地图来进行定位。AMCL 实现自适应(KLD 采样)蒙特卡洛定位方法，使用粒子滤波器来针对已知的地图跟踪车辆的姿势。所有可能的姿态假设及其概率分布通过使用一系列加权粒子来表示。

车辆的初始位姿及其路径规划过程中的位姿通过采样一定数量的粒子来跟踪。采样的方法是重采样和 KLD 采样交替进行。车辆的运动模型、传感器模型和实时数据通过迭代算法不断连续更新粒子及其权重，直至趋于真实概率分布。具体的自适应定位算法代码及 AMCL 消息流向图请扫二维码 5.5(c)。

五、DWA 路径规划

车辆局部路径规划方法很多，ROS 中主要采用的是 DWA 算法，全称为动态窗口法（dynamic window approach）。动态窗口法主要是在速度(v,w)空间中采样多组速度，并模拟车辆在这些速度下一定时间内的轨迹，在得到多组轨迹后，对这些轨迹进行评价，选取最优轨迹所对应的速度来驱动车辆运动。该算法的具体步骤及算法框架请扫二维码 5.5(c)。

六、导航避障视频演示

智能小车导航避障演示视频请扫二维码 5.5(e)观看。

5.5(e) 智能小车导航避障演示

参考文献

5.5 节的参考文献，请扫二维码 5.5(a)。

5.6 基于 ROS 的小车巡航与互通信项目

随着以 5G 技术为代表的高速通信技术的发展和普及，万物互联时代到来了。其中最具代表性的技术就是依赖高通信速度、低时延和高可靠性等要求的车联网技术。在车联网技术的研究领域中，通信的安全性是首要的研究方向之一，通信安全直接关系到行车安全和信息安全。完善可靠的加密通信技术可以保护车主的车辆信息，防范恶意干扰和恶意控制，是车联网通信中必须考虑的一个技术指标。本项目拆分为两个子项目进行实现：(1)利用 ROS 平台实现树莓派小车的拍照、地图建模、巡航等多个功能；(2)组建局域网，实现小车间的通信，并实现文件的加密传输。

5.6.1 实训软硬件架构

本项目使用的主要设备有：树莓派小车两台，路由器一台，装有虚拟机的 PC 一台。小车装载有树莓派处理器一块，负责数据处理；STM32 处理器一块，负责差速电机的协调与小车的运动。同时，树莓派小车预载激光雷达模块、摄像头模块，激光雷达模块能够识别周围障碍物的情况，将在之后构建地图模型的步骤中发挥作用，摄像头模块则用于捕获小车正前方的目标图像。本项目的所有代码均为 Linux 命令代码，通过虚拟机和 SSH 协议实现。

一、局域网 Wi-Fi 的搭建与配置

为了实现虚拟机对两台小车的控制，我们先使用手机热点充当路由器建立了一个两台小车均可搜索并识别的局域网络。将显示器通过 HDMI 高清端口与小车上的树莓派处理器连接，在小车自带的 Ubuntu Linux 系统上调用命令：

```
sudo vim /etc/wpa_supplicant/wpa_supplicant.conf
```

进入网络配置文件，对网络配置进行修改，在网络名称栏和密码栏中输入正确的信息，并使配置立即执行，小车即可在开机后自动搜索 Wi-Fi 网络并加入我们所创建的热点。

二、小车摄像头模块的启动与运行

树莓派小车具有摄像头模块，可以实时反馈图像或者视频。根据小车传回的照片文件,可提取物理不可克隆函数,用于文件的加密以及树莓派小车的身份识别验证。在本项目中,所需要完成的主要操作是打开树莓派小车的摄像头模组,获取高分辨率图像与图像源文件(.RAW 格式文件)。这一步需要使用处于同局域网中虚拟机以 masterip 的方式登录小车,并执行指定的写有摄像头拍摄功能的 python 文件。小车会自动获取图像并存储于 python 文件相同的文件夹下。

三、ROS 地图建模

执行巡航命令之前,必须先进行建图,建图即是手动操纵小车在指定的空间范围内运动,随着小车位置的改变,激光雷达会根据衍射原理实时探测周围的障碍物情况,并绘制一张地图模型。地图模型中,深灰色代表未探明的区域,浅灰色代表已确认的空旷区域,红色代表未确认但具有可能的边界,黑色代表已确认的边界。

具体操作为:

(1)调用 roslaunch robot_navigation slam_rviz.launch 命令,会弹出 rviz 的图形界面;

(2)再调用 rosrun teleop_twist_keyboard teleop_twist_keyboard.py,通过键盘控制小车移动;

(3)移动过程中整个房间的图像模型会被建立,此处需要注意行进过程中不可触碰到边界;地图建立完成,调用 rosrun map_server map_saver - f map 把地图保存下来。

四、小车巡航的实现

确定地图模型已存储于正确的位置后,在终端中输入 Roslaunch robot_navigation navigation_rviz.launch 启动 rviz,先在界面上指定小车所在的初始位置,并指定小车的朝向。选择小车行进的目的地,之后点击“运行”,小车接收指令后即可自动巡航。在收到指令后,小车会通过旋转来确定自己的位置,并规划可用的行进路线。

5.6.2 小车间加密传输

一、GPG 传输原理与非对称 RSA 加密

本项目采用 Linux 平台中的 GPG(GNU privacy guard)工具来实现文件的加密解密与传输。GPG 工具包含了对称和非对称两种加密方式,我们采用的是 RSA 非对称加密方法。所谓非对称加密,是指该算法需要一对密钥,使用其中一个加密,用另一个解密。具体而言,在实际使用过程中,需要先通过 RSA 算法生成公私钥对,使用公钥加密,然后使用对应的私钥解密,且私钥无法通过公钥推导。RSA 加密算法的安全性依赖于质因数分解的困难程度,由于运算量比较大,RSA 较适用于对安全性要求较高但对运算时间不敏感的场合。

二、小车间加密传输的具体实现

结合本项目的实际情况,两辆小车之间的加密解密传输过程为:(1)小车 A、小车 B 及虚拟机通过局域网实现两两之间的通信连接;(2)小车 A 通过 GPG 工具生成公私钥对;(3)小车 A 将生成的公钥通过局域网传输给小车 B;(4)在小车 B 上使用小车 A 给的公钥将扫描好的地图文件加密;(5)小车 B 将加密后的地图文件通过局域网传送给小车 A;(6)在小车 A 上,使用私钥将小车 B 传送的加密地图文件解密,并打开使用。

实验中,使用的具体命令如下:

(1)执行 gpg-e-r nanorobot@48/home/nanorobot/catkin_ws/src/robot_navigation/maps/map,该命令将会使用 nanorobot@48.pubkey 公钥来对路径下的 map 文件进行加密。

(2)通过调用 scp/home/nanorobot/catkin_ws/src/robot_navigation/maps/map. * . gpg 和命令 192.168.143.48: /home/nanorobot/catkin_ws/src/robot_navigation/maps 把指定路径下的所有加密后的 map 数据传输给 192.168.143.48,将文件存储到指定位置。

(3)通过 ssh 192.168.43.143 切换 masterip。

(4)通过在终端中输入 cd/home/nanorobot/catkin_ws/src/robot_navigation/maps/和 gpg - d map. * .gpg > map. * 对加密的地图文件进行解密。

(5)至此,小车间的加密通信完成。小车 A(地址 143)可直接借助于小车 B(地址 48)发送的地图文件完成巡航功能。

5.6.3 演示代码与结果

ROS 操作包括以下三个步骤,ROS 实际操作过程及录像请扫二维码 5.6。

一、建立并保存激光雷达点云地图

5.6 ROS 操作步骤

(1)登录 ROS 操作系统,用户名为 nanorobot,密码为 nanorobot。

(2)修改 master_ip 变量为 192.168.43.48,方便对 ip 为 192.168.43.48 的小车的控制。

sudo vim /etc/hosts

(3)修改. bashrc 文件并 source 它,功能是配置变量值方便后续代码中对小车的控制。

vim . bashrc

注释掉图 5.21 中倒数第四行,取消注释图 5.21 中倒数第三行。

source . bashrc

```
source ~/catkin_ws/devel/setup.bash
export ROS_IP=`hostname -I | awk '{print $1}'`
#export ROS_HOSTNAME=localhost
#export ROS_MASTER_URI=http://localhost:11311
export ROS_HOSTNAME=`hostname -I | awk '{print $1}'`
#export ROS_MASTER_URI=http://`hostname -I | awk '{print $1}'`:11311
export ROS_MASTER_URI=http://master_ip:11311

export BASE_TYPE=4WD
export LIDAR_TYPE=ydlidar
-- INSERT --                                              129,2
```

图 5.21 代码修改

(4)控制 IP 为 192.168.43.48 的小车启动激光雷达。

ssh master_iproslaunch robot_navigation robot_slam_laser. launch

此时小车会启动激光雷达,蜂鸣器响,小车灯快闪。

(5)启动 ROS 自带程序 RVIZ 图形界面,建立雷达点云地图,如图 5.22 所示。

新建 terminalroslaunch robot_navigation slam_rviz. launch

(6)键盘控制小车移动,前、左、右、左后、右后分别为"I""J""L""M"". "键,完善地图。

新建 terminalssh master_iprosrun teleop_twist_keyboard teleop_twist_keyboard. py

注意先按 Z 减速。

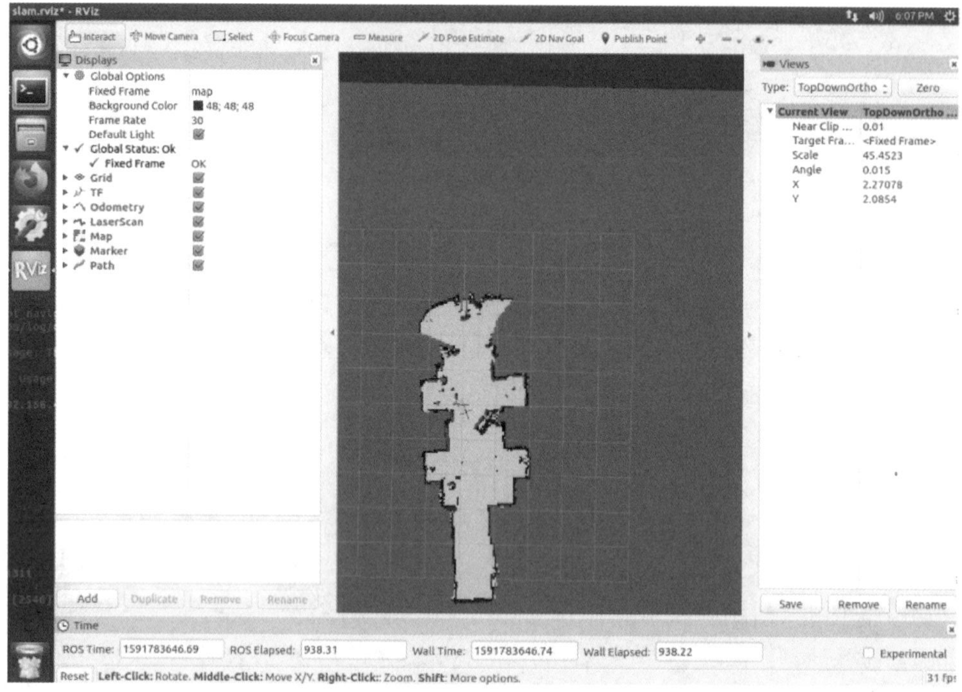

图 5.22　点云地图

(7)保存地图。

新建 terminalssh master_iproscd robot_navigation/maps/

rosrun map_server map_saver -f map

成功建图可见 Done 提示。

二、地图加密与传输

(1)GPG 加密地图数据,共三个文件。使用 nanorobot@48. pubkey 公钥来对路径下的 map 文件进行加密。这个密钥是提前制作完成的。

ssh master_ip

cd /home/nanorobot/catkin_ws/src/robot_navigation/maps/

gpg -e -r nanorobot@48 map. pgm

gpg -e -r nanorobot@48 maps. 7z

gpg -e -r nanorobot@48 map. yaml

(2)将加密的地图文件传输给 192. 168. 43. 143 小车。

scp * . gpg192. 168. 43. 143:/home/nanorobot/catkin_ws/src/robot_navigation/ maps

三、解密加密地图与使用该地图 slam 导航

(1)修改 master_ip 变量为 143 小车的 ip,并连接到 143 小车。

新建 terminalsudo vim /etc/hosts

source. bashrc

ssh master_ip

(2)解密 48 小车发送过来的加密地图。

```
cd /home/nanorobot/catkin_ws/src/robot_navigation/maps/
gpg -d map.pgm.gpg > map.pgm
gpg -d maps.7z.gpg > maps.7z
gpg -d map.yaml.gpg > map.yaml
```

(3)使用解密后的地图进行路径规划与导航。

新建 terminalssh master_ip

roslaunch robot_navigation robot_navigation.launch

(4)使用 ROS 操作系统的 RVIZ 程序可视化操作,设置粗略起点与目的地。

新建 terminalroslaunch robot_navigation navigation_rviz.launch

图 5.23 中可见 143 小车可以实时避障、实时修正路径规划。

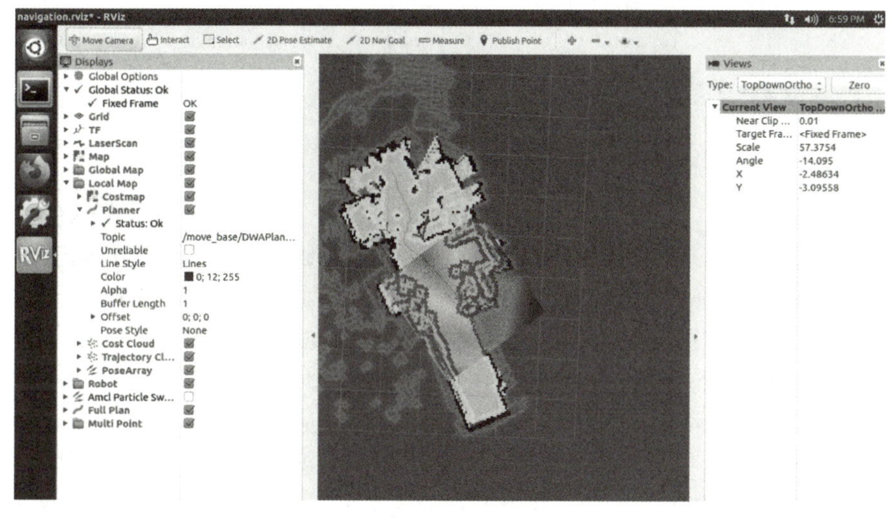

图 5.23 解密并导航

扫码看彩图 5.23

5.7 智慧交叉路口项目

5.7.1 文献精读

一、路径规划无碰撞通行

即使是人类司机,也有高达 20%的交通事故发生在交叉路口。这就意味着自动驾驶汽车想要顺利通过十字路口不是件容易的事。这样的复杂场景受到了研究人员的关注和深入研究。要成功通过交叉路口,需要注意以下几件事:(1) 理解汽车的动态行为;(2) 解读其他司机的意图;(3) 较好地处理盲区(遮挡)的问题;(4) 以可被预测的方式行动以便其他司机能够合适地响应。这需要在大量有冲突的目标之间寻找平衡,其中包括安全性、效率和最小化对车流的破坏。

我们介绍的是使用强化学习方式的新策略,使用深度 Q 网络(deep Q-network,DQN)来学习状态-动作价值 Q 函数。在强化学习模型中,处在状态的智能体会根据在时间 t 的策略 p 采取动作 a_t,然后该智能体转换到状态 s_{t+1},并获得奖励 r_t。这被形式化为一个马尔可夫决策过程(MDP),遵循马尔可夫假设,即新的状态只和上一步的状态、动作等相关。强化学习的目标是实现奖励的最大化,在该论文中使用 Q 学习来实现。在 Q 学习中,在状态下采取动作,获得的预期奖励可以由动作价值函数 $Q_p(s,a)$ 来表示。所以只要保证每一步的 Q 值最大,就确定了最优的策略。

文献[3]使用了 Sumo 模拟器来运行实验,建立的路口场景如图 5.24 所示。这是一个开源的交通模拟包,可以帮助用户模拟不同场景下的各种交通情况,包括道路网络、道路标志、交通灯、大量汽车等的建模,而且还可以促进在线的交互和车辆控制。

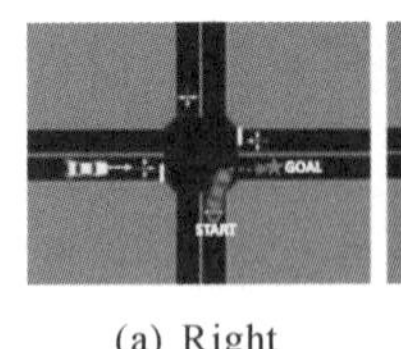

(a) Right

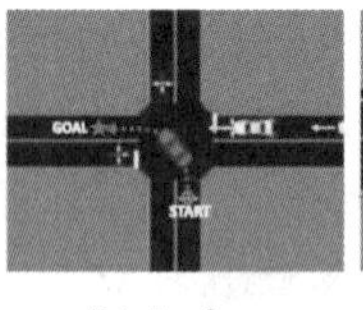

(b) Left

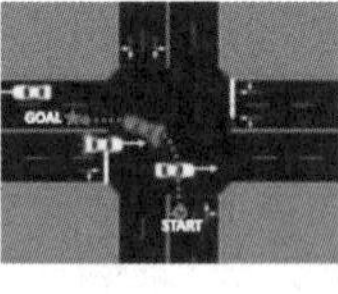

(c) Left2

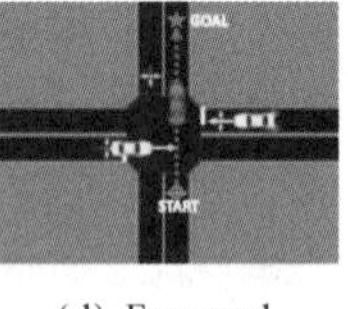

(d) Forward

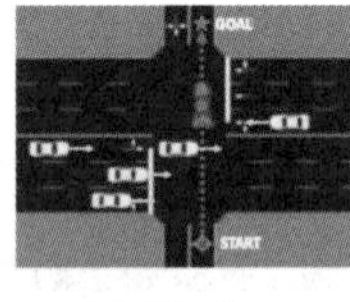

(e) Challenge

扫码看彩图 5.24

图 5.24　实验所用的多种路口场景示意图

具体的实验场景、模型建立及结果分析请扫二维码 5.7。

5.7 智慧交叉路口

二、应急车辆过路口问题

应急车辆(emergency vehicle,EV)在过路口时,需要尽可能地减少其过路口的时间。文献[4]算法是一种基于紧急车辆位置和交叉口队列长度的抢占式交通灯控制算法,采取抢占式的红绿灯控制,以努力减少城市地区应急车辆与交通网络中所有车辆的总出行时间。

现有的算法有优先级分配策略、自适应交通控制等,它们让应急车辆的通过时间减少了 35%,但是对其他车辆造成了很大的影响,因此要解决的问题就是如何在不太大影响其他车辆的情况下减少应急车辆的通过时间。该算法在优先级分配过程中测量了 EV 在冲突阶段和非冲突阶段之间重新调度的时间。当车辆通过交叉口后,重新调度的时间根据冲突阶段与非冲突阶段的初始时间之比返回到冲突阶段。

文献[4]算法主要分成两个部分,第一部分对交通信号灯进行优先控制和优先级分配,分为以下三个阶段:(1)车辆检测与跟踪;(2)减少交通拥挤基于队列长度的紧急汽车路径;(3)绝对优先权。算法第二部分用于减少第一部分带来的消极影响,由重新安排的时间定期返回。两个部分的具体内容详见二维码 5.7 中 Algrithm 1、Algrithm 2 的算法流程及算法分析。

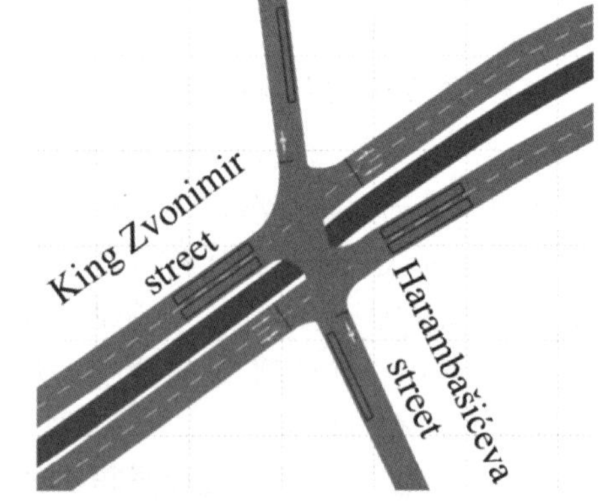

图 5.25　仿真模型中的交叉路口 VISSIM

VISSIM-MATLAB 仿真:VISSIM 在一个模型中包含所有交通方式(包括行人)及其特征。车辆和车辆驾驶员的特性允许单独参数化。VISSIM 可以使用 COM 接口与其他软件工具连接。这些工具可用于实现和执行不同的流量控制算法。实验仿真模型如图 5.25 所示,仿真了四个场景,如图 5.26 所示,并对算法进行评估。在第一种和第二种情况下,EV 沿着主要交通方向行驶并以相同的方式返回。在第三和第四种情况下,EV 沿着主要交通方向行驶，然后在受控交叉路口右转进入小巷，然后以相同的方式返回。

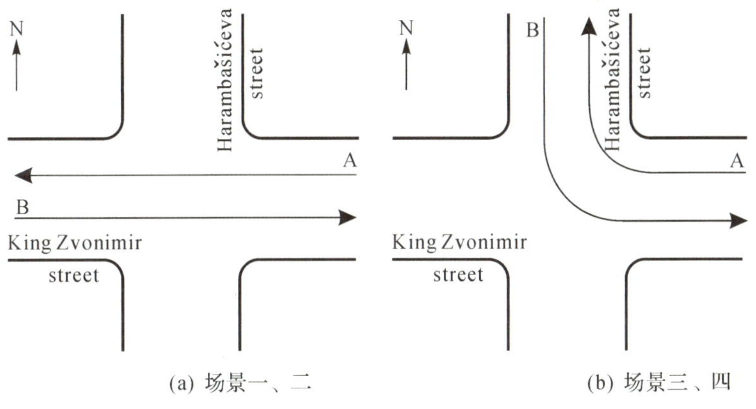

图 5.26　EV 的四个场景

扫码看彩图 5.26

具体仿真建模及仿真结果请扫二维码 5.7。

5.7.2　实训平台演示

智慧交叉路口浙江大学实训平台上的演示结果，请扫二维码 5.7(b)。

5.7(b) 智慧交叉路口实训平台演示

参考文献

5.7 节的参考文献请扫二维码 5.7。

5.8　智能网联汽车基于人工智能分析的储能 BMS 系统

5.8.1　研究背景及实训平台

智能网联汽车的储能技术包含众多技术路线，锂离子电池储能系统所占的装机范围和市场份额是最多的。在此基础上，使用更加先进的储能锂电池管理系统对锂电池的状态进行实时检测，对其荷电状态进行估算，以提高电池寿命和运营效率，对于储能系统具有重要意义。

在锂电池储能系统中，作为能量存储的电池并不是作为单体使用，而是通过电路将电池单体串并联起来组成电池组，从而达到系统所要求的电压、电流、功率等要求。当不同的电池单体因为系统需求被合并为电池组后，由于个体差异性导致了同一个电池组中不同电池单体的不一致性加重，导致了内部放电现象，造成能量的损耗和寿命的降低，同时发生故障的可能性也增加，增添了运行和维护成本。加强和保证电池组的安全性和可靠性，在电池组上增加了专门的电池管理系统(BMS)。电池管理系统可以通过各类型传感器，将电池单体的电压、电流、温度、内阻等参数采集上来，并且通过一定的控制策略来实现电池管理的几种功能，如状态检测、能量管理、能量均衡、安全预警等。在储能系统中，其核心功能在于对能量进行高效吸收和释放，因此对于电池的荷电状态的精准估计是储能系统提高能量使用效率的重要前提。同时,通过实时监测到的储能系统中电池组内部电池单体的状态参数,对于同一个电池组内部电量差异过大的电池,进行主被动均衡,继而保持电池的一致性,增强了储能系统电池的安全性和使命寿命,而判断的依据就是荷电状态(SOC)这一参数。综上,在储能电池的电池管理系统中,准确估算 SOC 对于整个系统的协调控制、寿命延长和安全保障都具有重要意义。

目前,锂电池 SOC 的预测算法包含以下三种方式:第一种方式是通过开环测量的方法,诸如开路电压法、安时积分法以及测量电池内阻的预测法等。第二种方式是基于等效电池模型的预测方法,诸如卡尔曼滤波和滑模观测器等。第三种方式是基于数据驱动的预测方法,主要是通过学习能力较强的机器学习和深度学习等算法,诸如 SVM、人工神经网络、循环神经网络、长短期记忆网络等。这三种方法的参考文献及具体介绍请扫二维码 5.8。

5.8 锂电池管理

一、实训平台

1. 数据源

来源于我们浙江大学储能 BMS 系统实训平台的数据,采集自电池智能测控应用装置,该装置的外观如图 5.27 所示,其内部如图 5.28 所示。该电池智能测控应用装置共两套,该实训平台包含电池、电池管理系统(含显示屏及保护器件)、充电机、负载仪等设备,同时支持多套 BMS 并联安装等,平台实拍图见图 5.29。

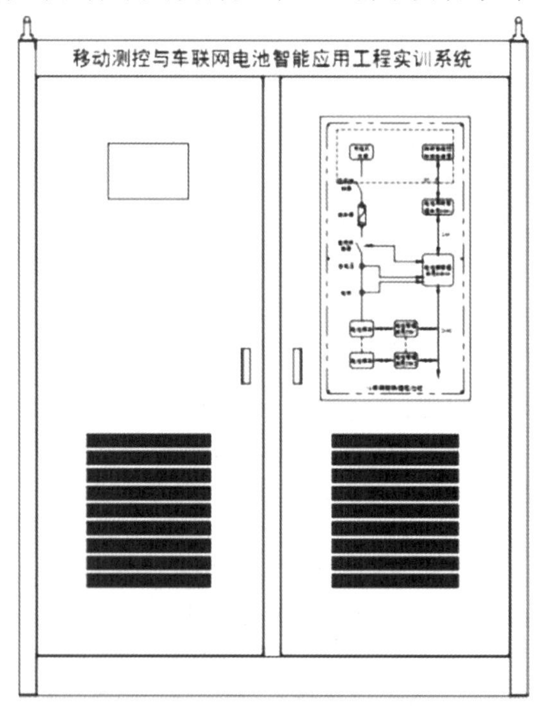

图 5.27 电池智能测控应用实训平台外观示意图

该套装置支持在各类负载工况环境状态下(如储能电站、电动车、通信基站机房、家庭储能、军用领域、智能设备等环境状态)对每节电池与多种 BMS 设备的智能测控。目前该装置配置了两种锂离子电池模块,分别是磷酸铁锂电池模块和钛酸锂电池模块,如图 5.30 和图 5.31 所示。其中:磷酸铁锂电池应用装置选用 16 节 3.2V/20Ah 功率型磷酸铁锂电池

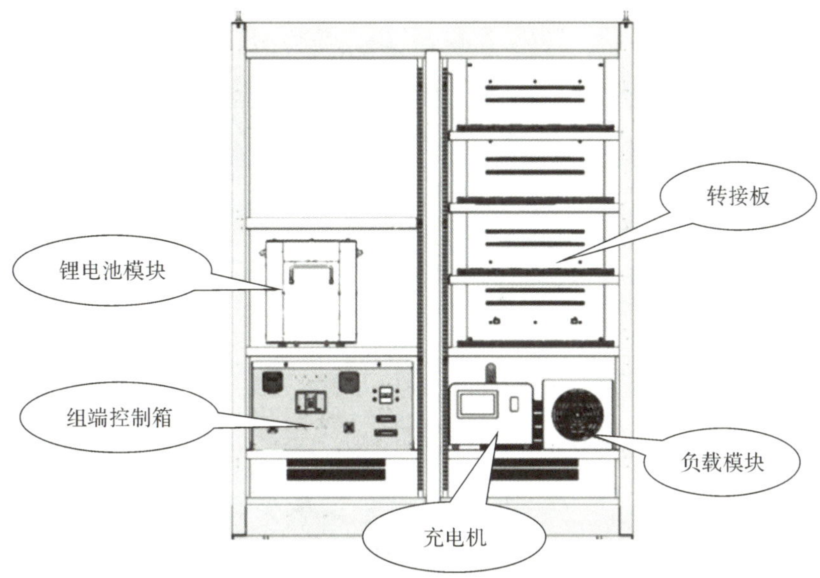

图 5.28　电池智能测控应用实训平台内部示意图

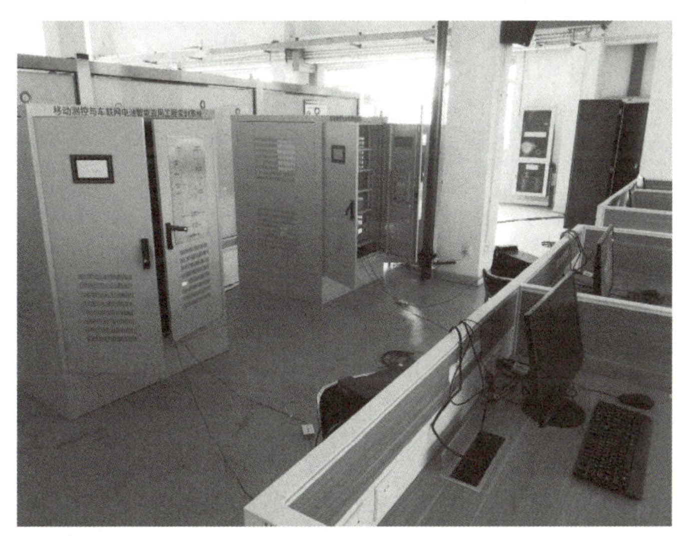

图 5.29　电池智能测控应用实训平台实拍图

串联成 48V 电池组；钛酸锂电池应用装置选用 21 节 2.3V/30Ah 钛酸锂电池串联组成 48V/30Ah 电池组；它们均采用双向主动均衡技术 BMS 系统。

在图 5.28 所示的电池智能测控应用实训平台中，使用了型号为 QYCI48V50A 的新型智能充电机，该型专用电源设备的技术内核来源于高频逆变技术，该充电机的特点及技术规格的具体介绍请扫二维码 5.8。

图 5.28 所示实训平台中的负载模块主要负责对锂电池组进行放电，当电池管理系统接到上位机下发的放电指令时，电池组会接通负载模块，依据上位机指令的放电电流的大小调整负载模块的绝缘电阻的大小。负载模块的基本信息请扫二维码 5.8。

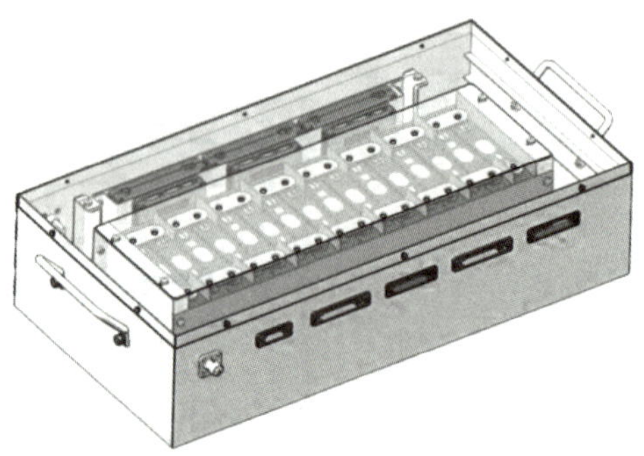

图 5.30 磷酸铁锂电池模块

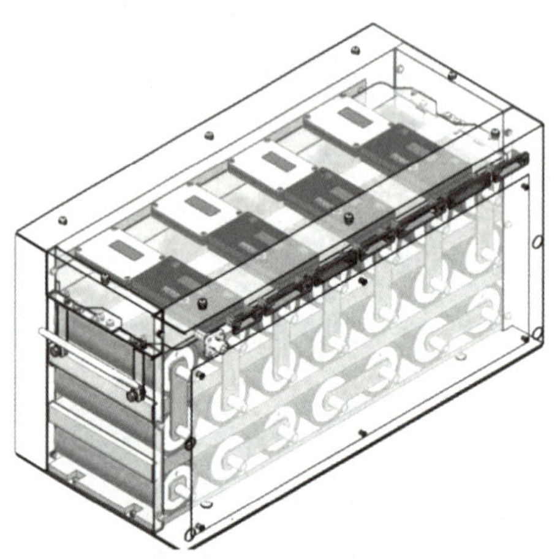

图 5.31 钛酸锂电池模块

二、数据标注实现方法

为了尽可能估计电池的真实的 SOC，将采集的数据标注出真实的 SOC 值，首先通过实训平台模拟储能电池的真实电流运行环境，将储能电池在实际生产应用中所产生的电流变化情况通过实训平台模拟一遍，再通过安时积分法的形式进行锂电池 SOC 荷电状态的标注，并以此作为算法模型训练的目标。

在模拟的过程中存在的问题分析、问题的解决及最终数据标注的详细方案请扫二维码 5.8。

5.8.2 基于电池运行状态的储能锂电池 SOC 估算算法研究

不管是传统的卡尔曼滤波进行 SOC 估算还是利用支持向量机回归的方式，都未考虑到 SOC 作为一个电池状态量不能突变以及其往往依赖于前几期荷电状态的特性。作为循环神经网络中的一种变体，长短期记忆(LSTM)网络模型可以有效地处理非线性时间序列的问题，其可以具有长期记忆的能力。LSTM 网络具有遗忘门、输入门、输出门，能够通过门限向其内核状态单元输入有效信息或者一处无效信息。通过首先将前一状态的单体电池的电压、温度、电流等特征以及估计 SOC 等特征转变为时序特征数据，构建和实现了如图 5.32 所示基于 LSTM 的 SOC 预测网络。

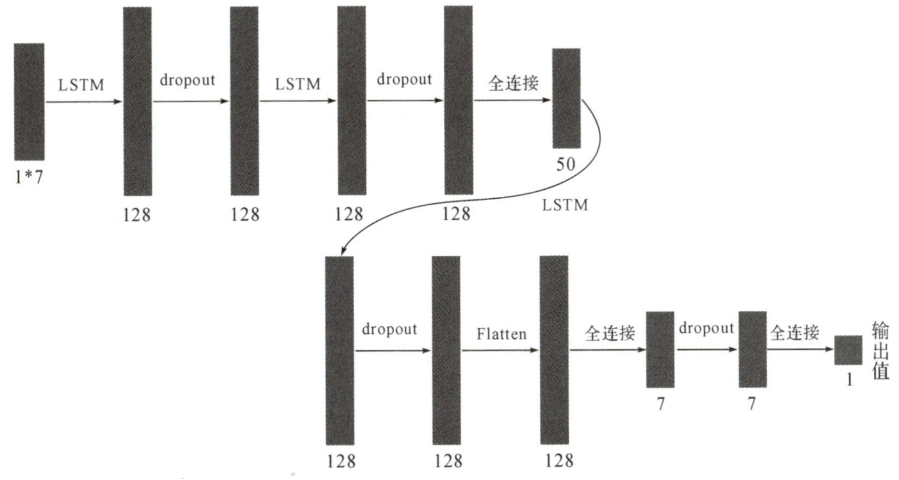

图 5.32　基于 LSTM 的储能锂电池 SOC 预测模型网络结构

SOC 预测网络结构、参数以及基于 Batch Normalization 算法的优化改进请扫二维码 5.8。

参考文献

5.8 节的参考文献请扫二维码 5.8。

第二篇

无线通信与智能网联技术

第 6 章　车辆通信的无线信道及物理层技术

6.1　无线信道概述

无线通信系统的研发很大程度上可以说是在根据无线信道的特征对收发机的工作方式进行针对性的设计，从而达到传输特定业务所需要的可靠性和高效性要求。无线信道根据通信的环境不同通常会存在很大的差异。无线信号的频率、收发机间的距离、天线的高度和信号传播环境等因素都会对接收信号的平均功率造成影响，通常我们使用大尺度衰落来建模这种影响；而多径、收发机的运动、环境中其他物体的运动和信号的带宽等因素会对接收机在极小范围内移动时接收信号的瞬时功率变化造成影响，通常我们使用小尺度衰落来建模这种影响。本节将介绍无线信道的上述基本知识，从而帮助大家更好地学习本章的其他内容。

6.1.1　大尺度衰落

大尺度衰落用来描述发射机和接收机长距离或长时间范围内的信号场强变化。大尺度衰落包括路径损耗和阴影衰落两种类型。

一、路径损耗

路径损耗，或称传播损耗，是指电波在空间传播所产生的损耗，它是由发射功率的辐射扩散及信道的传播特性造成的，反映宏观范围内接收信号功率均值的变化。路径损耗可以定义为有效发射功率和平均接收功率之间的差值。常见路径损耗模型有自由空间模型、对数距离路径损耗模型、奥村-哈塔(Okumura-Hata)路径损耗模型和 COST 231-Hata 等。下面对它们逐一作简要介绍。

自由空间模型：用于预测接收机和发射机之间完全无阻挡的视距路径时接收信号的场强。当自由空间中收发机距离为 d 时，接收机天线的接收功率由 Friis 公式给出：

$$P_r(d)=\frac{P_t G_t G_r \lambda^2}{(4\pi)^2 d^2 L} \tag{6.1}$$

其中，P_t 是发射功率；$P_r(d)$ 是以收发机间距离 d 为参数的接收功率；G_t 是发射天线增益；G_r 是接收天线增益；L 是与传播无关的系统损耗因子，通常归因于传输线衰减、滤波损耗和天线损耗，数值上 $L \geqslant 1$；λ 为波长。天线增益与由天线物理尺寸决定的有效截面面积 A_e 有关，A_e 越大，天线增益越大。

值得注意的是，Friss 自由空间模型仅当收发机距离 d 满足远场通信时才适用。远场距离或称为 Fraunhofer 距离 d_f 定义为

$$d_{\mathrm{f}}=\frac{2D^2}{\lambda} \tag{6.2}$$

其中，D 是天线的最大物理线性尺寸。

在自由空间模型中，根据路径损耗的定义可知，自由空间的路径损耗可以表示为

$$L_{\mathrm{p}}=10\lg\frac{P_{\mathrm{t}}}{P_{\mathrm{r}}}=-10\lg\frac{P_{\mathrm{t}}G_{\mathrm{t}}G_{\mathrm{r}}\lambda^2}{(4\pi)^2d^2L}\mathrm{dB} \tag{6.3}$$

从公式(6.3)不难发现，对自由空间无线通信而言，每当收发机间距离或传输信号使用的频率增加 1 倍时，路径损耗增加 6dB。

<u>对数距离路径损耗模型</u>：实际情况中，收发机之间的信道通常不会是只有直射路径的自由空间传播。在这种情况下，基于理论和测试的传播模型研究指出，平均路径损耗 $\bar{L}_{\mathrm{p}}(d)$ 是收发机间距离 d 的函数，它与 d 和参考距离 d_0 之间的比值的 κ 次方成正比，用数学表达式可以表示为

$$\bar{L}_{\mathrm{p}}(d)\propto\left(\frac{d}{d_0}\right)^{\kappa},d\geqslant d_0 \tag{6.4}$$

或者等价地表示为

$$\bar{L}_{\mathrm{p}}(d)=\bar{L}_{\mathrm{p}}(d_0)+10\kappa\lg\frac{d}{d_0}\mathrm{dB},d\geqslant d_0 \tag{6.5}$$

其中，κ 称为路径损耗指数，典型的取值范围为[2, 6]。显然，从式(6.1)可知，自由空间中 $\kappa=2$。

<u>奥村-哈塔(Okumura- Hata)路径损耗模型</u>：是通过将在日本东京测量得到的数据进行曲线拟合后得到的，它适用于室外宏蜂窝环境。在这个模型中，路径损耗可以表示为如下参数的函数：1)载波频率 $f_{\mathrm{c}}\in[150,1500]$MHz；2)基站天线高度 $h_{\mathrm{b}}\in[30,200]$m，移动台天线高度 $h_{\mathrm{m}}\in[1,10]$m；以及 3)基站与移动台之间的距离 $d\in[1,20]$km。奥村-哈塔模型中，以 dB 为单位的路径损耗可表示为

$$L_{\mathrm{p}}(d)=\begin{cases}A+B\lg(d) & \text{市区}\\ A+B\lg(d)-C & \text{市郊}\\ A+B\lg(d)-D & \text{开阔地区}\end{cases} \tag{6.6}$$

其中，

$$A=69.55+26.16\lg(f_{\mathrm{c}})-13.82\lg(h_{\mathrm{b}})-a(h_{\mathrm{m}}) \tag{6.7}$$

$$B=44.9-6.55\lg(h_{\mathrm{b}}) \tag{6.8}$$

$$C=5.4+2[\lg(f_{\mathrm{c}}/28)]^2 \tag{6.9}$$

$$D=40.94+4.78[\lg(f_{\mathrm{c}})]^2-18.33\lg(f_{\mathrm{c}}) \tag{6.10}$$

且 $a(h_{\mathrm{m}})$ 是移动台天线高度的校正因子，对于中小城市由下式给出：

$$a(h_{\mathrm{m}})=[1.1\lg(f_{\mathrm{c}})-0.7]h_{\mathrm{m}}-[1.56\lg(f_{\mathrm{c}})-0.8] \tag{6.11}$$

对于大城市而言

$$a(h_{\mathrm{m}})=\begin{cases}8.29[\lg(1.54h_{\mathrm{m}})]^2-1.1 & f_{\mathrm{c}}<300\mathrm{MHz}\\ 3.2[\lg(11.75h_{\mathrm{m}})]^2-4.97 & f_{\mathrm{c}}\geqslant300\mathrm{MHz}\end{cases} \tag{6.12}$$

<u>COST 231-Hata 路径损耗模型</u>：在蜂窝系统的演进历程中，随着所使用的频率越来越高，路径损耗模型也需要相应地更新，COST 231-Hata 路径损耗模型就是在这样的背景下诞生的。科学和技术研究欧洲协会(EURO-COST)把奥村-哈塔(Okumura-Hata)模型进一

步扩展到了 2GHz，所得到的传播模型表达式称为 COST 231-Hata 模型。与 Okumura-Hata 模型一样，COST 231-Hata 模型也是以 Okumura 等人的测试结果作为根据。它通过对较高频段的 Okumura 传播曲线进行分析，得到下面以 dB 为单位的路径损耗公式：

$$L_p(d)=46.3+33.9\lg(f_c)-13.82\lg(h_b)-a(h_m)+[44.9-6.55\lg(h_b)]\lg(d)+C_M \tag{6.13}$$

其中 C_M 是城市修正因子，在中等城市和郊区环境时 $C_M=0\text{dB}$，在市中心环境时 $C_M=3\text{dB}$，其他参数的取值范围和奥村-哈塔模型中参数的取值范围相同。

二、阴影衰落

理论上认为，对于相同的收发距离，路径损耗也相同。但实践中往往发现，相同收发距离的不同接收点上的接收功率却存在较大变化，甚至同一接收点上的接收功率在不同时间点上也可能产生较大波动。这一现象的原因主要在于影响大尺度衰落的另一个重要因素——阴影衰落。

无线电波在传播路径上遇到起伏地形、建筑物和树木等障碍物的阻挡，在障碍物的后面会形成电波的阴影区。阴影区的信号场强较弱，当移动台在运动中穿过阴影区时，就会造成接收信号场强中值的缓慢变化，通常把这种现象称为阴影衰落。研究表明阴影衰落的统计规律近似服从对数正态分布。设 $\varepsilon_{(\text{dB})}$ 为零均值、标准方差为 σ_ε 的高斯分布随机变量(单位为 dB)，$\varepsilon_{(\text{dB})}$ 的概率密度函数为

$$f_{\varepsilon_{(\text{dB})}}(x)=\frac{1}{\sqrt{2\pi}\sigma_\varepsilon}\exp\left(-\frac{x^2}{2\sigma_\varepsilon^2}\right) \tag{6.14}$$

令 $L_p(d)$ 表示带有阴影衰落的总的路径损耗，则在 dB 单位下满足

$$\begin{aligned}L_p(d)&=\bar{L}_p(d)+\varepsilon_{(\text{dB})}\\&=\bar{L}_p(d_0)+10\kappa\lg\frac{d}{d_0}+\varepsilon_{(\text{dB})}\,\text{dB},d\geqslant d_0\end{aligned} \tag{6.15}$$

由于阴影衰落是叠加在路径损耗之上的，且阴影衰落服从对数正态分布，因此，对于到发射机特定距离的某位置的以 dB 为单位的路径损耗来说，也是一个服从正态分布的随机变量。

6.1.2 小尺度衰落

小尺度衰落简称衰落，指无线电信号在短时间或短距离传播后其幅度、相位和多径时延的快速变化。小尺度衰落与信号的多径传播密切相关，当同一个传输信号经过多个路径传播到达接收端，它们所合成的信号的幅度和相位都可能发生剧烈变化，其程度取决于多径波的强度、相对传播时间和传播信号的带宽。小尺度衰落存在三个主要效应：(1)经过短距和短时传播后信号强度可能急速变化；(2)在不同多径信号上存在时变的多普勒频移所引起的随机频率调制；(3)多径传播时延引起的时间扩展。接下来，我们从多径信号的接收模型、信道的时间扩展特性和移动引起的信道时变性三个方面展开介绍。

一、线性时变信道模型

大尺度衰落和小尺度衰落都是以线性衰落的形式作用于被传输的信号。假设收发机的距离控制在一定范围之内，使大尺度衰落的影响是常数(这里考虑单位值)。同时考虑发

射机和移动的接收机之间存在 N 条散射路径，根据电磁波的传播特性可知，每条路径对应一个时变传播时延 $\tau_n(t)$ 和一个时变的幅度衰减 $\alpha_n(t)$。令传输信号 $s(t)$ 为

$$s(t)=\mathrm{Re}\{g(t)\mathrm{e}^{\mathrm{j}2\pi f_c t}\} \tag{6.16}$$

其中，$\mathrm{Re}\{\cdot\}$ 表示取实部，f_c 是载波频率，$g(t)$ 称为 $s(t)$ 的复包络。如果忽略噪声影响，信道输出端的接收信号可以表示为

$$\begin{aligned} r(t) &= \sum_{n=1}^{N}\alpha_n(t)s[t-\tau_n(t)] \\ &= \mathrm{Re}\left(\left\{\sum_{n=1}^{N}\alpha_n(t)g[t-\tau_n(t)]\right\}\mathrm{e}^{\mathrm{j}2\pi f_c[t-\tau_n(t)]}\right) \\ &= \mathrm{Re}\left(\left\{\sum_{n=1}^{N}\alpha_n(t)\mathrm{e}^{-\mathrm{j}2\pi f_c\tau_n(t)}g[t-\tau_n(t)]\right\}\mathrm{e}^{\mathrm{j}2\pi f_c t}\right) \end{aligned} \tag{6.17}$$

相应地，接收信号的等效基带信号可以从式(6.17)中得到：

$$\tilde{r}(t) = \sum_{n=1}^{N}\alpha_n(t)\mathrm{e}^{-\mathrm{j}2\pi f_c\tau_n(t)}g[t-\tau_n(t)] \tag{6.18}$$

当发送的信号为冲激函数时，得到的信号输出通常用符号 $h(\tau,t)$ 表示：

$$h(\tau,t) = \sum_{n=1}^{N}\alpha_n(t)\mathrm{e}^{-\mathrm{j}2\pi f_c\tau_n(t)}\delta[\tau-\tau_n(t)] \tag{6.19}$$

在通信系统研究中 $h(\tau,t)$ 称为线性时变信道的冲激响应，表示信道在 t 时刻对于 $t-\tau$ 时刻作用于信道的输入冲激的响应，式(6.19)中 τ 表示传播的时延。

接下来我们给出小尺度衰落导致接收信号幅度和相位发生的变化。考虑多径时延扩展远小于符号间隔的情况，那么式(6.18)可以近似为

$$\tilde{r}(t) \approx \sum_{n=1}^{N}\alpha_n(t)\mathrm{e}^{-\mathrm{j}2\pi f_c\tau_n(t)}g[t-\bar{\tau}] \tag{6.20}$$

设 $Z_C(t)$ 和 $-Z_S(t)$ 分别表示复信道增益的实部和虚部，使得 $Z(t)=Z_C(t)-\mathrm{j}Z_S(t)$，那么

$$Z_C(t) = \sum_{n=1}^{N}\alpha_n(t)\cos\theta_n(t) \tag{6.21}$$

$$Z_S(t) = \sum_{n=1}^{N}\alpha_n(t)\sin\theta_n(t) \tag{6.22}$$

其中，$\theta_n(t)=2\pi f_c\tau_n(t)$。而信道引起的幅度衰落和载波相位失真可以分别表示为

$$\alpha(t) = \sqrt{Z_C^2(t)+Z_S^2(t)} \tag{6.23}$$

$$\theta(t) = \tan^{-1}[Z_S(t)/Z_C(t)] \tag{6.24}$$

小尺度的衰落特征取决于收发机之间是否有直射路径。我们把有直射路径的散射环境称为 LOS 散射环境，反之我们称为 NLOS 散射环境。当 N 充分大时，利用中心极限定理，可以证明在 NLOS 散射环境下，包络服从参数为 σ_Z^2 的瑞利(Rayleigh)分布：

$$f_\alpha(x)=\begin{cases}\dfrac{x}{\sigma_Z^2}\exp\left(-\dfrac{x^2}{2\sigma_Z^2}\right), & x\geqslant 0\\ 0, & x<0\end{cases} \tag{6.25}$$

且 $\mathrm{E}[\alpha]=\sigma_Z\sqrt{\pi/2}$，$\mathrm{E}[\alpha^2]=2\sigma_Z^2$。相位失真服从$[0,2\pi]$上的均匀分布：

$$f_\theta(x)=\begin{cases}\dfrac{1}{2\pi}, & 0\leqslant x\leqslant 2\pi\\ 0, & \text{其他}\end{cases} \tag{6.26}$$

值得注意的是式(6.25)和式(6.26)中表示幅度和相位的变量都去掉了参数 t，这是因为这里我们并不关心幅度值和相位值发生的时间。

类似地，可以证明在 LOS 散射环境下，包络服从莱斯分布：

$$f_a(x)=\frac{x}{\sigma_z^2}\exp\left(-\frac{x^2}{2\sigma_z^2}\right)\cdot\exp\left(-\frac{\alpha_0^2}{2\sigma_z^2}\right)\cdot I_0\left(-\frac{\alpha_0 x}{\sigma_z^2}\right),x\geqslant 0 \tag{6.27}$$

其中，α_0^2 表示 LOS 直射路径的信号功率，$I_0(\cdot)$表示零阶修正的第一类贝塞尔函数。莱斯分布中有一个重要的变量称为 K 因子，定义为

$$K=\frac{\text{LOS 分量功率}}{\text{所有其他散射分量的总功率}}=\frac{\alpha_0^2}{2\sigma_Z^2} \tag{6.28}$$

分析可知：当 K 趋于零时，莱斯分布趋于瑞利分布；当 K 趋于无穷时，只有视距主导分量起作用，因此无线信道趋于高斯白噪声信道。

莱斯分布相位失真服从以下分布：

$$f_\theta(x)=\frac{1}{2\pi}\exp(-K)+\frac{1}{2\pi}\sqrt{\frac{K}{\pi}}(\cos x)\exp(-K\sin^2 x)[1+\mathrm{erf}(\sqrt{K}\cos x)] \tag{6.29}$$

其中，$\mathrm{erf}(\cdot)$表示误差函数，$x\in[-\pi,\pi]$。

二、信道的时间扩展特性

正如在信道的线性时变模型中介绍的，接收机收到的来自不同路径的同一发送信号会有不同的时延和幅度衰减，这一现象从接收端来看可以认为是发送的信号在时间上被扩展了，或者称为信道的时间扩展特性。事实上，我们通常更习惯用功率延迟分布来刻画这一现象。图 6.1 所示是某一室内环境下测得的功率延迟分布结果，它记录了接收机在不同延迟时间收到的来自发送机的多径传输信号的接收功率（这里用第一根径的接收功率做了归一化）。

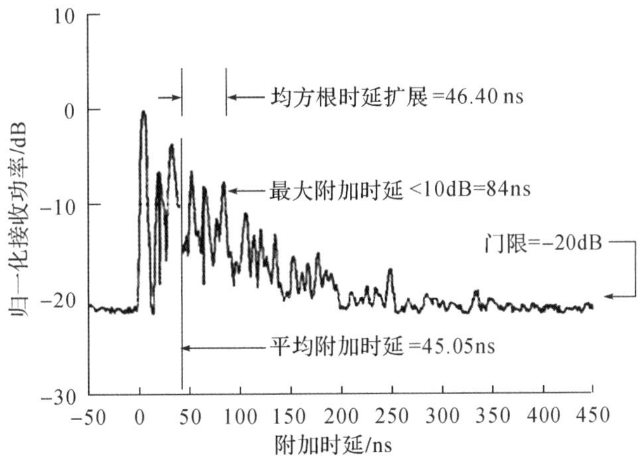

图 6.1 某室内功率延迟分布测量结果

功率延迟分布本质上是在帮助我们认识“对一个已传输的冲激，平均接收功率如何随时间延迟 τ 变化”的这个问题。如果我们用 $P(\tau)$来表示信道的功率延迟分布，那么我们可以用它的一阶矩（或称为平均附加时延）或二阶矩的平方根（或称为均方根时延扩展）来刻

画信道的时间扩展特性。平均附加时延的定义为

$$\bar{\tau}=\frac{\sum_{n=1}^{N}P(\tau_n)\tau_n}{\sum_{n=1}^{N}P(\tau_n)} \tag{6.30}$$

均方根时延扩展的定义为

$$\sigma_\tau=\sqrt{\overline{\tau^2}-\bar{\tau}^2} \tag{6.31}$$

其中，N 表示多径的个数，$\overline{\tau^2}=\frac{\sum_{n=1}^{N}P(\tau_n)\tau_n^2}{\sum_{n=1}^{N}P(\tau_n)}$。此外，最大附加时延（$X$dB）也是一个经常用于描述功率延迟分布的参数，它被定义为多径能量从初始衰落到低于最大能量 XdB 处的时延。

需要注意的是，功率延迟分布 $P(\tau)$ 与频率分隔相关函数 $R(\Delta f)$ 互为傅里叶变换对关系。所以当我们知道了信道的功率延迟分布后，等价于我们可以刻画出“频率差为 $\Delta f=f_1-f_2$ 的两个接收信号的相关性是什么”。当然，我们也可以通过多次传输一对频率间隔为 Δf 的正弦信号，并对接收信号的复频谱进行互相关计算来得到上述问题的答案，但是功率延迟分布帮我们简化了这一计算。因此，由功率延迟分布得到的时间扩展参数也一定与信道的频域特征存在某种联系。为此，接下来我们介绍相干带宽的概念。

相干带宽 B_C 是一个频率范围的统计量，在该带宽内能通过信号的所有频率成分，并获得等量增益和线性相位。换言之，在相干带宽范围内信号谱分量的幅值有很强的相关性，或在该范围内信道对谱分量的影响是相似的（可以有衰落也可以无衰落）。通常，很多文献会用最大附加时延 T_m 的倒数来刻画相干带宽：

$$B_C\approx 1/T_m \tag{6.32}$$

考虑到具有相同最大附加时延的信道也可能有完全不同的功率延迟分布，所以用均方根时延扩展来刻画相干带宽也是常用的方法：

$$B_C\approx 1/(2\pi\sigma_\tau) \tag{6.33}$$

最后，我们明确与相干带宽或信道的时间扩展特性有关的一种衰落信道分类。如果信号的带宽小于相干带宽，我们把这种信道称为平坦衰落信道（或频率非选择性衰落信道）；反之，我们称其为频率选择性衰落信道。信号经过频率选择性衰落信道时，因为不同频点的信道特性不同，所以在频域上看接收信号会出现失真，在时域上看则会出现码间干扰。因为信号的带宽是符号周期 T_s 的倒数，所以上述判断准则也可以在时域进行：如果符号周期远大于信道的时延扩展，我们把这种信道称为平坦衰落信道；反之，我们称其为频率选择性衰落信道。

三、移动引起的信道时变性

时延扩展和相干带宽是用于描述信道时间色散特性的两个重要参数，但是它们并没有提供描述信道因为发射机和接收机之间的相对移动或环境中其他物体的运动而造成的信道时变特性。多普勒扩展和信道相干时间是描述小尺度内信道时变特性的两个重要参数。

多普勒扩展 B_D 是由移动无线信道的时变速率所引起的频谱展宽程度的度量值。多普

勒扩展被定义为接收信号的多普勒频谱为非零值的一个频率范围。当发送信号是频率为f_c的正弦信号时，接收信号频谱即多普勒频谱在f_c-f_d至f_c+f_d范围内存在分量，其中f_d是最大多普勒频移。可见频谱扩展的大小由f_d决定，它是移动台的相对速度v、移动台运动方向与散射波到达方向之间夹角θ的函数：

$$f_d=\frac{v}{\lambda}\cos\theta=\frac{vf_c}{c}\cos\theta \tag{6.34}$$

其中，λ是信号的波长，c是光速。

考虑均匀散射环境，Clarke 模型给出了发送连续波信号，接收天线是一个垂直的具有恒定方向增益且信号到达角在$(0,2\pi]$内均匀分布情况下的信号多普勒扩展谱结果$S(f)$，它满足

$$S(f)=\begin{cases}\dfrac{1}{\pi f_d\sqrt{1-\left(\dfrac{f-f_c}{f_d}\right)^2}}, & f\in(f_c-f_d,f_c+f_d)\\ 0, & \text{其他}\end{cases} \tag{6.35}$$

需要注意的是，如图 6.2 所示，多普勒扩展谱$S(f)$与信道的时间分隔相关函数$R(\Delta t)$互为傅里叶变换对关系。所以当我们知道了信道的多普勒扩展谱后，等价于我们可以刻画出"信道对时间差为$\Delta t=t_1-t_2$的两个正弦波的响应的相关性是什么"。接下来我们介绍相干时间的概念。

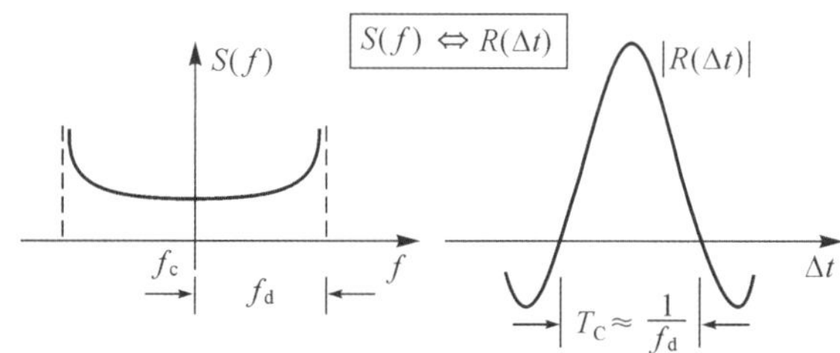

图 6.2　多普勒扩展谱与信道的时间分隔相关函数

相干时间T_C是一个时间度量，在这个期望的持续时间内，信道对信号的响应基本上是时不变的。换言之，相干时间内两个到达信号会有很强的幅度相关性。通常，很多文献会用最大多普勒频移f_d的倒数或下面公式来刻画相干时间：

$$T_C\approx1/(2\pi f_d) \tag{6.36}$$

根据相干时间的定义，我们可以发现：如果基带信号带宽的倒数（即符号周期）大于信道的相干时间，那么传输中信号就可能会发生改变，导致接收机信号失真。

最后，我们明确与相干时间有关的一种衰落信道分类。如果符号周期小于相干时间，我们把这种信道称为快衰落信道；反之，我们称其为慢衰落信道。显然，所谓的快衰落，本质上是因为信道变化快于基带信号的变化而导致的。通常高多普勒扩展的信道环境会出现快衰落。从通信接收机的角度看，当遇到快衰落时，会出现错误平台现象。因为这种现象的存在，简单地增加信号的发送功率并不能有效减少传输的差错概率，这也是高速移动场景通信速率难以提高的根本原因之一。

6.2 车辆通信的无线信道

目前,针对车辆通信的无线信道建模大致可分为三类:非几何的统计模型、基于几何的确定性模型以及基于几何的随机模型。非几何的统计模型一般利用信道的统计特性来刻画信道,例如莱斯 K 因子和功率延迟分布等统计特性。基于几何的确定性模型一般是基于实测信息建立的信道模型,比如射线追踪法。这类建模方式要求较为苛刻,需输入周围物体大小尺寸以及电磁反射系数等参数。而基于几何的随机模型改进了前两种方法,由直射径和基于散射体产生的反射径的几何叠加对信道进行建模,而散射体的分布、射线的数量和功率等参数则依据统计特性决定。三种建模方法各有优劣,一般情况下,基于几何的确定性模型建模难度较高,很少用于车辆信道建模。接下来,本节介绍两种建模小尺度衰落的车辆无线信道模型。

6.2.1 抽头延迟线模型

抽头延迟线(tap delay-line, TDL)模型是信道建模中较为常用的模型,该模型忽略传播过程中电磁波的反射、折射和绕射等影响,只考虑发送信号和接收信号的幅度、相位和到达时间上的变化。该模型是一个线性的有限冲激响应滤波器通过刻画抽头数量和每个抽头的系数对信道冲击响应进行统计性建模[1]。

基于 TDL 模型的信道可由以下公式表示[2]:

$$h(t,\tau)=a_0\delta(\tau-\tau_0)+\sum_{i=1}^{N}c_i(t)\delta(\tau-\tau_i) \tag{6.37}$$

其中,a_0 为视距 LOS 路径的分量,其不随时间变化;$c_i(t)$为非视距 NLOS 路径的分量,当正交和同向分量被建模为高斯分布时,$c_i(t)$用 Rayleigh 分布建模,这是一个零均值的复高斯随机过程,其自相关函数由相应的多普勒谱(例如 Jakes 谱)决定。当然,$c_i(t)$也可用 Ricean、Nakagami、Log-normal 或者 Weibull 等分布建模[1]。因此,基于 TDL 的信道模型需要知道抽头的数量 N、抽头的功率、抽头的变化速率(依据多普勒频移 f_d 得到),以及抽头分量的统计模型。

文献[3]列出了 6 个被广泛应用的车辆通信场景真实信道模型。这些模型在美国佐治亚州通过信道测量得到,包含了 3 个车与车(vehicle-to-vehicle, V2V)信道(高速公路相向而行 V2V、城市峡谷 V2V 和高速公路同向而行 V2V)和 3 个路边单元到车辆(roadside to vehicle, R2V)信道(高速公路相向而行 R2V、高速公路同向而行 R2V 和城市峡谷 R2V)。图 6.3 展示了这 6 种基本信道的测试场景。作为示例,表 6.1 给出了具体生成高速公路相向 V2V 场景所需的参数。

图 6.3 车辆信道测量场景(引自文献[3])

扫码看彩图 6.3

表 6.1 高速公路相向而行 V2V 场景信道参数

抽头	延时/ns	功率/dB	多普勒频移/Hz	多径分布	多普勒谱
1	0	0	1451	Ricean	Round
2	1	0	884	Rayleigh	Round
3	2	0	1005	Rayleigh	Round
4	100	−6.3	761	Rayleigh	Classic 3 dB
5	101	−6.3	1445	Rayleigh	Round
6	200	−25.1	819	Rayleigh	Classic 3 dB
7	201	−25.1	1466	Rayleigh	Flat
8	202	−25.1	124	Rayleigh	Round
9	300	−22.7	1437	Rayleigh	Flat
10	301	−22.7	552	Rayleigh	Classic 3 dB
11	302	−22.7	868	Rayleigh	Classic 6 dB

6.2.2 基于几何的随机模型

基于几何的随机模型通过定义发射机和接收机的位置和速度以及周围散射体的分布，基于几何的方式模拟收发机之间的直射径以及由散射体产生的反射径，并将带有衰落的传播径在接收端进行叠加，得到最后的信道模型。而散射体的分布、射线的数量和传播径的功率和延时等参数则依据统计特性决定。

文献[4]中提出的基于 3D 的 5G 非平稳模型是一种基于几何的随机模型，通过调整不同的参数可仿真一些关键 5G 通信场景的小尺度衰落信道特性，包括大规模多输入多输出(massive multiple input multiple output, Massive MIMO)场景、高速列车场景、V2V 场景以及毫米波通信场景等。该模型基于 WINNER Ⅱ模型[5]和 Saleh-Valenzuela 信道模型[6]进行建模，在此之上添加阵列时间簇演化特性。

该模型在仿真 V2V 信道时，设定发射机、散射体和接收机都可以移动，考虑了这三者所引起的多普勒频移。此外，类比于散射体集群的簇还被分类为移动簇和静态簇。

图 6.4 为基于 3D 的 5G 非平稳模型的几何示意图。图中左右两边的坐标原点表示发射机和接收机位置；两边的黑点分别为发射机的第 p 根天线和接收机的第 q 根天线的 3D 位置，用向量 $\boldsymbol{A}_p^T(t)$ 和 $\boldsymbol{A}_q^R(t)$ 表示，其中上标 T 和 R 分别表示发射机和接收机；图中名为 Cluster(簇)的圆球表示散射体集群，散射体集群如图 6.5 所示，可能包含一个散射体，也可能包含多个散射体，而基于簇的建模时，不考虑散射体之间的传播(仅用延时表示)，只专注于入射径和反射径的建模；此外，初始时刻发射机和接收机的位置给定，并且发射机和接收机分别朝 $\boldsymbol{v}^T$ 和 $\boldsymbol{v}^R$ 的方向运动。由于该信道可应用于大规模 MIMO 场景，所以在信道模型中，考虑发射机有 M_T 根发射天线，接收机有 M_R 根接收天线，设信号频率为 f_c，波长为 λ。$N(t)$ 表示在时刻 t 同时能被发射端和接收端观察到的所有簇的数量。在 V2V 场景中，发射机和接收机都是移动的。

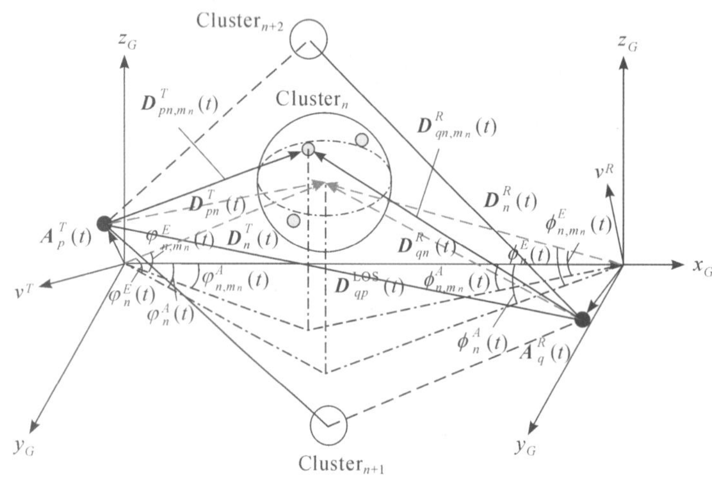

图 6.4　基于 3D 的 5G 非平稳模型的几何示意图(引自文献[4])

扫码看彩图 6.4

一、信道的冲激响应

由于不同的收发天线间的信道不同，信道的冲激响应可由一个 $M_R \times M_T$ 大小的矩阵 $\boldsymbol{H}(t,\tau) = [h_{qp}(t,\tau)]$ 表示

$$h_{qp}(t,\tau) = \underbrace{\sqrt{\frac{K(t)}{K(t)+1}}h_{qp}^{\mathrm{LOS}}(t)\delta(\tau-\tau^{\mathrm{LOS}}(t))}_{\mathrm{LOS}} + \underbrace{\sqrt{\frac{1}{K(t)+1}}\sum_{n=1}^{N(t)}\sum_{m_n=1}^{M_n(t)}h_{qp,n,m_n}(t)\delta(\tau-\tau_n(t)-\tau_{m_n}(t))}_{\mathrm{NLOS}} \tag{6.38}$$

其中，每一根发射天线到接收天线的信道由 LOS 项和 NLOS 项组成。LOS 项表示发射天线到接收天线的直射路径信道，NLOS 项表示非直射路径即经散射体反射路径的信道集合。

LOS 项中，$K(t)$ 为莱斯 K 因子，$\tau^{\mathrm{LOS}}(t)$ 表示直射径的传播延时，$\tau^{\mathrm{LOS}}(t) = \|\boldsymbol{D}(t)\|/c$，

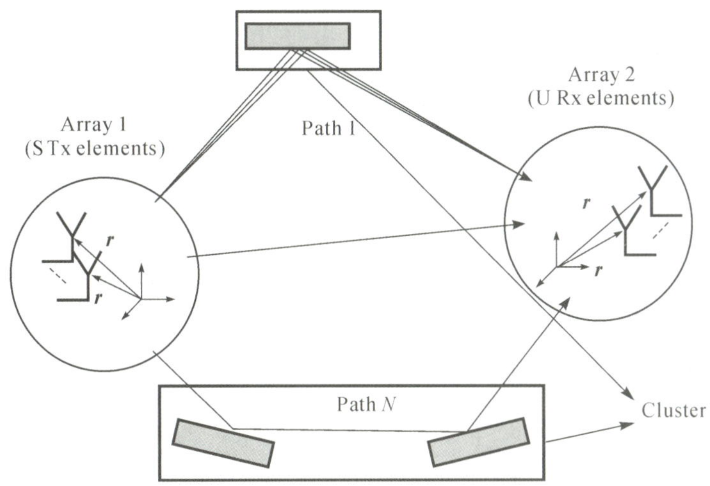

图 6.5 散射体集群(引自文献[5])

其中 $\boldsymbol{D}(t)$是收发机天线阵列中心点构成的矢量,c 表示光速,$\|\cdot\|$ 表示 Frobenius 范数。$h_{qp}^{\mathrm{LOS}}(t)$表示发送机天线阵列中的第 p 根发送天线和接收机天线阵列中的第 q 根接收天线之间的信道的复信道增益,具体为

$$h_{qp}^{\mathrm{LOS}}(t)=\begin{bmatrix}F_{p,\mathrm{V}}^{T}(\boldsymbol{D}_{qp}^{\mathrm{LOS}}(t),\boldsymbol{A}_{p}^{T}(t))\\F_{p,\mathrm{H}}^{T}(\boldsymbol{D}_{qp}^{\mathrm{LOS}}(t),\boldsymbol{A}_{p}^{T}(t))\end{bmatrix}^{\mathrm{T}}\times\begin{bmatrix}\mathrm{e}^{\mathrm{j}\phi_{\mathrm{LOS}}}&0\\0&-\mathrm{e}^{\mathrm{j}\phi_{\mathrm{LOS}}}\end{bmatrix}\times\begin{bmatrix}F_{q,\mathrm{V}}^{R}(\boldsymbol{D}_{qp}^{\mathrm{LOS}}(t),\boldsymbol{A}_{q}^{R}(t))\\F_{q,\mathrm{H}}^{R}(\boldsymbol{D}_{qp}^{\mathrm{LOS}}(t),\boldsymbol{A}_{q}^{R}(t))\end{bmatrix}\mathrm{e}^{\mathrm{j}2\pi f_{qp}^{\mathrm{LOS}}(t)t} \tag{6.39}$$

其中,V 和 H 分别表示垂直极化和水平极化,$F_{\Xi,\mathrm{V}}^{\Gamma}(\boldsymbol{a},\boldsymbol{b})$和 $F_{\Xi,\mathrm{H}}^{\Gamma}(\boldsymbol{a},\boldsymbol{b})$分别代表在以发射天线阵列中心为原点的全局坐标系中与输入矢量 $\boldsymbol{a}$ 和 $\boldsymbol{b}$ 有关的垂直天线方向图和水平天线方向图,其具体计算方法见文献[4]的附录 A,这里的 $\Xi\in\{p,q\}$,$\Gamma\in\{T,R\}$;$\boldsymbol{D}_{qp}^{\mathrm{LOS}}(t)=\boldsymbol{A}_{q}^{R}(t)-\boldsymbol{A}_{p}^{T}(t)$,表示从发射机天线 p 到接收机天线 q 的向量,这里的 $\boldsymbol{A}_{p}^{T}(t)$为发射机第 p 根天线的 3D 位置,$\boldsymbol{A}_{q}^{R}(t)$为接收机第 q 根天线的 3D 位置;ϕ_{LOS}表示直射路径的相位;$f_{qp}^{\mathrm{LOS}}(t)$表示发射机天线 p 和接收机天线 q 间直射路径的多普勒频移,具体为

$$f_{qp}^{\mathrm{LOS}}(t)=\frac{1}{\lambda}\frac{\langle\boldsymbol{D}_{qp}^{\mathrm{LOS}}(t),\boldsymbol{v}^{R}-\boldsymbol{v}^{T}\rangle}{\|\boldsymbol{D}_{qp}^{\mathrm{LOS}}(t)\|} \tag{6.40}$$

其中,$\boldsymbol{v}^{R}$ 和 $\boldsymbol{v}^{T}$ 分别是接收天线阵列和发送天线阵列的 3D 速度向量,$\langle\cdot,\cdot\rangle$表示内积操作。

NLOS 项中,$N(t)$为随时间变化的簇数量。$M_n(t)=M_n$ 表示第 n 个簇的散射射线数,即子径数(服从于泊松分布),不随时间变化。$\tau_n(t)$为簇 n 的总延迟,$\tau_{m_n}(t)=\tau_{m_n}$ 是簇 n 内第 m 条射线的相对延时,不随时间变化。$h_{qp,n,m_n}(t)$表示第 p 根发射天线到第 q 根接收天线的在第 n 个散射体的第 m_n 根子径的复信道增益,具体为

$$h_{qp,n,m_n}(t)=\begin{bmatrix}F_{p,\mathrm{V}}^{T}(\boldsymbol{D}_{n,m_n}^{T}(t),\boldsymbol{A}_{p}^{T}(t))\\F_{p,\mathrm{H}}^{T}(\boldsymbol{D}_{n,m_n}^{T}(t),\boldsymbol{A}_{p}^{T}(t))\end{bmatrix}^{\mathrm{T}}\times\begin{bmatrix}\mathrm{e}^{\mathrm{j}\phi_{n,m_n}^{\mathrm{VV}}}&\sqrt{\mu}\,\mathrm{e}^{\mathrm{j}\phi_{n,m_n}^{\mathrm{VH}}}\\\sqrt{\mu}\,\mathrm{e}^{\mathrm{j}\phi_{n,m_n}^{\mathrm{HV}}}&\mathrm{e}^{\mathrm{j}\phi_{n,m_n}^{\mathrm{HH}}}\end{bmatrix}\times\begin{bmatrix}F_{q,\mathrm{V}}^{R}(\boldsymbol{D}_{n,m_n}^{R}(t),\boldsymbol{A}_{q}^{R}(t))\\F_{q,\mathrm{H}}^{R}(\boldsymbol{D}_{n,m_n}^{R}(t),\boldsymbol{A}_{q}^{R}(t))\end{bmatrix}\times\sqrt{P_{n,m_n}(t)}\,\mathrm{e}^{\mathrm{j}2\pi f_{qn,m_n}^{R}(t)t}\mathrm{e}^{\mathrm{j}2\pi f_{pn,m_n}^{T}(t)t} \tag{6.41}$$

同样地，$\boldsymbol{D}_{n,m_n}^{T}(t)$表示发射机阵列中心到经簇 n 的第 m_n 根子径到簇 n 的距离向量；$\boldsymbol{D}_{n,m_n}^{R}(t)$为簇 n 经其第 m_n 根子径到接收机阵列中心的距离向量；μ 是交叉极化功率比；$\phi_{n,m_n}^{\mathrm{VV}}$、$\phi_{n,m_n}^{\mathrm{VH}}$、$\phi_{n,m_n}^{\mathrm{HV}}$、$\phi_{n,m_n}^{\mathrm{HH}}$是服从$(0,2\pi]$均匀分布的随机相位；$f_{pn,m_n}^{T}(t)$和 $f_{qn,m_n}^{R}(t)$分别表示第 m_n 根子径的入射径和反射径的多普勒频移，具体为

$$f_{pn,m_n}^{T}(t)=\frac{1}{\lambda}\frac{\langle \boldsymbol{D}_{pn,m_n}^{T}(t),\boldsymbol{v}^{T}-\boldsymbol{v}_{n}^{T}\rangle}{\|\boldsymbol{D}_{pn,m_n}^{T}(t)\|},f_{qn,m_n}^{R}(t)=\frac{1}{\lambda}\frac{\langle \boldsymbol{D}_{qn,m_n}^{R}(t),\boldsymbol{v}^{R}-\boldsymbol{v}_{n}^{R}\rangle}{\|\boldsymbol{D}_{qn,m_n}^{R}(t)\|} \tag{6.42}$$

其中，$\boldsymbol{D}_{pn,m_n}^{T}(t)$表示发射机第 p 根天线经簇 n 的第 m_n 根子径到簇 n 的距离向量；$\boldsymbol{D}_{qn,m_n}^{R}(t)$表示簇 n 经其第 m_n 根子径到接收机第 q 根天线的距离向量；向量 $\boldsymbol{v}_n^T$ 为簇 n 中的第一个散射体的移动速度，$\boldsymbol{v}_n^R$ 为簇 n 中的最后一个散射体的移动速度。此外，NLOS 项中的径过簇 n 的延迟 $\tau_n(t)$的计算公式为

$$\tau_n(t)=[\|\boldsymbol{D}_n^R(t)\|+\|\boldsymbol{D}_n^T(t)\|]/c+\tilde{\tau}_n(t) \tag{6.43}$$

其中，$\boldsymbol{D}_n^R(t)$和 $\boldsymbol{D}_n^T(t)$分别表示簇 n 到接收阵列中心的距离向量，故加号部分为入射径和反射径带来的总延时；$\tilde{\tau}_n(t)$为服从指数分布的随机变量，表示簇 n 中从第一个散射体到最后一个散射体所经历的虚拟延迟。

二、簇的阵列时间演化

为了刻画收发机间通信环境随时间的变化，该模型对簇的阵列时间演化进行如下步骤设置：

(1) 在 t 时刻初始化生成簇的集合，并为新簇配置参数。t 时刻簇的数量为 λ_G/λ_R，其中 λ_G 为簇的出生率，λ_R 为簇的死亡率。

(2) 在时间 $t+\Delta t$，进行簇的演化，根据相对运动，每个簇具有各自的存在概率，仍存在的簇更新其位置。此外还按照一定的概率生成新簇，并为新簇配置参数。

(3) 演化完成后，以该时刻为起始，回到(2)重新开始新一轮演化。

簇的阵列时间演化过程中，包含三个子过程：簇的生灭过程、新簇参数生成和旧簇参数更新。

簇的生灭过程：在(2)中，首先会对上一时刻存在的簇进行判断，按一定概率决定其是否继续存在，簇存在的概率为

$$P_{\mathrm{T}}(\Delta t)=\mathrm{e}^{-\lambda_R\frac{P_F(\Delta v^R+\Delta v^T)\Delta t}{D_c^s}} \tag{6.44}$$

其中，P_F 是所有簇中移动簇的比例；D_c^s 为描述空间相关性的环境相关系数；$\Delta v^T=\mathrm{E}[\|\boldsymbol{v}^T-\boldsymbol{v}_n^T\|]$和 $\Delta v^R=\mathrm{E}[\|\boldsymbol{v}^R-\boldsymbol{v}_n^R\|]$刻画平均相对速率。从式(6.44)中可以看出，该簇是否存在与移动簇比例、环境以及该簇与收发机的相对速度有关。此外，这一过程中，还会有新的簇的产生，产生的个数服从于泊松分布，分布的均值由下式计算得到：

$$\mathrm{E}[N_{\mathrm{new}}(t+\Delta t)]=\frac{\lambda_G}{\lambda_R}(1-P_{\mathrm{T}}(\Delta t)) \tag{6.45}$$

新簇参数生成：在新簇生成后，或者初始时刻时，都需要对新簇配置初始参数，例如簇中的子径数量、延时、功率和角度参数。

簇中的子径数量 $M_n(t)=M_n$ 不随时间改变，生成时服从期望为参数 $\tilde{\lambda}$ 的泊松分布 $\mathrm{pois}(\tilde{\lambda})$，即 $M_n=\max\{\mathrm{pois}(\tilde{\lambda}),1\}$。

簇的虚拟延时生成类似于 WINNER Ⅱ模型中的公式如下：

$$\tilde{\tau}_n = -r_\tau \sigma_\tau \ln u_n \tag{6.46}$$

其中，u_n 服从(0,1)的均匀分布；r_τ 为延时缩放参数，NLOS 城市室外环境满足 $r_\tau=2.3$，NLOS 室内办公场景满足 $r_\tau=2.4$[5]；σ_τ 为虚拟延时扩展，NLOS 城市室外场景满足 $\mathrm{E}[\lg\sigma_\tau]=-6.63$ 和 $\mathrm{std}[\lg\sigma_\tau]=0.32$，NLOS 城市室内场景满足 $\mathrm{E}[\lg\sigma_\tau]=-7.60$ 和 $\mathrm{std}[\lg\sigma_\tau]=0.19$[5]。簇中每个子径的相对延时服从指数分布。

簇的平均功率生成如下[5]：

$$\widetilde{P}_n' = \exp\left(-\tilde{\tau}_n \frac{r_\tau - 1}{r_\tau \sigma_\tau}\right) 10^{-\frac{Z_n}{10}} \tag{6.47}$$

其中，Z_n 服从 $\mathcal{N}(0,3)$ 的高斯分布。同时，簇中每个子径的平均功率经过簇平均功率归一化后为

$$\widetilde{P}_{n,m_n} = \widetilde{P}_n' \frac{\widetilde{P}'_{n,m_n}}{\sum\limits_{m_n} \widetilde{P}'_{n,m_n}} \tag{6.48}$$

这里的 $\widetilde{P}'_{n,m_n}=\exp\left(-\tau_{m_n}\dfrac{r_\tau-1}{\mathrm{E}[\tau_{m_n}]}\right)10^{-\frac{Z_{n,m_n}}{10}}$ 表示簇中各子径的平均功率[7]；Z_{n,m_n} 服从 $\mathcal{N}(0,3)$ 的高斯分布。

此外，发射机和接收机到各簇 n 的水平角和垂直角参数 ϕ_n^{A}、ϕ_n^{E}、φ_n^{A} 和 φ_n^{E} 服从于 Wrapped Gaussian 分布。簇 n 经第 m_n 根子径射线的角度偏移后的子径角度为

$$[\phi_{n,m_n}^{\mathrm{A}}\ \phi_{n,m_n}^{\mathrm{E}}\ \varphi_{n,m_n}^{\mathrm{A}}\ \varphi_{n,m_n}^{\mathrm{E}}]^{\mathrm{T}} = [\phi_n^{\mathrm{A}}\ \phi_n^{\mathrm{E}}\ \varphi_n^{\mathrm{A}}\ \varphi_n^{\mathrm{E}}]^{\mathrm{T}} + [\Delta\phi^{\mathrm{A}}\ \Delta\phi^{\mathrm{E}}\ \Delta\varphi^{\mathrm{A}}\ \Delta\varphi^{\mathrm{E}}]^{\mathrm{T}} \tag{6.49}$$

其中，$\Delta\phi^{\mathrm{A}}$、$\Delta\phi^{\mathrm{E}}$、$\Delta\varphi^{\mathrm{A}}$ 和 $\Delta\varphi^{\mathrm{E}}$ 为角度偏移量，服从均值为 0、方差为 1 度的拉普拉斯分布[5]。

旧簇的演化：首先，由于发射机和接收机的移动，天线位置向量以及收发机到簇的位置向量都需要进行更新。更新方法如公式(6.50)～(6.53)：

$$\boldsymbol{A}_q^R(t+\Delta t) = \boldsymbol{A}_q^R(t) + \boldsymbol{v}^R \Delta t \tag{6.50}$$

$$\boldsymbol{A}_p^T(t+\Delta t) = \boldsymbol{A}_p^T(t) + \boldsymbol{v}^T \Delta t \tag{6.51}$$

$$\boldsymbol{D}_n^R(t+\Delta t) = \boldsymbol{D}_n^R(t) + \boldsymbol{v}_n^R \Delta t \tag{6.52}$$

$$\boldsymbol{D}_n^T(t+\Delta t) = \boldsymbol{D}_n^T(t) + \boldsymbol{v}_n^T \Delta t \tag{6.53}$$

延时更新如下式：

$$\tau_n(t+\Delta t) = [\,\|\boldsymbol{D}_n^R(t+\Delta t)\| + \|\boldsymbol{D}_n^T(t+\Delta t)\|\,]/c + \tilde{\tau}_n(t+\Delta t) \tag{6.54}$$

其中，虚拟延时 $\tilde{\tau}_n(t+\Delta t)$ 的更新如下：

$$\tilde{\tau}_n(t+\Delta t) = \mathrm{e}^{-\frac{\Delta t}{\zeta}} \tilde{\tau}_n(t) + (1-\mathrm{e}^{-\frac{\Delta t}{\zeta}})X \tag{6.55}$$

这里的 X 为与 $\tilde{\tau}_n$ 独立同分布的随机变量，ζ 为描述虚拟链路相关性的环境相关变量。此外，簇中的归一化子径功率更新如下：

$$\widetilde{P}_{n,m_n}(t+\Delta t) = \widetilde{P}_{n,m_n}(t) \frac{3\tau_n(t) - 2\tau_n(t+\Delta t) + \tau_{m_n}}{\tau_n(t) + \tau_{m_n}},\ P_{n,m_n} = \widetilde{P}_{n,m_n} / \sum_{n,m_n} \widetilde{P}_{n,m_n} \tag{6.56}$$

总的来说，基于几何的随机模型生成信道时，首先设定发射机和接收机之间的距离，依据簇的生成率和死亡率生成一定数量的簇，根据一些统计分布生成簇中的延时、功率等参数，再根据公式(6.38)得到信道冲激响应。然后随时间演化，有新簇生成和旧簇消亡，对新簇配置参数，对仍存在的旧簇基于 3D 位置进行参数更新。不断重复演化过程，得到随时间变化的信道冲激响应。

6.3 车辆通信的物理层技术

车辆通信技术主要包括专用短程通信(dedicated short range communications, DSRC)和 C-V2X(cellular vehicle-to-everything)两种。DSRC(或称 IEEE 802.11p 技术)最初是为了解决高速公路不停车收费问题而出现的。随着 4G/5G 的普及,基于蜂窝移动网络(广域网)技术的 C-V2X 技术也受到业内关注。与 DSRC 相比,C-V2X 发展较晚但技术更加成熟,包括 LTE-V2X 和 NR-V2X。C-V2X 制定初期沿用了手机蜂窝网络的通信方案——通过蜂窝网络基站的 Uu 接口来完成数据转发;另外,它也提供了车辆和车辆间直接通信的 PC5 接口。LTE-V2X 和 NR-V2X 技术同属于 C-V2X 技术,但属于蜂窝车辆通信发展的不同阶段。

车辆通信系统的物理层设计与它的信道特性密切相关。DSRC 和 LTE-V2X 都使用 5.9GHz 频段进行通信。该频段的车辆通信信道主要特点如下。(1)传播特性:5.9GHz 频段的信号穿透能力强,但绕射能力差,当通信双方在非视距传输环境下,会存在多径的干扰,因此不适用于远距离传输。(2)高速移动性:由于收发双方都是移动的,存在严重的多普勒频移,导致传输信道快速变化,相干时间可能小于符号周期,引起快衰落。(3)传播环境不确定:车辆行驶的环境可能是城市道路,也可能是高速公路、郊区、村庄、峡谷等,而且周围的建筑物、行人等环境也是不同的,这就导致了车辆通信中会有非常多不同的信道特性,对通信的可靠性提出了很大的挑战。(4)天线高度很低:相比于蜂窝通信,发送端和接收端都安装了很低的天线,这种情况下不能保证通信的视距传播。(5)车辆密度变化:在城市中车辆密集,在郊区车辆较少,同一地段不同时刻的车流量密度也不一样。结合车辆通信的信道特征,接下来我们对 DSRC 和 C-V2X 的物理层关键技术做展开介绍。

6.3.1 DSRC 物理层

IEEE 802.11p 协议基于局域网 IEEE802.11a 技术发展而来,其物理层调制方式采用正交频分复用(orthogonal frequency division multiplexing, OFDM)技术。在频带资源方面,IEEE 802.11a 使用的信道带宽为 20MHz。为了满足高速移动环境下的通信需求,IEEE 802.11p 将信道带宽减为 IEEE 802.11a 的一半,调整为 10MHz,对应的时域参数扩大 1 倍,传输速率相应减半为 3~27Mbps。IEEE 802.11p 把信道分为 64 个子载波,其中 4 个为导频子载波,12 个为空子载波(包括直流子载波以及用于频带保护的子载波),剩余 48 个子载波为数据子载波。为了扩大车载信号的传输范围,最大限度地处理紧急事件,IEEE 802.11p 定义最高有效等效辐射功率为 44.8dBm(30W),安全相关信息的有效等向辐射功率为 33dBm。IEEE 802.11p 与 IEEE802.11a 物理层具体参数对比如表 6.2 所示。

表 6.2 IEEE 802.11p 与 IEEE802.11a 物理层参数对比

参数	IEEE 802.11a	IEEE 802.11p	变化
标准频宽	5.15～5.875GHz	5.85～5.925GHz	/
物理层速率	6～54Mbps	3～27Mbps	减半
调制方式	BPSK,QPSK,16QAM,64QAM	BPSK,QPSK,16QAM,64QAM	不变
编码速率	1/2,2/3,3/4	1/2,2/3,3/4	不变
子载波数	52	52	不变
符号周期	4μs	8μs	加倍
保护周期	0.8μs	1.6μs	加倍
FFT 变换周期	3.2μs	6.4μs	加倍
探测时间	16μs	32μs	加倍
子载波间隔	312.5kHz	156.25kHz	减半
通信范围	30～45m	300～1000m	加倍

图 6.6 给出了 IEEE 802.11p 物理层的数据帧格式，它由前导码、信息域和数据域三部分组成。其中，前导码由 10 个相同的短训练符号 $t_1 \sim t_{10}$（每个符号的时间间隔为 1.6μs）以及 2 个相同的长训练符号 T_1 和 T_2（每个符号的时间为 6.4μs）和其循环前缀组成。10 个短训练符号主要用于信号检测、符号定时以及粗频偏估计，2 个长训练符号则用于精频偏估计和信道估计。前导码之后是信息域，其中包含了后续数据域的调制类型、编码速率和数据长度等信息。数据域部分传输不定长度的数据符号。

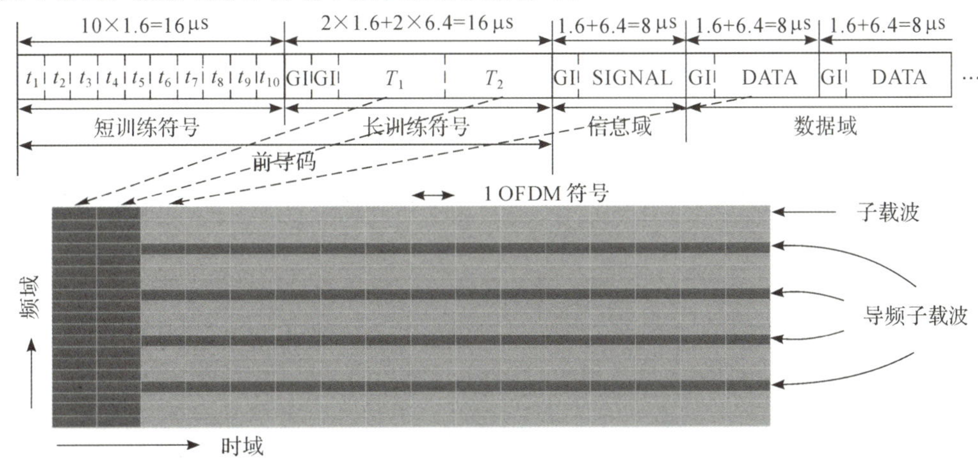

图 6.6 IEEE 802.11p 的帧结构与导频放置示意图

为了在接收端解调发送信号，需要对信道进行估计。IEEE 802.11p 物理层结构中放置了导频。图 6.6 也给出了 IEEE 802.11p 的导频放置示意图，深灰色部分为导频，包含两个部分：前导码中的长训练符号 T_1 和 T_2 以及在 4 个导频子载波上的导频信号。通常情况下，它们分别被称为块状导频和梳状导频。导频中传输的是接收端已知的符号，利用导频信息接收端可以执行信道估计和频偏估计。假设车辆相对移动速度为 240km/h，工作中心频点为 5.9GHz，根据公式(6.36)可测算信道的相干时间约为 0.121ms。当 IEEE 802.11p 数据帧的数据域部分包含 50 个 OFDM 符号时，帧长达到 0.44ms，超过信道的相干时间，因此仅依靠数据帧中有限的块状导频和梳状导频难以达到理想的信道估计效果。我们将在 6.3.3 节介绍一种基于深度学习的信道估计算法，该算法可以有效提高 IEEE 802.11p 在现有导频架构和资源下的信道估计性能。

6.3.2 C-V2X 物理层

C-V2X 作为融合蜂窝网通信和终端直通通信(device-to-device, D2D)的新一代车联网技术，在 3GPP 标准化发展过程中包括了两个阶段[8]：基于 LTE 技术的蜂窝车联网(LTE-V2X)和基于 5G NR 技术的蜂窝车联网(NR-V2X)。LTE-V2X 主要面向基本道路安全类业务和交通效率类业务，引入了基于 PC5 接口的终端直通链路通信方式，以支持低时延高可靠的直通通信，相关协议在 Release 14 和 Release 15 中制定。NR-V2X 主要面向传感器共享、车辆编队、增强自动驾驶等 V2X 增强应用，基于 5G NR 空口设计，引入了直通链路单播、组播通信模式以及基于混合自动重传的反馈机制，相关协议在 Release 16 完成首个版本的协议制定。

一、LTE-V2X

LTE-V2X 的物理层调制方式采用单载波频分多址(single-carrier frequency-division multiple access，SC-FDMA)技术。其时频资源按资源块(resource block，RB)划分，每个 RB 由 180kHz 带宽(包括 12 个 15kHz 的子载波)和 1ms 构成。时域上，10 个 1ms 的子帧构成一个无线帧。每个子帧共包含 14 个 OFDM 符号，分为 2 个长度为 0.5ms 的时隙。

为了加快标准化进程，3GPP 在制定 LTE-V2X 标准时确定了基于 LTE-D2D 通信的物理层和高层进行增强的方案。针对 V2X 通信节点高速移动、低时延高可靠传输需求等问题，3GPP LTE-V2X 物理层主要的技术增强包括以下方面[9]。

1. 子帧结构增强设计

LTE-D2D 的通信设备通常为静止设备或低速移动设备，但是车辆移动速度较高，且 LTE-V2X 工作在更高的频段。如前测算，假设车辆相对移动速度为 240km/h，工作中心频点为 5.9GHz，信道的相干时间约为 0.121ms，但是 LTE-D2D 中 1 个子帧 1ms 中仅有 2 列参考信号，相隔为 0.5ms。所以，如果不对参考信号设计进行增强修改，高速移动和高频导致的多普勒效应频率偏移会对信道估计产生严重影响。因此，LTE-V2X 把 LTE-D2D 中 1 个子帧 1ms 内的 2 列解调参考信号(demodulation reference signal，DMRS)增加到 4 列，使得导频密度在时域上有所增加，这样 LTE-V2X 的 DMRS 参考信号时间间隔为 0.25ms。虽然该数值仍比我们前面测算的相干时间要大，但是因为采用了更加密集的解调参考信号，该方案比 LTE-D2D 能够更有效处理高速场景的信道检测、估计与补偿。图 6.7 比较了 LTE-D2D 的子帧结构和 LTE-V2X PC5 接口的子帧结构。

2. 资源复用

考虑 V2X 业务分组大小可能发生变化，LTE-V2X 仍重用 LTE-D2D 中的控制信息 SA(scheduling assignment)来指示初传或重传的数据分组大小。LTE-V2X 的 PC5 口直通通信中设计 SA 指示的数据资源在同一个子帧进行传输，即同一子帧中的 SA 和数据的资源

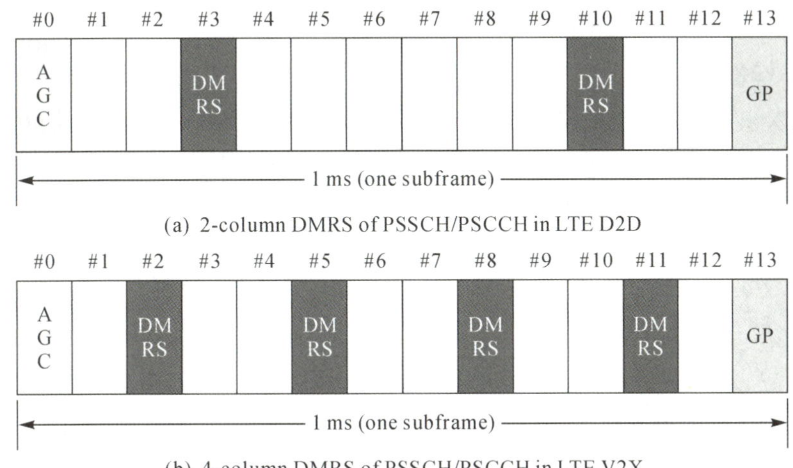

(a) 2-column DMRS of PSSCH/PSCCH in LTE D2D

(b) 4-column DMRS of PSSCH/PSCCH in LTE V2X

图 6.7 LTE-D2D 和 LTE-V2X PC5 接口的子帧结构对比

池以频分复用方式进行资源复用。此外,SA 和数据的资源池也可以采用时分复用方式进行复用。为进一步降低 SA 的信令开销,SA 指示的资源粒度在频域可以划分为相同大小的子信道,数据传输可以使用一个或多个子信道。LTE-V2X 资源池配置的频域指示如图 6.8 所示。

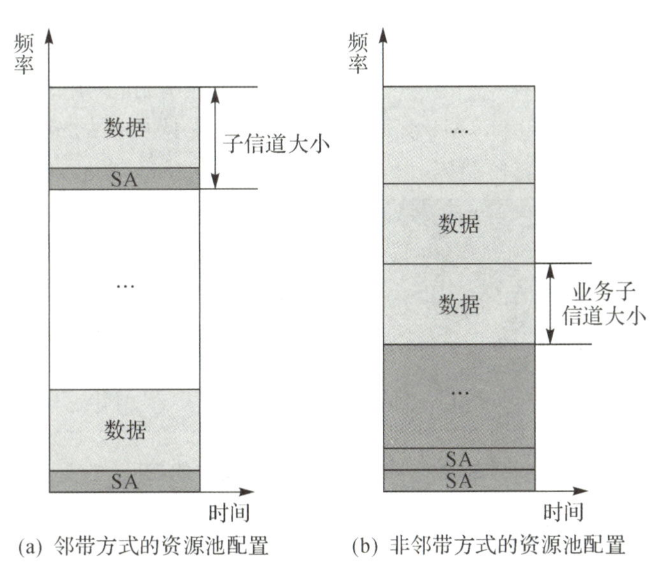

(a) 邻带方式的资源池配置　(b) 非邻带方式的资源池配置

图 6.8 资源池配置的频域指示方法(引自文献[9])

3. 同步机制

在 LTE-D2D 系统中,基站作为同步源,蜂窝覆盖内节点与基站同步,部分覆盖节点可以收到蜂窝覆盖内节点转发的同步信号,因此部分覆盖节点将蜂窝覆盖内节点的同步信息向覆盖外节点转发。在 LTE-V2X 系统中,由于 LTE-V2X 通信节点支持全球导航卫星系统(GNSS)模块,可以直接获得可靠 GNSS 信号,所以定时和频率精度较高,可直接作为同步源为周围节点提供同步信息。因此,LTE-V2X 支持基站、全球导航卫星系统和终端作为同步源的多源异构同步机制。由基站配置同步源和同步方式,覆盖外采用预配置方式确定同步源,以便实现全网统一的同步定时。

二、NR-V2X

NR-V2X 技术主要面向车联网增强应用,目的是要在直通链路上提供更可靠、更低时延以及更高数据速率的车联网通信服务。根据增强应用的特点,NR-V2X 在直通链路物理层除了支持广播模式外(LTE-V2X 只支持广播模式),还引入单播和多播通信模式,同时在物理信道设计、资源分配机制、直通链路混合自动重传请求机制(hybrid automatic repeat request,HARQ)等方面较 LTE-V2X 有不同的考虑。资源分配机制我们将在下一章中给大家做详细介绍。下面我们主要围绕 NR-V2X 直通链路的物理信道设计和 HARQ 反馈机制两个方面展开介绍。

1. NR-V2X 物理信道设计

NR 直通链路的子载波间隔及循环前缀(cycling prefix,CP)重用 NR Uu 接口的灵活设计。FR1 频段支持 15kHz、30kHz、60kHz 的子载波间隔,FR2 频段支持 60kHz 和 120kHz 的子载波间隔。不同频段的 60kHz 子载波间隔支持扩展 CP,其他情况支持正常 CP。为降低实现复杂度,直通链路只支持 CP-OFDM 波形。考虑到降低时延的需求及控制信道设计,NR-V2X 的物理直通链路控制信道(physical sidelink control channel,PSCCH)和物理直通链路共享信道(physical sidelink shared channel,PSSCH)的复用方式如图 6.9 所示。为了提高通信可靠性,NR-V2X 直通链路针对单播以及组播的通信模式引入 HARQ 反馈机制,因此新增物理层反馈信道物理直通链路反馈信道(physical sidelink feedback channel,PSFCH)。此外,NR-V2X 还引入 256QAM 高阶调制,并升级支持 8×8 MIMO 技术(包括单用户 MIMO 与多用户 MIMO 两种制式),以支持更高的传输速率。信道编码方面,NR-V2X 采用低密度奇偶校验码(low density parity check code,LDPC)。

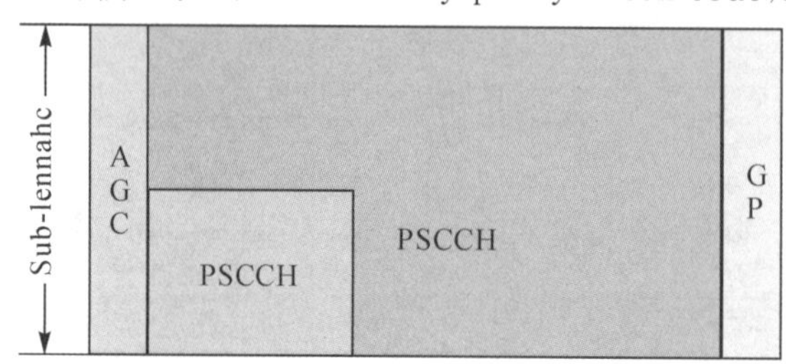

图 6.9 NR-V2X PSCCH 与 PSSCH 复用方式(引自文献[10])

2. 直通链路的 HARQ 反馈机制

LTE-V2X 协议只有广播模式,仅支持盲重传的方式。为了支持更高级的 V2X 业务,NR-V2X 既需要更加灵活的通信模式,包括广播、组播和单播,也需要进一步提升可靠性,因此直通链路引入了针对组播和单播的 HARQ 反馈机制。

直通链路支持两种重传方式:盲重传和基于 HARQ 反馈的自适应重传。在前一种方式中,终端根据自己的业务需求或者配置,预设重传的次数和重传的资源,可应用于广播、单播和组播。在后一种方式中,终端根据 ACK/NACK 反馈的信息确定是否需要进行数据重传,可应用于单播和组播。当资源池中配置了 PSFCH,这两种重传方式都可使用,具体是在直通链路控制信息(sidelink control information,SCI)中显式指示是否采用基于 HARQ 反馈的传输。

针对单播模式的 HARQ 反馈，与 NR Uu 接口的设计保持一致，NR-V2X 采用 HARQ ACK/NACK 的方式进行反馈。优点在于可以通过判断终端是否处于非连续发射模式(discontinuous transmission，DTX)状态来提高 HARQ 传输的可靠性。

3GPP 将直通链路的组播通信分为两类：无连接的组播和面向连接的组播。无连接的组播类似于广播的通信方式，是一种基于距离的动态建组的组播，需要明确指示当前业务的通信距离。针对这类组播，NR-V2X 采用基于 HARQ NACK 的反馈方式——所有接收 UE 共享相同的 PSFCH 资源，如果任何一个 UE 未能正确接收 PSSCH，则在共享的 PSFCH 资源上发送 HARQ NACK 信息。这种方式适用于没有明确的建组过程，无法确切知道组内用户数的场景。与此不同，面向连接的组播有明确的组 ID 信息以及组内成员的信息。它采用基于 HARQ ACK/NACK 的反馈方式——每个接收 UE 都有自己独立的 PSFCH 资源，可根据自己是否正确接收 PSSCH 在对应的 PSFCH 资源上发送 HARQ ACK/NACK 信息。后一种方式和单播一样，以信令开销为代价，可以潜在地提高 HARQ 传输的增益。但由于每个终端需要独立的 PSFCH 资源，主要适用于组内用户较少的场景。

6.3.3 基于深度学习的信道估计算法

在车辆通信场景下，由于车辆的移动性和复杂的传播环境导致信道产生明显的多普勒效应和多径效应。为了解决这一问题，本节介绍一种在 IEEE 802.11p 标准下基于深度学习的信道估计算法。该算法结合了数据导频辅助(data pilot aided, DPA)方法[11]和深度学习方法。所提出的深度神经网络包含了长短期记忆网络(long short-term memory, LSTM)和多层感知机网络(multilayer perceptron, MLP)两个模块，分别学习信道的时间相关性和频率相关性，解决了数据导频辅助中常见的错误传播问题。通过 DPA 过程，信道估计值在每个 OFDM 符号解调过程中更新，在解决导频不足问题的同时也为神经网络提供了更多的有效信息作为输入。另一方面，提出的神经网络追踪信道变化的同时消除噪声，有效地补偿了 DPA 过程的误差。

一、系统模型

1. 无线传输模型

IEEE 802.11p 物理层采用 64 点 FFT 的 OFDM。数据帧结构由前导码、信息域和数据域三部分组成。每一个 OFDM 符号包含 64 个子载波，令其索引为 $S_N=\{-32,-31,\cdots,31\}$。此外，假设 4 个导频子载波、12 个空子载波以及 48 个数据子载波的索引集合分别为 $S_P=\{-21,-7,7,21\}$、$S_V=\{-32,\cdots,-27,0,27,\cdots,31\}$ 和 $S_D=\{n\mid n\in S_N \text{ 且 } n\notin(S_P\cup S_V)\}$。

为了简化表示，忽略前导码中的短训练符号和信息域部分，长训练符号用 T_1 和 T_2 表示，数据域中的 OFDM 符号的索引用符号 l 表示。导频放置如图 6.6 所示，包含了两个长训练符号以及在 4 个导频子载波上的导频信号。

在数据域的第 l 个 OFDM 符号中，第 k 个子载波上的发送信号、接收信号以及信道频率响应的关系可以由下式表述：

$$Y_l(k)=H_l(k)X_l(k)+W_l(k),k\in S_D\cup S_P \tag{6.57}$$

其中，$Y_l(k)$为接收信号，$X_l(k)$为发送信号，$H_l(k)$为信道频率响应，$W_l(k)$为零均值、方差

为 σ^2 的复高斯白噪声，k 为子载波索引。

2. 数据导频辅助(DPA)方法分析

在不修改 IEEE 802.11p 导频结构的基础上，基于 DPA 的信道估计方法利用解映射过程对均衡后的数据符号进行一定程度上的修正，并将修正后的数据符号作为导频(即数据导频)估计信道，以此解决导频不足的问题。该方案具备灵活性的特点，适用于任意长度的数据帧，此外，还能同时利用块状导频和梳状导频进行信道估计。然而，误差传播问题严重限制了该方法的性能，分析如下：

在第 l 个 OFDM 符号中，假设 $\hat{X}_l(k)$ 为第 k 个子载波上的已修正过的数据符号(即数据导频)，采用最小二乘算法(least square，LS)算法，利用该数据导频进行信道估计得到相应的信道频率响应

$$\hat{H}_l(k)=\frac{Y_l(k)}{\hat{X}_l(k)},\ \forall k\in S_{\mathrm{D}} \tag{6.58}$$

如果采用迫零均衡，将估计的信道值 $\hat{H}_l(k)$ 直接用于下一个 OFDM 符号发送数据的获取，即

$$\hat{X}_{l+1}(k)=Q\left(\frac{Y_{l+1}(k)}{\hat{H}_l(k)}\right),\ \forall k\in S_{\mathrm{D}} \tag{6.59}$$

那么真实信道频率响应值 $H_{l+1}(k)$ 和估计的信道值 $\hat{H}_l(k)$ 的误差将会影响数据符号 $\hat{X}_{l+1}(k)$ 的可信赖度，并随着迭代的过程不断传播，即为误差传播问题。公式(6.59)中的 $Q(\cdot)$ 表示解调过程中将均衡后的数据符号映射到最相近的星座点的过程。

上述误差来源于两个方面，接收信号 $Y_l(k)$ 中的加性噪声使得应用 LS 估计算法时估计得到的信道 $\hat{H}_l(k)$ 与真实信道 $H_l(k)$ 之间存在信道估计误差，以及受多普勒频移影响的信道变化使得两个相邻 OFDM 符号信道频率响应 $H_l(k)$ 和 $H_{l+1}(k)$ 之间存在信道时变误差。此外，解映射过程的误差修正能力还受到信号调制方式的影响，如调制阶数越高，修正能力越弱，对误差的敏感程度也越高。因此，在高阶调制方式(如 16QAM 或 64QAM)下，寻找一个能同时消除噪声并解决信道时变问题的误差补偿方案，可以有效地提高基于 DPA 的信道估计方案的准确度。

二、算法设计

1. 神经网络设计

为了解决误差传播问题，我们设计了一种名为 LSTM-MLP 的神经网络来追踪信道并消除噪声。该网络由一个 LSTM 网络和一个 MLP 网络组成，其结构和功能如下所示。

(1)LSTM 网络：该网络为循环神经网络的一种，被广泛应用于时间序列预测问题。LSTM 网络由重复的 LSTM 单元级联组成，每个 LSTM 单元有外部输入向量 $\boldsymbol{x}_l\in\mathbb{R}^{K\times 1}$，$K$ 为输入向量的维度。LSTM 单元内部结构包含四个部分，即遗忘门 $\boldsymbol{f}_l\in\mathbb{R}^{p\times 1}$、候选门 $\tilde{\boldsymbol{c}}_l\in\mathbb{R}^{p\times 1}$、输入门 $\boldsymbol{i}_l\in\mathbb{R}^{p\times 1}$ 和输出门 $\boldsymbol{o}_l\in\mathbb{R}^{p\times 1}$，$p$ 为 LSTM 单元隐藏层维度，如图 6.10 所示。

四个门结构的计算公式如下：

$$\boldsymbol{f}_l=\sigma(\boldsymbol{W}_f\boldsymbol{h}_{l-1}+\boldsymbol{V}_f\boldsymbol{x}_l+\boldsymbol{b}_f) \tag{6.60}$$

$$\tilde{\boldsymbol{c}}_l=\tanh(\boldsymbol{W}_c\boldsymbol{h}_{l-1}+\boldsymbol{V}_c\boldsymbol{x}_l+\boldsymbol{b}_c) \tag{6.61}$$

$$\boldsymbol{i}_l=\sigma(\boldsymbol{W}_i\boldsymbol{h}_{l-1}+\boldsymbol{V}_i\boldsymbol{x}_l+\boldsymbol{b}_i) \tag{6.62}$$

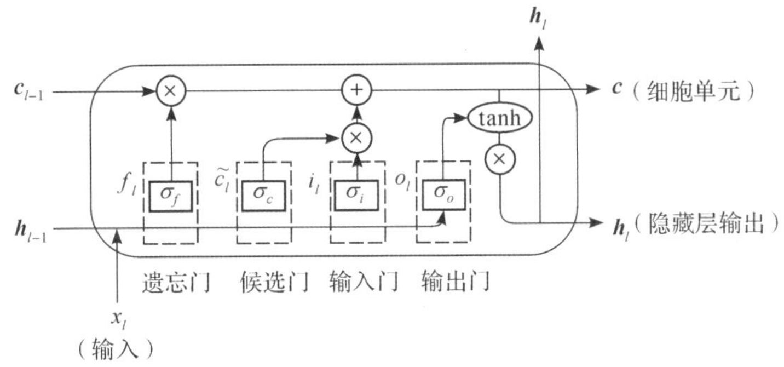

图 6.10 LSTM 单元结构

$$\boldsymbol{o}_l=\sigma(\boldsymbol{W}_o\boldsymbol{h}_{l-1}+\boldsymbol{V}_o\boldsymbol{x}_l+\boldsymbol{b}_o) \tag{6.63}$$

其中，$\sigma(\cdot)$为 sigmoid 激活函数，$\tanh(\cdot)$为双曲正切激活函数；$\sigma(x)=1/(1+\mathrm{e}^{-x})$，$\tanh(x)=(\mathrm{e}^{x}-\mathrm{e}^{-x})/(\mathrm{e}^{x}+\mathrm{e}^{-x})$；$\boldsymbol{W}_f$、$\boldsymbol{W}_c$、$\boldsymbol{W}_i$ 和 $\boldsymbol{W}_o\in\mathbb{R}^{p\times p}$为隐藏权重矩阵，$\boldsymbol{V}_f$、$\boldsymbol{V}_c$、$\boldsymbol{V}_i$ 和 $\boldsymbol{V}_o\in\mathbb{R}^{p\times K}$为输入权重矩阵，$\boldsymbol{b}_f$、$\boldsymbol{b}_c$、$\boldsymbol{b}_i$ 和 $\boldsymbol{b}_o\in\mathbb{R}^{p\times 1}$为偏置向量，权重矩阵和偏置向量的值由离线训练过程决定；$\boldsymbol{h}_{l-1}\in\mathbb{R}^{p\times 1}$是第 $l-1$ 个 LSTM 单元的隐藏层输出向量，传递给第 l 个 LSTM 单元，作为隐藏输入的一部分。此外，另一隐藏输入——细胞单元 $\boldsymbol{c}_{l-1}\in\mathbb{R}^{p\times 1}$也由上一单元传递至当前单元，由遗忘门、候选门和输入门的结果对其进行更新，得到当前的细胞单元 $\boldsymbol{c}_l\in\mathbb{R}^{p\times 1}$。该结构用以存储长期信息。

$$\boldsymbol{c}_l=\boldsymbol{f}_l\odot\boldsymbol{c}_{l-1}+\tilde{\boldsymbol{c}}_l\odot\boldsymbol{i}_l \tag{6.64}$$

其中，$\odot$表示 Hadamard 操作，即点乘。最后，由输出门 $\boldsymbol{o}_l$ 和细胞单元 $\boldsymbol{c}_l$ 决定第 l 个 LSTM 单元的输出 $\boldsymbol{h}_l\in\mathbb{R}^{p\times 1}$：

$$\boldsymbol{h}_l=\boldsymbol{o}_l\odot\tanh(\boldsymbol{c}_l) \tag{6.65}$$

在我们的方案中，网络被用于追踪信道变化。假设每个帧包含 L 个 OFDM 符号，一个 LSTM 单元用于一个 OFDM 符号的解调。因此，LSTM 单元的数量和一帧中 OFDM 符号的数量相同，即本方案中 LSTM 网络由 L 个顺序连接的 LSTM 单元组成。为了使得 LSTM 单元能实现信道追踪的功能，将第 $l-1$ 个 OFDM 符号在数据子载波和导频子载波上的信道频率响应（通过 DPA 过程得到）和第 l 个 OFDM 符号在导频子载波上的信道频率响应（通过 LS 算法得到）作为输入，并取抽取实部和虚部构成第 l 个 LSTM 单元的输入向量 $\boldsymbol{x}_l$，即

$$\boldsymbol{x}_l=[\mathrm{Re}(\boldsymbol{H}_{l-1}^{\mathrm{DP}}),\mathrm{Re}(\boldsymbol{H}_l^{\mathrm{P}}),\mathrm{Im}(\boldsymbol{H}_{l-1}^{\mathrm{DP}}),\mathrm{Im}(\boldsymbol{H}_l^{\mathrm{P}})]^{\mathrm{T}} \tag{6.66}$$

其中，$\boldsymbol{H}_{l-1}^{\mathrm{DP}}=[\{\hat{H}_{l-1}(k_1)\}_{k_1\in S_{\mathrm{D}}\cup S_{\mathrm{P}}}]$，$\boldsymbol{H}_l^{\mathrm{P}}=[\{\hat{H}_l(k_2)\}_{k_2\in S_{\mathrm{P}}}]$。因此，$\boldsymbol{x}_l$ 的维度 K 等于 $2|S_{\mathrm{D}}|+4|S_{\mathrm{P}}|$，其中$|\cdot|$表示集合中的元素个数。

（2）MLP 网络：为了增加网络的抗噪声能力，在 LSTM 单元之后，添加了一个 MLP 网络。MLP 网络以 LSTM 单元的输出向量 $\boldsymbol{h}_l$ 作为输入，由两层全连接层构成，第一层全连接层将输入向量 $\boldsymbol{h}_l$ 压缩，并采用 ReLU 函数作为激活函数，得到中间向量 $\boldsymbol{h}_l'\in\mathbb{R}^{q\times 1}$，其中 q 表示中间向量的维度，第二层全连接层将中间向量重建为第 l 个 OFDM 符号数据子载波上信道频率响应的实部和虚部，即 MLP 的输出向量维度为 $2|S_{\mathrm{D}}|$；本方案中设定中间向量的维度小于 MLP 输入维度和输出维度的最小值，即 $q<\min(p,2|S_{\mathrm{D}}|)$。MLP 网络的具体计算公式如下：

$$\boldsymbol{h}'_l = \max(\boldsymbol{W}'\boldsymbol{h}_l + \boldsymbol{b}'_l, \boldsymbol{0}) \tag{6.67}$$

$$\boldsymbol{y}_l^{\mathrm{r}} = \boldsymbol{W}''\boldsymbol{h}'_l + \boldsymbol{b}''_l \tag{6.68}$$

其中：max(・)表示线性整流单元 ReLU；$\boldsymbol{W}' \in \mathbb{R}^{q\times p}$ 和 $\boldsymbol{W}'' \in \mathbb{R}^{2|S_{\mathrm{D}}|\times q}$ 分别为两个全连接层的权重矩阵，$\boldsymbol{b}'_l \in \mathbb{R}^{q\times 1}$ 和 $\boldsymbol{b}''_l \in \mathbb{R}^{2|S_{\mathrm{D}}|\times 1}$ 分别为两个全连接层的偏置向量，同样地，权重矩阵和偏置向量通过离线训练确定参数；$\boldsymbol{y}_l^{\mathrm{r}} \in \mathbb{R}^{2|S_{\mathrm{D}}|\times 1}$ 为 MLP 网络的输出，表示补偿后的第 l 个 OFDM 符号的信道频率响应的实部和虚部。

如图 6.11 所示，LSTM-MLP 网络由 LSTM 网络和 MLP 网络两部分组成。其中，LSTM 网络由参数相同的若干个 LSTM 单元组成，LSTM 单元的数量和 OFDM 符号数量 L 相同，每个 LSTM 单元之后连接一个 MLP 网络。LSTM 单元顺序连接并利用结构中的隐藏层向量 $\boldsymbol{h}_l$ 和细胞单元 $\boldsymbol{c}_l$ 传递历史输入信息使得整个 LSTM 网络能学习信道在时域上的相关性，而 MLP 网络则抽取信道频域特征并进行重建，这样的结构能有效地学习信道的时频特性并起到信道追踪和消除噪声的作用。

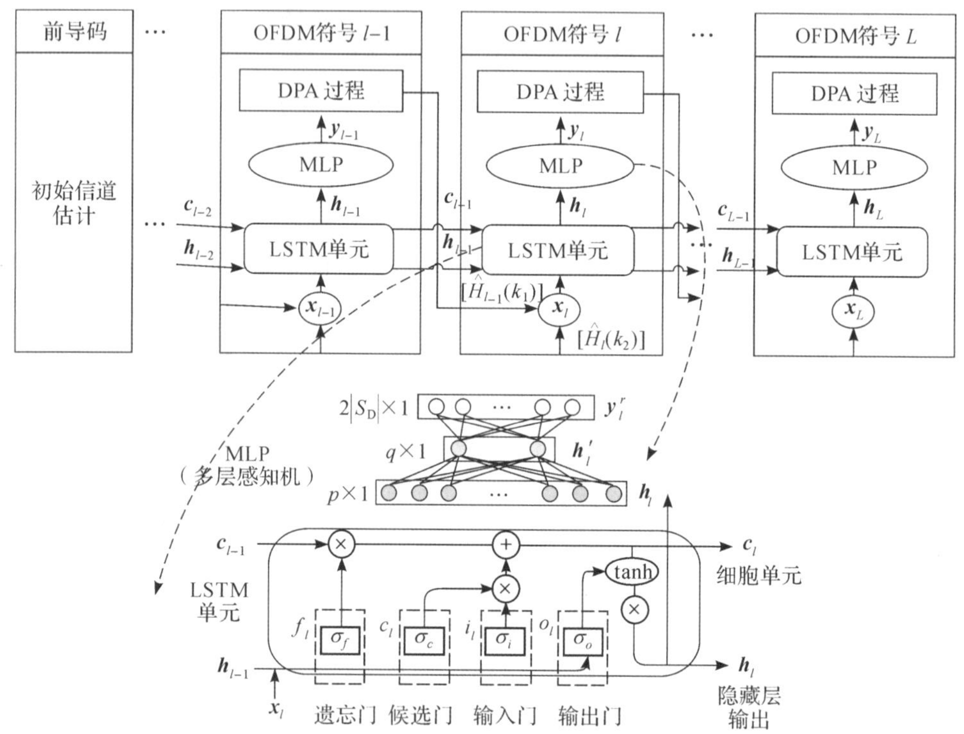

图 6.11　信道估计算法流程图

扫码看彩图 6.11

2. 基于 LSTM-MLP 网络的信道估计方案

网络离线训练完成后，将提出的 LSTM-MLP 网络应用于 DPA 方法中。如图 6.11 所示，基于 LSTM-MLP 的信道估计方案包含三步，即初始信道估计、误差补偿过程以及 DPA 过程。

（1）初始信道估计：首先，利用前缀中的长训练符号通过 LS 算法获取一帧中的初始信道估计值，所估计的第 k 号子载波上的初始信道频率响应 $\hat{H}_0(k)$ 由下式得到：

$$\hat{H}_0(k)=\frac{Y_{T_1}(k)+Y_{T_2}(k)}{2X(k)},\forall k\in S_D\cup S_P \tag{6.69}$$

其中，$Y_{T_1}(k)$ 和 $Y_{T_2}(k)$ 表示两个长训练符号在第 k 号子载波上的接收信号，$X(k)$ 为长训练符号在第 k 个子载波上的数据符号。

（2）误差补偿过程：其次，在得到初始信道估计值或者第 $l-1$ 个 OFDM 符号的信道估计值后，抽取信道值的实部和虚部，和第 l 个 OFDM 符号在导频子载波上的信道估计值一起构成输入向量 $\boldsymbol{x}_l$，如公式(6.66)。特别的，当 $l=1$ 时，$\hat{H}_0(k)$ 为初始信道估计值。将 $\boldsymbol{x}_l$ 输入训练好的 LSTM-MLP 网络中，得到网络输出 $\boldsymbol{y}_l^{\mathrm{r}}$ 如下：

$$\boldsymbol{y}_l^{\mathrm{r}}=f_{\mathrm{LSTM\text{-}MLP}}(\boldsymbol{x}_l;\theta) \tag{6.70}$$

其中，$f_{\mathrm{LSTM\text{-}MLP}}(\cdot)$ 为 LSTM-MLP 网络的计算过程；θ 表示离线训练过程中所确定的网络系数。

（3）DPA 过程：然后，将 LSTM-MLP 的网络输出 $\boldsymbol{y}_l^{\mathrm{r}}$ 重建为复数向量，将该值称为信道频率响应的补偿值 $\widetilde{\boldsymbol{H}}_l=[\{\widetilde{H}_l(k)\}_{k\in S_D}]$。然后，将补偿后的信道估计值用于第 l 个 OFDM 符号的数据子载波上信号的信道均衡。采用迫零均衡得到相应的数据符号估计值。接着，将数据符号估计值映射到最近的调制星座点上，得到数据符号纠正值，并结合导频子载波上的导频符号，构成第 l 个 OFDM 符号上所有符号的集合 $[\hat{X}_l(k)]_{k\in S_D\cup S_P}$ 如下列公式所示：

$$\hat{X}_l(k)=\begin{cases}X_l(k), & \text{当 } X_l(k) \text{ 为导频时}\\ Q\left(\dfrac{Y_l(k)}{\widetilde{H}_l(k)}\right), & \text{当 } X_l(k) \text{ 为数据符号时}\end{cases} \tag{6.71}$$

其中，$Q(\cdot)$ 表示解映射过程中将数据符号估计值映射到最近的调制星座点的操作。再把 $\hat{X}_l(k)$ 用于估计信道，得到：

$$\hat{H}_l(k)=\frac{Y_l(k)}{\hat{X}_l(k)},\forall k\in S_D\cup S_P \tag{6.72}$$

最后，将 DPA 过程得到的第 l 个 OFDM 符号的信道频率响应估计值 $\boldsymbol{H}_l^{\mathrm{DP}}=[\{\hat{H}_l(k_1)\}_{k_1\in S_D\cup S_P}]$ 传递到第 $l+1$ 个 OFDM 符号，重复步骤 2）和 3），直至所有 OFDM 符号的信道估计完成。

不同于传统的 DPA 信道估计算法，本方案在解调数据帧中的每个 OFDM 符号时，在 DPA 过程之前先进行误差补偿，并利用当前导频子载波上的信道估计值作为输入的一部分，因此在信道均衡之前尽可能准确地估计信道，提升数据导频的可靠性。

三、网络训练

为了训练 LSTM-MLP 网络的参数，通过文献[4]中提出的基于 3D 的 5G 非平稳无线信道模型生成训练数据集。如 6.2.2 节所述，该模型是基于著名的 WINNER II 信道模型提出的基于几何的随机模型，能通过设置合适的信道参数仿真多种场景下的小尺度衰落，包括 Massive MIMO、V2V、高速列车以及毫米波场景。表 6.3 列举了本方案生成 V2V 环境下 NLOS 信道时所采用的主要信道参数，其中参数的意义与文献[4]相同。由于是 NLOS 场景，莱斯 K 因子 $K(t)$ 设置为 0。此外，仿真中设置发射天线和接收天线数量均为 1，并采用全向天线模式。

表 6.3　3D 非平稳 5G 无线信道模型信道参数

参数符号	物理意义	均值	标准差
D	发射机和接收机距离	400m	0m
$(\varphi_A^T, \varphi_E^T)$	发射天线阵列的水平角和垂直角	$\left(\frac{\pi}{3},\frac{\pi}{4}\right)$rad	(0,0)rad
$(\varphi_A^R, \varphi_E^R)$	接收天线阵列的水平角和垂直角	$\left(\frac{\pi}{4},\frac{\pi}{4}\right)$rad	(0,0)rad
σ_τ	簇的虚拟延时扩展	−6.39dB	0.63dB
r_τ	簇的延时缩放参数	2.5	0
$\mathrm{std}[\phi_n^A]$，$\mathrm{std}[\phi_n^E]$，$\mathrm{std}[\varphi_n^A]$，$\mathrm{std}[\varphi_n^E]$	簇 n 的角度参数	38.8，47，38.2，23.6	0,0,0，0
D_n^R	簇 n 到发射天线阵列中心的初始距离	10m	15m
D_n^T	簇 n 到接收天线阵列中心的初始距离	10m	20m
M_n	簇的子径个数	15	15
λ_G	簇的出生率	32	0
λ_R	簇的死亡率	4	0
D_c^s	描述空间相关的环境依赖参数	30m	0m
P_F	移动簇的比例	0.3	0
v_c	簇的速度均值	0.5m/s	0m/s

为了提升网络的泛化能力，生成信道数据集时，考虑包含多种具有不同特性的信道。具体操作为采用不同的发射机速度和接收机速度生成具有不同多普勒特性的信道，其中，两者速度以 10m/s 的颗粒度从最低速度 10m/s 到最高速度 40m/s 变化。利用模型生成信道冲激响应之后，在延时域对其进行 FFT 变换，将信道冲激响应转换为信道频率响应。值得注意的是，训练数据集中的信道不包含噪声影响。此外，表 6.4 展示了所提出的 LSTM-MLP 网络结构的具体参数和训练过程中的主要参数。

表 6.4　网络结构与训练参数

参数名称	数值	参数名称	数值
LSTM-MLP 网络各层维度	$p=128$，$q=40$	批数据大小	128
训练集样本数量	12000	优化器	Adam
验证集样本数量	4000	损失函数	MSE
测试集样本数量	2000	学习率	0.01
训练集迭代次数	40	学习率衰减周期	20
每帧中 OFDM 符号数量	50	衰减系数	0.8

四、仿真结果

为了分析所提方案每个模块的效果，首先对比了所提方法和两种基准方案的误比特率(BER)性能，其中第一种基准方案采用了 LSTM-MLP 网络但并未使用 DPA 方法，而第二种方案采用了 LSTM 网络和 DPA 方法但不包含 MLP 模块。图 6.12 展示了 16QAM 下所提方案和两种基准方案的 BER 性能，其中测试信道采用文献[4]中的模型生成，发射机和接收机同向运动且速度分别为 72km/h 和 108km/h。

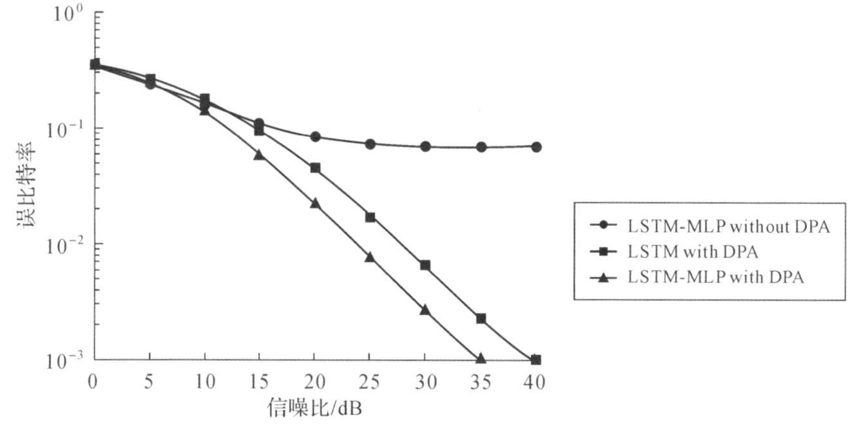

图 6.12 LSTM-MLP 网络结构分析

扫码看彩图 6.12

通过与第一种基准方案进行对比，可以看到所提方案在高信噪比下具有更优越的性能，且性能的增益随 SNR 的提高而提高。这是因为随着信道状况改善，DPA 方案为神经网络提供了更多可靠的信道信息作为其输入。此外，对比于第二种基准方案，虽然在 LSTM 单元之后添加 MLP 网络增加了网络的复杂度，但是 LSTM-MLP 网络学习到了更好的信道特性并且实现了一定的增益，例如在 BER 为 10^{-3} 的情况下，LSTM-MLP 网络比单独的 LSTM 网络提升了大约 5dB 的性能。

为了更好地验证所提方案的性能，本设计还对比了所提方案和其他 DPA 方案的 BER 性能，包括 STA 方案[12]、CDP 方案[11]、AE 方案[13]以及 STA-DNN 方案[14]。在仿真中，STA 方案的 α 和 β 取值都为 2。AE 方案采用隐藏层维度为 40-20-40 的 AE 网络。STA-DNN 方案中，STA 过程的 α 和 β 取值均为 2，DNN 网络的隐藏层维度为 15-10-15。且 AE 网络和 DNN 网络的训练集和 LSTM-MLP 网络的训练集都由基于 3D 的 5G 非平稳模型生成，并依据各自定义的输入输出生成相应的输入数据和标签数据。

图 6.13 展示的是 16QAM 和 64QAM 调制下各种 DPA 方案在 0 到 40dB 信噪比(signal-to-noise ratio, SNR)区间内的 BER 性能。其中，测试信道场景中发射机与接收机相对运动且两者速度均为 150km/h。此外，STA-DNN 网络如文献[14]中所述，在 30dB 的信噪比环境下进行训练。

从图 6.13 中可以看到，基于深度学习的 DPA 方案包括 AE 方案(玫红色线)、STA-DNN 方案(红色线)和所提的 LSTM-MLP 方案(黑色线)都比传统 DPA 方案例如 STA 方案(深蓝色线)和 CDP 方案(湖蓝色线)性能更为卓越。图中实线和虚线分别表示 16QAM 和 64QAM 调制的情况。而基于深度学习的方案中，所提方案相对于其他方案性能更好，例

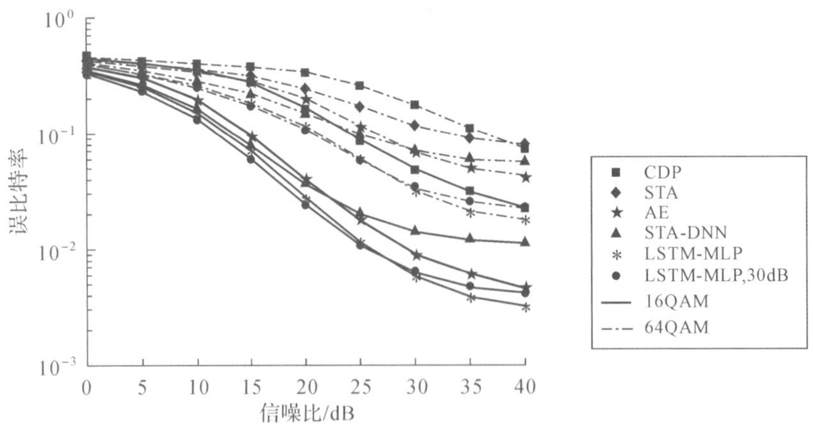

图 6.13　不同调制方式下各种 DPA 方案的性能

如采用 16QAM 调制方式时，在 10^{-2} BER 性能下，LSTM-MLP 方案相比于 AE 方案/STA 方案有大约 3.3dB/15dB 的性能增益。此外，不同的调制方式下，性能增益也有所差别。从图 6.13 中可以看到 LSTM-MLP 方案相比于 AE 和 STA-DNN 方案的性能增益在 64QAM 下更明显，这是因为相比于 16QAM，64QAM 在解映射过程中的数据符号纠正能力更弱，因此其误差容许范围更小，误差传播问题更严重。这一现象表明由于 LSTM-MLP 网络的信道追踪功能，所提方案具有更卓越的误差补偿效果。另外，受文献[15]的启发，神经网络的性能还高度依赖于训练阶段中的信噪比设置，因此，本设计还研究了 LSTM-MLP 网络在 30dB SNR 环境下训练对性能造成的影响，其性能如图 6.13 中的“LSTM-MLP，30dB”对应的曲线所示，在较低的 SNR 下展现了更好的性能，但较高的 SNR 下，该网络性能不如无噪声环境下训练的网络。

为了研究多普勒频移的影响，图 6.14 展示了在两种具有不同多普勒频移特性的信道场景下多种 DPA 方案使用 64QAM 调制时的 BER 性能。其中，两种场景下接收机速度均为 150km/h，实线表示的是发射机速度为 72km/h 的仿真信道，虚线表示的是发射机速度为 150km/h 的仿真信道，两者移动方向都和接收机相反。

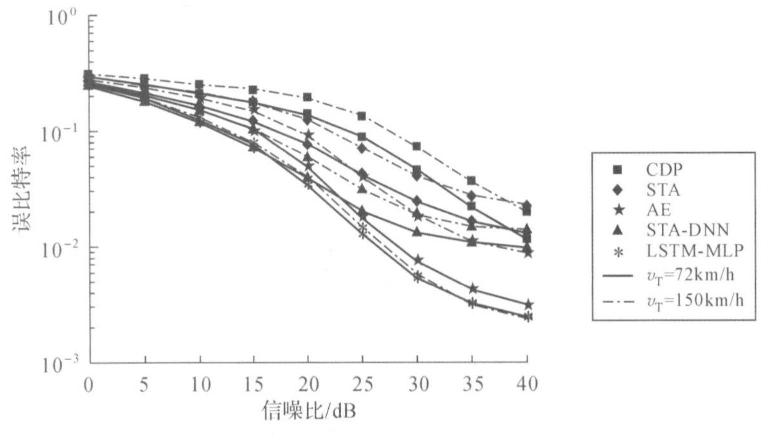

图 6.14　在具有不同发射机速度的信道场景下各种 DPA 方案的性能

从图 6.14 中可以看到，当发射机速度提升，即与接收机的相对速度增加，多普勒频移较大时，所提方案与其他方案相比具有更少的性能损失(图中表现为实线和虚线之间的距离最近)，这是因为 LSTM 网络能有效地学习信道的时间相关特性并在较大程度上补偿由于信道时变造成的误差。而 AE 方案因为忽略了信道时变性的影响具有最明显的性能损失。此外，STA-DNN 方案由于考虑了时变性的影响，性能损失上比 AE 方案小，但是因为其对时变性的估计依赖于 STA 方案的输出，所以仍然无法完全解决信道时变性带来的误差。

此外，由于 DPA 方法的误差是迭代传播的，基于 DPA 的方案性能还受到帧长度的影响。图 6.15 展示的是高速公路移动场景下多种 DPA 方案使用 16QAM 调制时在不同帧长度下的 BER 性能对比。值得注意的是，图 6.15 中的测试信道与训练集不同，由 6.2.1 节中所述的抽头延迟线模型并结合文献[3]中的高速公路相向而行 V2V 场景的信道参数生成，其中最大多普勒频移设置为 1200Hz。图中的实线和虚线分别表示数据帧含有 50 和 100 个 OFDM 符号的情况。

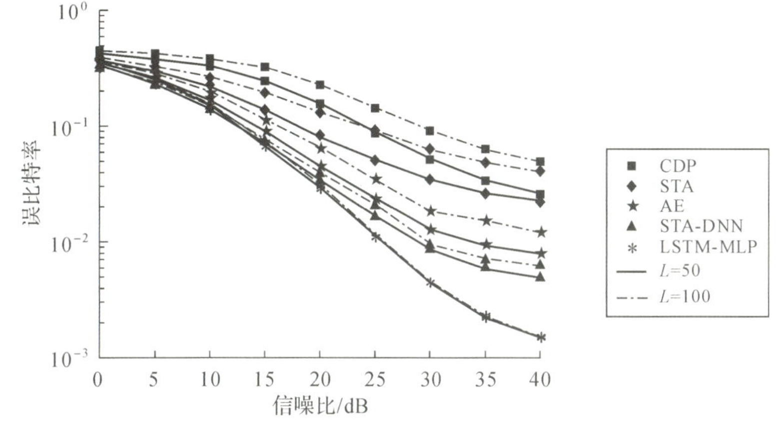

扫码看彩图 6.15

图 6.15 在高速公路相向而行 V2V 场景下帧长度不同时各种 DPA 方案的性能

从图 6.15 中可以看到，每个方案的性能都随着数据帧长度的增加而下降，但是所提方案相对于其他方案因其在每个 OFDM 符号中都展现了更好的误差补偿效果而具有最小的性能损失。此外，在该测试环境下，由于 LSTM-MLP 网络训练和测试信道由不同信道模型生成，因此，图 6.15 还体现了 LSTM-MLP 网络一定的泛化能力。

五、算法总结

在高速移动和较为复杂的通信环境下，传统的信道估计方法在 IEEE 802.11p 有限导频放置下无法得到较为满意的结果，而在数据帧中插入更多导频会降低频谱效率。为了解决导频放置不足的问题，本节引入了数据导频辅助方法，其主要思想在于利用解映射过程修正估计的数据符号，并将修正后的数据符号作为导频用于信道估计。然而数据导频辅助方法存在误差传播问题，经分析，该误差主要来源于信道噪声和相邻 OFDM 符号间的信道时变。为了解决这一问题，本节提出了一种 LSTM-MLP 网络，学习信道的时间和频率相关特性，并起到追踪信道和消除噪声的作用。仿真结果有效地展示了所提方案在具有更快时变性的信道中或在使用高阶调制方案时或具有更大帧长度的情况下的卓越性能。另外，值得注意的是，虽然我们在方案描述时是针对 IEEE 802.11p 的帧结构进行讨论的，事实上把数据导频辅助方法和神经网络方法相结合也可以应用到 C-V2X 的信道估计和数据解调，相应的扩展可以留给读者自己探索。

参考文献

第 6 章内容的参考文献，请扫二维码 6.1。

6.1 第 6 章参考文献

第7章 车辆通信的媒体接入控制技术

7.1 媒体接入控制技术概述

在通信网络中,媒体接入控制技术是一种为了解决多个用户高效共享一个物理链路资源而提出的技术。从协议层的角度看,它归属媒体接入控制(medium access control,MAC)子层。MAC层是数据链路层的一个子层,处于数据链路逻辑控制层下方和物理层上方。媒体接入控制技术将有限的资源分配给多个用户,从而使得在众多用户之间实现公平、有效地共享有限的带宽资源,实现各用户之间良好的连通性,获得尽可能高的系统吞吐量以及尽可能低的系统时延。

从信道接入管理的角度,我们可以把无线网络分为例如蜂窝网络的中心化管理网络和例如无线局域网或自组织网络的分布式网络。对于车辆通信而言,基于Uu接口的C-V2X网络是中心化管理的网络,基于直通链路通信的C-V2X网络和基于DSRC技术的车辆通信网络都是分布式网络。在前者网络中,车辆在什么时间什么频率可以和基站通信都需要受到基站的管理或授权,在后者网络中车辆可以根据特定媒体接入控制算法实现传输的自我管理。

对于中心化管理网络而言,典型的媒体接入控制技术(对中心化网络而言,有时更多称为多址接入技术)包括频分多址(frequency division multiple address,FDMA)、时分多址(time division multiple address,TDMA)、码分多址(code division multiple address,CDMA)和空分多址(space division multiple address,SDMA)。下面对这些技术做简要说明。

- 频分多址(FDMA):以传输信号载波频率的不同划分来建立多址接入。其将一段频谱划分为多个更小的频谱,每个用户独占分配到的频谱直至传输结束。第一代蜂窝网络就是采用这种多址接入方式。FDMA系统工作原理如图7.1所示。
- 时分多址(TDMA):以传输信号存在时间的不同划分来建立多址接入。其将时间分割成多个时间窗口,每个用户在通信中只占用分配到的时间窗口。第二代蜂窝通信GSM网络采用的就是基于TDMA的多址接入方式。TDMA系统工作原理如图7.2所示。
- 码分多址(CDMA):以传输信号码型的不同划分来建立多址接入。不同的用户可以通过不同的码字在相同的频谱上同时传输。第三代蜂窝网络就是基于该技术发展的。CDMA系统工作原理如图7.3所示。
- 空分多址(SDMA):使用定向波束天线在不同用户方向上形成不同的波束,用这些不同的波束来服务不同的用户;可以用相同的频率(在TDMA或CDMA系统中)或不同的

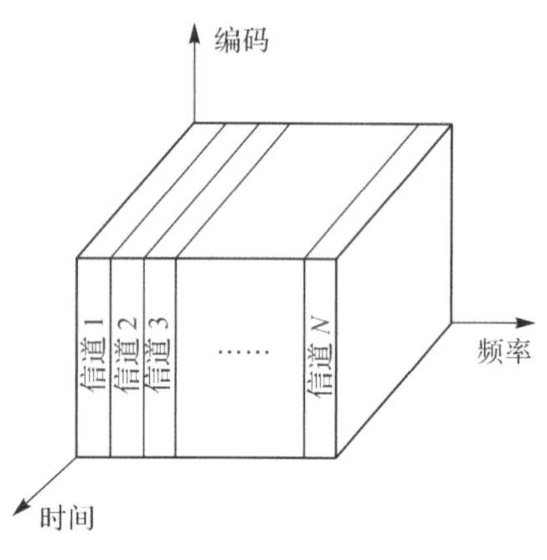

图 7.1　FDMA 原理图

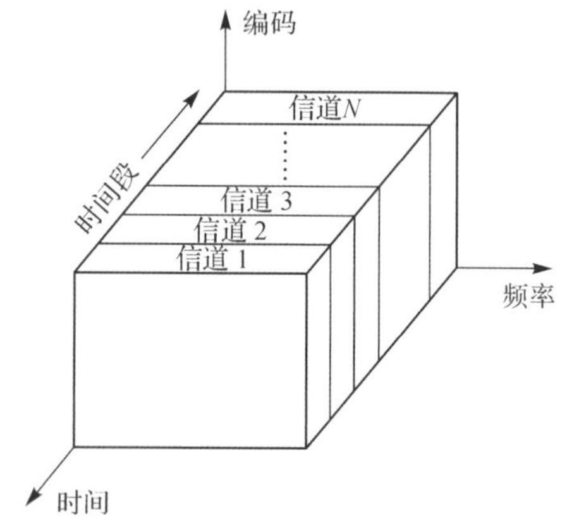

图 7.2　TDMA 原理图

频率(在 FDMA 系统中)来服务于被天线波束覆盖的不同区域。SDMA 系统工作原理如图 7.4 所示。

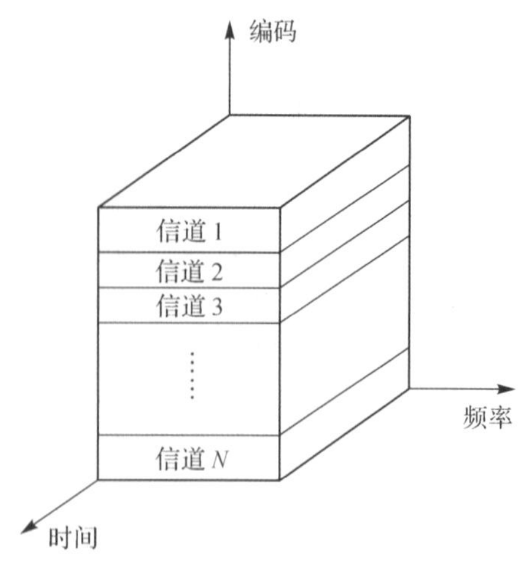

图 7.3　CDMA 原理图

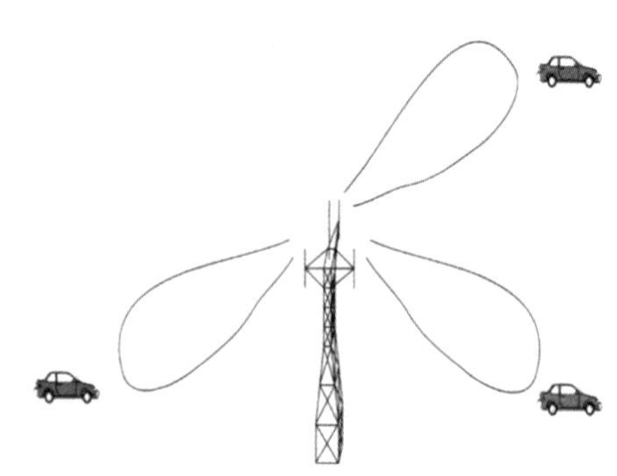
图 7.4　SDMA 原理图

对于分布式网络而言,多址接入技术一般以竞争的方式实现。网络中的节点在网络中的地位是等同的,各节点需要通过竞争获得信道的使用权,所以有时又称为有竞争的多址接入协议或随机多址接入协议。典型的随机多址接入协议包括 ALOHA 协议和载波侦听型多路访问(carrier sense multiple access,CSMA)协议。下面对这些技术做简要说明。

· ALOHA 协议:ALOHA 协议是由美国夏威夷大学在 1968 年开发的一种随机多址接入协议,该技术最早被用于让分散在夏威夷各岛的多个用户通过无线电信道来使用中心计算机。ALOHA 协议分为纯 ALOHA 协议和时隙 ALOHA 协议两种类型。

◇ 纯 ALOHA 协议:当节点有数据要传输时,它会立即发送。接收节点在成功收到数据后,会给发送节点反馈 ACK。如果接收的数据有错误,接收节点会向发送节点反馈 NACK。如果发送节点收到 NACK,则进入重发模式,它可以等待一段随机时间后再次尝试发送。若发送节点在规定时间内没有收到 ACK 和 NACK,则它进入超时模式,也会重发数据。

◇ 时隙 ALOHA 协议:是纯 ALOHA 协议的改进版本,基本思想是利用同步来减少节点间的数据冲突。它把时间分为相同长度的时隙,每个用户有数据要发送时只能在一个新时隙的开始发送数据,通常每次发送数据的时长不超过一个时隙,因此与纯 ALOHA 协议相比传输发生碰撞的概率就减少了一半,相应的网络吞吐量可以提高一倍。图 7.5 给出了时隙 ALOHA 协议的工作方式。

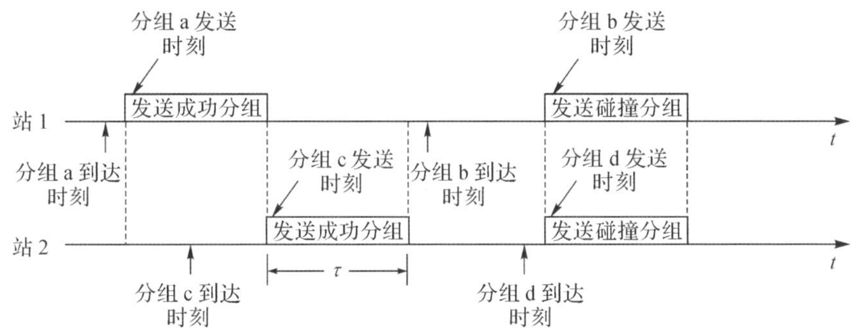

图 7.5 时隙 ALOHA 协议的工作方式

· CSMA 协议:是从 ALOHA 协议演变出的一种改进型协议。如果一个节点有分组要传输,它首先检测信道是否空闲。如果信道有其他分组在传输,则该节点需要等到信道空闲后再传输,这样可以减少要发送的分组与正在传输的分组之间的碰撞,提高系统的利用率。CSMA 协议有三种基本形式,分别是 1-坚持 CSMA、非坚持 CSMA 和 p-坚持 CSMA。它们的工作方式如下:

◇ 1-坚持 CSMA:监听到信道空闲,立即发送;监听到信道忙,继续监听。

◇ 非坚持 CSMA:监听到信道空闲,立即发送;监听到信道忙,延迟一段随机的时间再监听。

◇ p-坚持 CSMA:监听到信道空闲,以概率 p 立即发送,以概率 $1-p$ 在下一时隙内发射分组。

实际系统中,CSMA 的代表性协议包括载波侦听多路访问/冲突检测(carrier sense multiple access with collision detection,CSMA/CD)协议和载波侦听多路访问/冲突避免(carrier sense multiple access with collision avoid,CSMA/CA)协议。它们的工作方式简述如下:

◇ CSMA/CD:此方案要求节点在发送帧的同时要对信道进行侦听,以确定是否发生冲突,若在发送数据过程中检测到冲突,则发送特殊阻塞信息(为连续几个字节的全 1 信号)并立即停止发送数据,此举意在强化冲突,以使得其他节点能尽快检测到冲突发生。在固定时间内等待随机的时间,再次发送。CSMA/CD 的标准为 IEEE802.3 或者 ISO8802/3,广泛应用于以太网。

◇ CSMA/CA:此方案采用主动避免碰撞而非被动监测的方式来解决冲突问题,可以满足那些不易准确监测是否有冲突发生的场景,如无线局域网。CSMA/CA 协议主要使用两种方法来避免碰撞:

1)随机避让:当节点有数据要发送时,如果监听信道发现信道空闲维持一段时间后,再等待一段随机的时间依然空闲时,才送出信息。由于各节点的等待时间是分别随机产生的，因此很大可能有所区别，由此可以减少冲突的可能性。

2）RTS-CTS 握手机制：当节点有数据要发送时，先发送一个很小的 RTS（request to send）控制帧给目标节点，等待目标节点回应 CTS（clear to send）控制帧后，才开始传送。在网络中所有节点静止时，此方式可以确保接下来传送信息时，不会发生冲突，但节点移动的场景下该特性会被违反。通常这种机制仅在数据帧长度超过一定阈值时才会被启用。该协议被广泛应用于无线局域网的 IEEE 802.11 标准。图 7.6 给出了 IEEE 802.11 标准中以 CSMA/CA 为基本的 DCF（distributed coordination function）协议在使用 RTS-CTS 握手机制时节点的基本工作流程。图中的 NAV（network allocation vector）称为网络分配矢量，表示其他节点在听到源节点或目的节点发出 RTS 或 CTS 控制帧后，预判它们占用信道的时间，并在这段时间内静默自己，所以有时也被称为虚拟载波侦听机制。

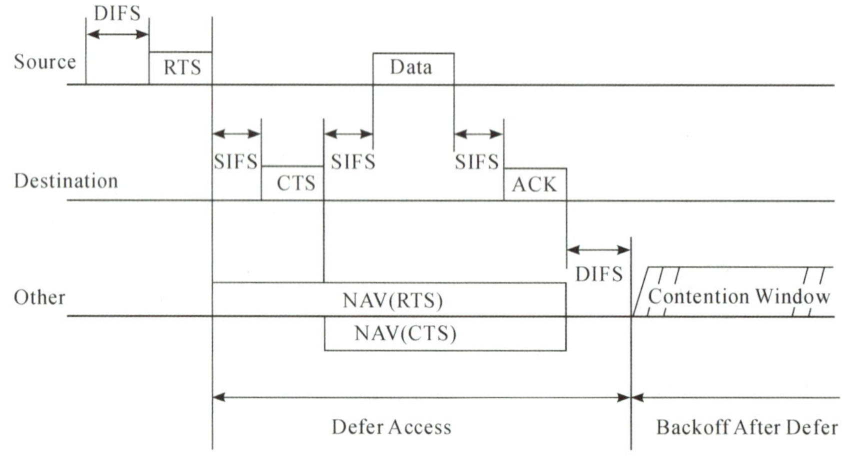

图 7.6　使用 RTS-CTS 握手机制的 IEEE 802.11 DCF 协议

值得注意的是，不论是哪种随机多址接入协议，通常关心两个方面的问题：一个是稳态情况下系统的吞吐量和时延性能，另一个是系统的可扩展性。前者是大家容易理解的。对于后者，通常我们可以用系统性能随网络节点数量增长的变换趋势来衡量。

7.2　车辆通信网络的媒体接入控制技术

7.2.1　DSRC 的媒体接入控制技术

美国 FCC 联邦通信委员会最初为美国境内的 DSRC 操作分配了 5.850 ～5.925GHz 范围的频谱，共有 7 个 10MHz 的信道，包括 1 个控制信道（control channel，CCH）和 6 个业务信道（service channel，SCH），如图 7.7（a）所示。对于单物理层情况的协作机制，IEEE1609.4 规定同一时间内，SCH 和 CCH 只能运行一个，也就是说 SCH 和 CCH 上的数据交换需要轮流使用物理层。如图 7.7（b）所示，利用时分多路复用信道，IEEE 1609.4 规定 CCH 和 SCH 轮流切换，每个信道占用 50ms，实现让单一的无线模块产生多信道功能。DSRC 规定无论在哪个信道上，使用 DSRC 工作的设备采用 IEEE 802.11p 作为它们的媒体接入控制协议。

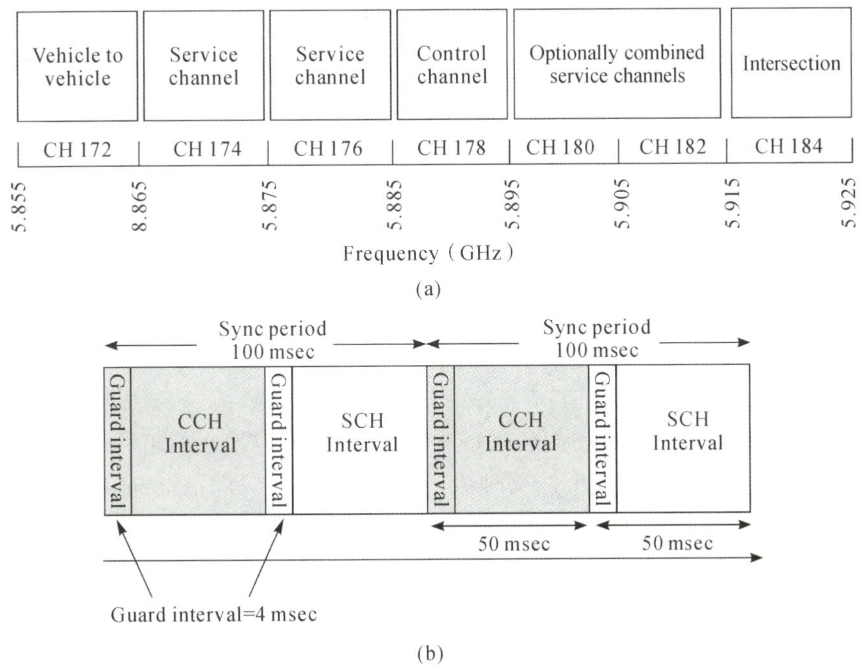

图 7.7 DSRC 的 7 个信道和 SCH 与 CCH 间的时分复用

IEEE 802.11p 的 MAC 层基本沿用 IEEE 802.11a 中的 MAC 层协议相关内容，主要采用分布式协调功能机制 DCF 以及增强型分布式信道访问机制(enhanced distributed channel access, EDCA)，并在此基础上做了一定的改进。

DCF 机制以基于竞争的 CSMA/CA 协议为基础，提供分布式的多址接入控制，使得每个节点都能够公平地占用信道。CSMA/CA 协议的核心是载波监听，其监听方式包括：①物理载波监听机制，节点通过检测信道上的信号强弱来判断是否有其他节点正在使用信道，常用的检测方法有能量检测、载波检测和能量载波混合检测三种方式；②虚拟载波监听机制，节点利用收到的其他节点发出的控制帧中持续时间字段的信息来获取信道的使用情况，并更新网络分配矢量(NAV)，若 NAV 不为零，说明信道处于忙碌状态，若 NAV 等于零，则说明信道处于空闲状态。以上两种方式中任何一项指标显示信道被占用，则认为信道繁忙。

节点在发送数据前，需要首先监听信道的空闲状况。如果发现信道空闲并且持续 DIFS 时间空闲，则立即开始发送数据；如果此时信道被占用，则将持续监听直到信道空闲 DIFS 时间后，产生一个随机的退避数作为延迟传输的时间，并开始执行退避程序。节点在退避过程中，如果检测到信道空闲持续一个时隙，则退避计数器(backoff timer)减 1，如果检测到信道被占用，则退避计数器冻结，退避过程暂时被中断，等到信道重新变成空闲状态并持续 DIFS 时间后，再在之前退避的基础上继续进行退避。当退避计数器减到 0 后，退避过程结束，如果此时节点检测到信道空闲，便直接发送数据，否则将再次执行一次退避。

在 CSMA/CA 机制中，有两个重要的工作机制：

(1)帧间间隔机制：节点监听到信道处于空闲状态后需要经历一个仲裁时间间隔(arbitration inter frame interval, AIFS)后才能再次尝试发送。

(2)随机退避机制:如果节点在发送数据之前检测到信道繁忙,则启动退避程序,退避时间由退避计数器设置的随机数值乘以每个时隙的时长决定。CSMA/CA 协议采用二进制指数退避机制(binary exponential backoff, BEB)。节点在退避过程中选择的随机退避数的范围被称为竞争窗口(contention window, CW),CW 是位于最小竞争窗口 CW_{min} 和最大竞争窗口 CW_{max} 之间的一个整数值,满足 $CW_i = CW_{min} 2^i$,其中,CW_i 为第 i 次退避的竞争窗口最大值,i 代表重传次数,也叫退避阶数。

为满足 MAC 层不同 QoS 业务的需求,EDCA 定义了 4 种不同的访问类别:AC[0]、AC[1]、AC[2]和 AC[3],分别代表语音业务(VO)、视频业务(VI)、尽最大努力交付业务(BE)和背景消息(BK)。不同访问类别的 AIFS 值不同。AIFS[AC]的计算公式为 AIFS[AC]=AIFSN[AC] * aSlotTime+aSlotTime,其中,AIFS[AC]表示某一个访问类别的仲裁帧间间隔长度,AIFSN[AC]表示该访问类别的仲裁帧间间隔时隙数量(arbitration inter frame space number),aSlotTime 为一个单位时隙,其长度由物理层规定,aSlotTime 为最短帧间间隔(short inter frame space, SIFS)。如图 7.8 所示,为了让高优先级业务如语音、视频等待的时间较短,可以以更高的概率接入信道,低优先级业务队列的 AIFS 值要大于高优先级业务的值,意味着低优先级业务接入信道需要等待更长的时间。

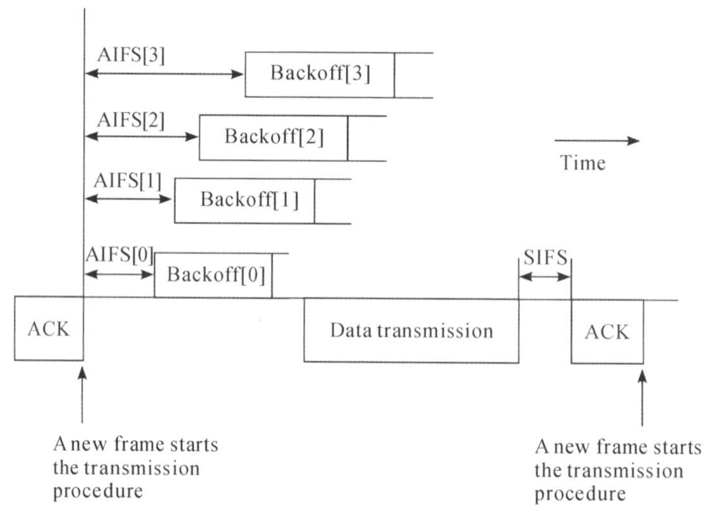

图 7.8　不同访问类别的仲裁帧间间隔长度设置

如图 7.9 所示,每个节点 CCH 和 SCH 信道内部都有 4 个相互独立的消息队列,分别与以上四种访问类别相对应。数据包在传输之前,需要经历两次竞争。首先是节点内部各访问类别间的竞争,为此 EDCA 机制会根据事先设定的参数,依次将节点产生的数据包分配给不同的访问队列。内部竞争之后,再根据退避机制进行与外部节点之间的竞争,最后成功赢得信道访问权的节点可以在传输机会限制(transmission opportunity limit, TXOPlimit)范围内连续发送多个数据,其帧间间隔为 SIFS。如果 TXOPlimit 值等于 0,则节点每次只能发送一帧数据。若 TXOPlimit 值不为 0,则在 TXOPlimit 时间范围内,节点可以以 SIFS 间隔连续传输多个数据帧;无法在该范围内完成传输的数据,则需要在下一次成功竞争信道之后才能继续发送。TXOP 是属于访问队列的参数,因此在一个 TXOPlimit 时间范围内只能发送同一个访问队列的数据。该策略能够降低高优先级队列数据传输的时延，同时提高信道利用率。

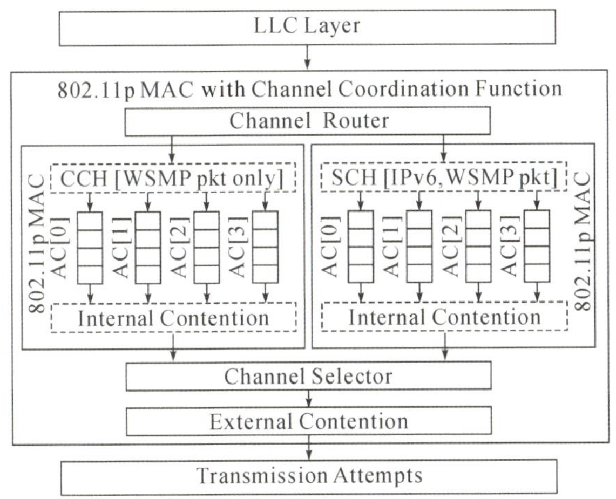

图 7.9 采用 IEEE802.11p 协议的 CCH 和 SCH 信道上各访问类别数据经历的内部竞争和外部竞争

扫码看彩图 7.9

为区分业务的优先级，EDCA 机制为不同的访问类别配置了不同的竞争参数集，除了前面介绍的仲裁帧间间隔 AIFS[AC]以外，还有最小竞争窗口 CW_{min}[AC]、最大竞争窗口 CW_{max}[AC]以及传输机会限制 TXOP[AC]limit。EDCA 主要通过参数 AIFS 和 CW 来区分服务，TXOP 是可选的参数，可以选择使用或关闭。为了达到区分业务优先级的目的，EDCA 给高优先级的队列分配较小的 $CW[AC]_{min}$ 和 $CW[AC]_{max}$。竞争窗口的值越小，退避的平均时间就越短，节点优先接入信道的概率越大。但是，需要注意的是，利用竞争窗口大小来区分业务只能达到统计意义上的优先级区分，并不能严格保障不同业务的优先级，因此它也是该协议在实际应用中存在的一个问题。EDCA 为不同访问类别设置的默认参数如表 7.1 所示。

表 7.1 IEEE 802.11p 中修订的 EDCA 参数

AC	CW_{min}	CW_{max}	AIFSN
AC_BK	aCW_{min}	aCW_{max}	7
AC_BE	aCW_{min}	aCW_{max}	3
AC_VI	$(aCW_{min}+1)/3-1$	aCW_{min}	2
AC_VO	$(aCW_{min}+1)/4-1$	$(aCW_{min}+1)/3-1$	2

与 DCF 机制一样，EDCA 机制中节点的退避过程采用二进制指数退避。当节点进入退避状态时，退避计数器从[0，CW[AC]]中随机选择一个数值然后执行退避。当发生传输碰撞时，CW[AC]值加倍，直到达到最大值 $CW[AC]_{max}$ 为止。当数据传输成功时，CW[AC]值重置为 $CW[AC]_{min}$。

7.2.2 C-V2X 的媒体接入控制技术

在媒体接入控制技术方面，3GPP 在 Release 14 中规定 C-V2X 支持两种资源调度方式:基站调度方式和终端自主资源选择方式。LTE-V2X 最早提出这两种模式,NR-V2X 沿用并进行了适应性改进。

在 LTE-V2X 系统中,基站集中调度的资源分配模式被称为 Mode 3,终端自主资源选择模式被称为 Mode 4。在 Mode 3 模式下,终端使用的资源由基站分配,终端在发送数据前要先向基站发送资源调度请求,基站根据用户业务特点、位置以及资源占用情况分配资源给用户。由于车载终端间发送的信息大多是周期性的,基站可给终端分配半持续调度(semi-persistent scheduling,SPS)资源,以适应业务数据的特点。Mode 3 也支持直通链路非 SPS 的纯动态资源调度。Mode 3 的优点是直通链路资源由基站统一管理,小区内资源不会冲突。

Mode 4 是终端自主从资源池中选择资源,其利用业务周期性特点,采用感知设备和半持续调度机制,在发送数据之前先进行测量,判断哪些资源正在被使用或者已经被预订,基于感知结果选择与预定空闲的直通链路资源,从而尽量减少资源冲突,提升性能。

3GPP 在 Release 16 中为 NR-V2X 定义了两种新的信道资源选择模式,即 Mode 1 和 Mode 2,这两种模式可以看作 LTE-V2 中所定义的资源选择模式 Mode 3 和 Mode 4 的扩展,区别在于 LTE-V2X 只支持广播通信模式,而 NR-V2X 同时支持单播、组播以及广播模式[1]。

与 LTE-V2X 中的 Mode 3 类似,在 NR-V2X 中的 Mode 1 模式下,基站为 V2V 通信进行频谱资源的分配和管理,因此车辆必须位于基站覆盖范围内。在 Mode 1 模式下,基站调度根据终端上报直通链路业务特性触发,或者根据直通链路缓存状态上报(buffer status report,BSR)过程触发。Mode 1 方式支持基站动态调度及 RRC 信令调度的方式。动态调度主要针对直通链路的非周期业务,使用下行控制信息(downlink control information,DCI)指示传输块一次或者多次传输使用的资源。RRC 信令调度主要针对周期业务,通过 RRC 信令设置直通链路相关的传输参数,包括配置索引、时间偏移、时频资源分配、周期等。关于 Mode 1 的更多内容可参见文章[2]。

当车辆使用 NR-V2X Mode 2 时,与 LTE-V2X Mode 4 一样,用户可从资源池中自主选择频谱资源,因此无须处于基站覆盖范围即可工作。Mode 2 和 Mode 4 的区别在于调度策略,Mode 4 使用基于感知的半持续调度策略(sensing based semi-persistent scheduling, S-SPS),而 Mode 2 既可工作于半持续调度,也可使用动态调度策略。动态调度策略为每次传输都重新进行资源选择,仅可为重传预留资源,而半持续调度机制则为未来的若干次传输预留资源。

Mode 2 模式中,动态调度和半持续调度几乎基于相同的流程进行资源选择,即基于感知的资源选择机制,其基于安全消息以固定的数据包大小周期性发送这一基本假设进行设计[3,4]。该基于感知的资源选择过程主要包括两个步骤:①从选择窗口中确定所有候选资源;②从候选资源中随机进行选择。如图 7.10 所示,可根据选择窗口中的每一个资源块过去一段时间(即感知窗口)内的平均干扰功率大小来判断其是否适宜作为候选资源。

步骤①确定候选资源主要是通过排除选择窗口中不适宜的资源块实现的,具体实现如下:

(1)当一个用户需要发消息时(首次发送或者重选),假设其发送消息频率为 λ Hz,则最

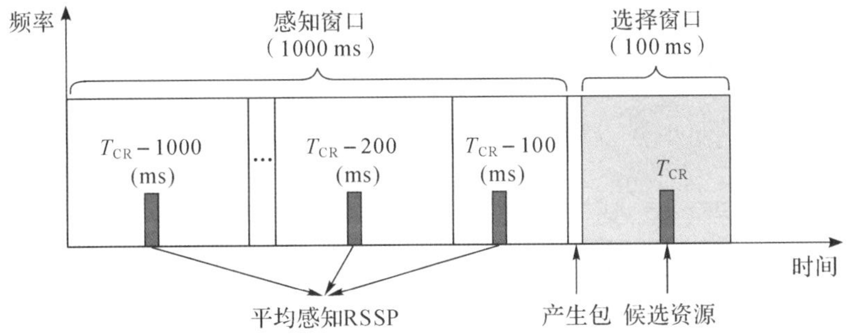

图 7.10 Mode 2 基于感知的资源选择示意图(以发送周期为 100ms 为例)

大允许延迟为$\frac{1000}{\lambda}$ ms(例如当发送消息频率为 10 Hz 时,最大允许延迟即为 100ms),该最大延迟通常对应选择窗口大小,选择窗口内的所有子信道均为候选资源。

(2)用户会感知过去 1000 ms(即感知窗口大小)内的所有资源,以判断哪些资源在接下来的传输中是最合适的。该用户创建一个表格 L_A,该表格包含所有可以保留的资源(即步骤 1)中选择窗口中的资源),除了以下例外:

· 该用户在感知窗口内从别的用户接收并正确解码控制信息,表明别的用户会在选择窗口内使用该资源。

· 该资源块过去的平均接收功率,由参考信号接收功率(reference signal received power, RSRP)表征,超过了门限值 P_{th}。$P_{th}=-128+2(a\cdot 8+b)$ dBm,其中 $a,b\in\{0,1,\cdots,7\}$对应发射机和接收机的优先级。由于假设 V2V 发送的安全消息为周期性发送,因此若以发送周期为 100ms 为例,选择窗口中 T_{CR}时刻的候选资源块在感知窗口内对应的时刻分别为 $T_{CR}-j\cdot 100, j\in\{1,2,\cdots,10\}$,对应平均 RSRP 感知结果如下:

$$\overline{\text{RSRP}}=\frac{\sum_{j=1}^{10}\text{RSRP}_{T_{CR}-100\cdot j}}{10}$$

其中,$\text{RSRP}_{T_{CR}-100\cdot j}$ 为过去各时刻的 RSRP 感知结果。

此外,如果该用户过去在该资源块上进行过传输,也会将其排除。当步骤 2) 执行完成时,表格 L_A 必须至少包含选择窗口中资源块总数的 20%,否则将门限值 P_{th} 提高 3dB。

(3) 用户将表格 L_A 中经历了最低平均参考信号强度指示(reference signal strength indicator, RSSI) 的资源块添加到列表 L_C 中,表格 L_C 中资源数应该等于选择窗口中资源总数的 20%。类似地,平均 RSSI 的计算过程如下:

$$\overline{\text{RSSI}}=\frac{\sum_{j=1}^{10}\text{RSSI}_{T_{CR}-100\cdot j}}{10}$$

随后用户即可执行步骤②,从列表 L_C 中随机选择一个资源块进行传输。资源选择完成后,考虑到用户将周期性发送消息,基于半持续调度思想,用户可预留该选择的资源以备未来的若干次传输,资源可预留次数取决于资源重选择计数器(resource reselection counter, RRC)的大小。每完成一次传输时,重选计数器减 1,当 RRC 减小为 0 时,其有一定概率 P 选择在此前资源上继续传输,以概率 $1-P$ 重新进行资源选择,P 值可设置为[0, 0.8]。另外RRC的初始大小设置取决于用户的消息传输周期，定义传输间隔为资源预留周期(resource reservation period)P_{rsvp}为1ms到1000ms范围内的一预设值，如果$P_{\mathrm{rsvp}}>100\mathrm{ms}$，则初始RRC值在区间[5，15]内随机选择；如果$P_{\mathrm{rsvp}}<100\mathrm{ms}$，则RRC值在区间$\left[5\times\frac{100}{\max(20,P_{\mathrm{rsvp}})},15\times\frac{100}{\max(20,P_{\mathrm{rsvp}})}\right]$内随机选择。以上简要介绍了NR Mode 2资源选择的基本流程，更细致的介绍可参见资料[1-4]。

7.3 基于多智能体强化学习的分布式频谱接入算法

本节我们讨论C-V2X系统中V2I用户与V2V用户共存时的分布式接入控制问题。我们首先对子信道选择及发射功率控制的联合优化问题进行建模，随后基于分布式部分可观测马尔可夫决策过程框架从多智能体协作的角度研究该问题，并基于多智能体强化学习(multi-agent reinforcement learning，MARL)提出了一种分布式频谱接入算法。通过在观测空间设计中去除了信道状态信息，本节所提出的方法有助于减少C-V2X系统频谱资源分配中的信令开销。此外，为同时满足V2I用户和V2V用户的QoS要求，对奖励函数进行了针对性设计。由于车联网环境动态变化，智能体获得的奖励值分布会随着车辆的移动而改变，本节提出了一个简单而有效的方法来解决该问题。

7.3.1 系统建模

一、场景模型

考虑如图7.11所示城市道路场景中的C-V2X通信系统，其中包括基站(base station，BS)和以V2I或V2V模式运行的车辆用户设备(vehicle user equipment，VUE)。考虑V2I-VUE执行具有高吞吐量要求的上传任务，而V2V-VUE则周期性分发安全相关信息。V2I-VUE和V2V-VUE的集合分别表示为$\mathscr{M}=\{1,2,\cdots,M\}$和$\mathscr{N}=\{1,2,\cdots,N\}$，其中$M$和$N$分别表示V2I-VUE和V2V-VUE的数量。此外，令子信道的集合表示为$\mathscr{S}=\{1,2,\cdots,S\}$，其中$S$表示子信道数量。为提高频谱利用率，假设V2I-VUE与V2V-VUE共享频谱资源。分别使用0-1指示符$\alpha_{m,s}$和$\beta_{n,s}$表示V2I-VUE $m\in\mathscr{M}$和V2V-VUE $n\in\mathscr{N}$是否占用子信道$s\in\mathscr{S}$。此外，考虑每个VUE只能占用一个子信道，因此有$\sum_{s\in\mathscr{S}}\alpha_{m,s}\leqslant 1$以及$\sum_{s\in\mathscr{S}}\beta_{n,s}\leqslant 1$。

V2I-VUE m在子信道s上到关联基站间的信道增益表示为$h_{m,s}^{\mathrm{I}}$，V2V-VUE发射机n与对应接收机l之间在子信道s的信道增益表示为$h_{n,l,s}^{\mathrm{V}}$。此外，分别令$h_{n,s}^{\mathrm{V}}$和$h_{m,l,s}^{\mathrm{I}}$表示V2V-VUE n对基站，以及V2I-VUE m对V2V-VUE接收机l在子信道s上的干扰信道增益。在本章建模中，信道增益包括大尺度衰落(包括路径损失和阴影)和小尺度衰落(瑞利衰落)。由于V2I-VUE与基站进行通信，因此为简化模型，并与文章[5]保持一致，我们假设V2I-VUE已经由基站预先分配了正交的子信道，并保持固定传输功率。

可得V2I-VUE m在子信道s的上行信干噪比(signal to interference plus noise ratio，SINR)表达式为

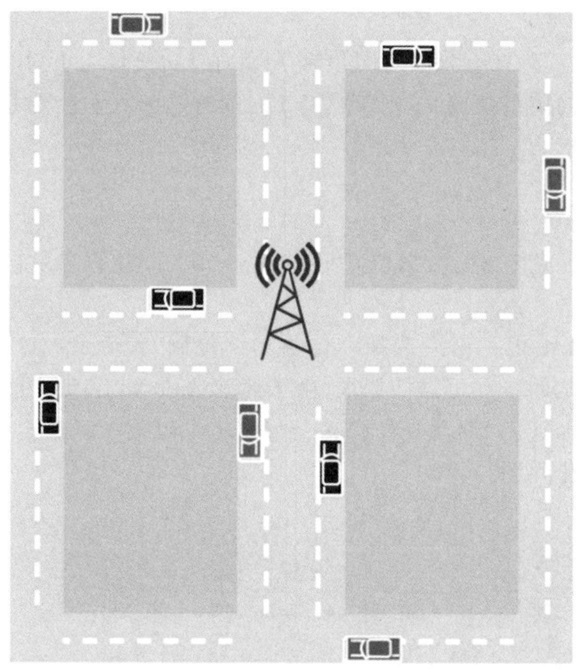

图 7.11 城市道路车联网场景示意图

$$\gamma_{m,s}^{\mathrm{I}}=\frac{\alpha_{m,s}P_{m}^{\mathrm{I}}h_{m,s}^{\mathrm{I}}}{\sigma^{2}+\sum_{n\in\mathcal{N}}\beta_{n,s}P_{n}^{\mathrm{V}}h_{n,s}^{\mathrm{V}}} \tag{7.1}$$

其中，P_m^{I} 和 P_n^{V} 分别表示 V2I-VUE m 及 V2V-VUE n 的发射功率，σ^2 表示噪声功率。同理可得 V2V-VUE n 在子信道 s 上到接收机 l 的 SINR 表达式为

$$\gamma_{n,l,s}^{\mathrm{V}}=\frac{\beta_{n,s}P_{n}^{\mathrm{V}}h_{n,l,s}^{\mathrm{V}}}{\sigma^{2}+\sum_{m\in\mathcal{M}}\alpha_{m,s}P_{m}^{\mathrm{I}}h_{m,l,s}^{\mathrm{I}}+\sum_{j\in\mathcal{N},j\neq n}\beta_{j,s}P_{j}^{\mathrm{V}}h_{j,l,s}^{\mathrm{V}}} \tag{7.2}$$

于是 V2I-VUE m 和 V2V-VUE n 在时隙 t 的相应上行链路吞吐量可以汇总为

$$R_m^{\mathrm{I}}(t)=\sum_{s\in\mathcal{S}}B\cdot\log_2(1+\gamma_{m,s}^{\mathrm{I}}(t)) \tag{7.3}$$

$$R_{n,l}^{\mathrm{V}}(t)=\sum_{s\in\mathcal{S}}B\cdot\log_2(1+\gamma_{n,l,s}^{\mathrm{V}}(t)) \tag{7.4}$$

其中，B 表示子信道带宽。这里，我们考虑 V2V-VUE 处于单播通信模式，且将距离发射机 n 最近的 V2V-VUE l 作为接收机，因此下文将 $R_{n,l}^{\mathrm{V}}$ 简写为 R_n^{V}。值得注意的是，由于路径损耗取决于收发机之间的距离，因此相应 VUE 接收机的 SINR 分布，以及 VUE 的吞吐量分布，将随着车辆的移动而变化。

二、问题建模

接下来，我们根据不同 VUE 的相应指标及约束建立优化问题。

如前所述，考虑 V2I-VUE 执行具有高吞吐量要求的上行任务，对传输速率需求较高，而 V2V-VUE 则周期性分发安全相关信息，其具备低延迟和高可靠性需求。于是，对于 V2I-VUE 具有如下 QoS 约束：

$$R_m^{\mathrm{I}}(t)\geqslant R_{\min}^{\mathrm{I}} \tag{7.5}$$

其中，$R^{\mathrm{I}}_{\min}$ 表示 V2I-VUE 的最低传输速率要求。

可将 V2V-VUE 的时延可靠性要求建模为在有限的时间预算 $T_{\max}$ 内成功交付大小为 L 的数据包，因此，在平均意义上，如果以下约束条件成立，则 V2V-VUE 的时延和可靠性要求将得到满足：

$$R^{\mathrm{V}}_{n}(t) \geqslant \frac{L_n(t)}{T_{\max} - (t \bmod T_{\max})} \tag{7.6}$$

其中 $L_n(t)$ 表示在时刻 t V2V-VUE n 剩余待传输的数据包大小，$(t \bmod T_{\max})$ 运算表示自该次信息产生已经过去了多少时间。

本节研究问题的最终目标是通过联合优化子信道选择和传输功率控制，使 V2I-VUE 的总吞吐量最大化，同时满足 V2V-VUE 的时延和可靠性要求。由于此前假设 V2I-VUE 已经预分配了固定传输功率及传输子信道，即 $\alpha_{m,s}$，$\forall m \in \mathcal{M}$，$\forall s \in \mathcal{S}$ 与 $P^{\mathrm{I}}_{m}(t)$，$\forall m \in \mathcal{M}$ 给定，我们不对其进行优化。因此可建立如下优化问题：

$$\begin{aligned} & \max_{\mathcal{P},\mathcal{B}} \sum_{m=1}^{M} R^{\mathrm{I}}_{m}(t) \\ \text{s.t.}\quad & \mathrm{C}(1) - \mathrm{C}(2)\text{：}(7.5),(7.6) \\ & \mathrm{C}(3)\text{：}\sum_{s \in \mathcal{S}} \beta_{n,s} \leqslant 1, \beta_{n,s} \in \{0,1\}, \forall n \in \mathcal{N} \\ & \mathrm{C}(4)\text{：}P^{\mathrm{V}}_{n}(t) \leqslant P^{\mathrm{V}}_{\max}, \forall n \in \mathcal{N} \end{aligned} \tag{7.7}$$

其中，$\mathcal{P} = \{P^{\mathrm{V}}_{n}(t) \mid n \in \mathcal{N}$ 和 $\mathcal{B} = \{\beta_{n,s} \mid n \in \mathcal{N}, s \in \mathcal{S}\}$ 分别表示所有 V2V-VUE 的传输功率及子信道选择集合。约束条件 C(1) 和 C(2) 分别表示 V2I-VUE 和 V2V-VUE 的 QoS 要求。约束条件 C(3) 表示每个 V2V-VUE 只能占用一个子信道，约束条件 C(4) 表示 V2V-VUE 可以使用的最大传输功率。

由于式(7.7) 中所定义的优化问题是一个混合整数非线性规划(mixed integer nonlinear programming，MINLP) 问题，求解复杂度较高，而全局信息获取所带来的信令开销又进一步限制了传统中心式优化方法的应用，因此本节专注于设计分布式的频谱接入方法，并且将在“仿真结果”一节中与中心式的暴力搜索方法进行比较，以充分验证算法性能。

7.3.2 基于多智能体强化学习的算法设计

本节将使用 MARL 来解决上一节中所给出的问题，本节首先基于分布式部分可观测马尔可夫决策过程(decentralized partially observable Markov decision process，Dec-POMDP) 框架对上一节中式(7.7) 所定义的优化问题进行重新表述，并提出相应算法进行求解。

一、Dec-POMDP 建模

从 Dec-POMDP 的角度建模多智能体协作问题，需要具体定义智能体的环境观测空间、动作空间和奖励函数。图 7.12 形象化地展示了该 MARL 问题的交互框架。接下来将具体进行介绍。

观测空间：文章[5-7] 中均将 CSI 信息包含在智能体的观测空间内，然而实际情况下在车联网中获得完美的 CSI 通常较为困难，并且获取 CSI 所需要的信道估计及反馈等流程也将造成额外的信令开销。另一方面，在现有的 3GPP 标准车联网资源分配协议中，如 LTE

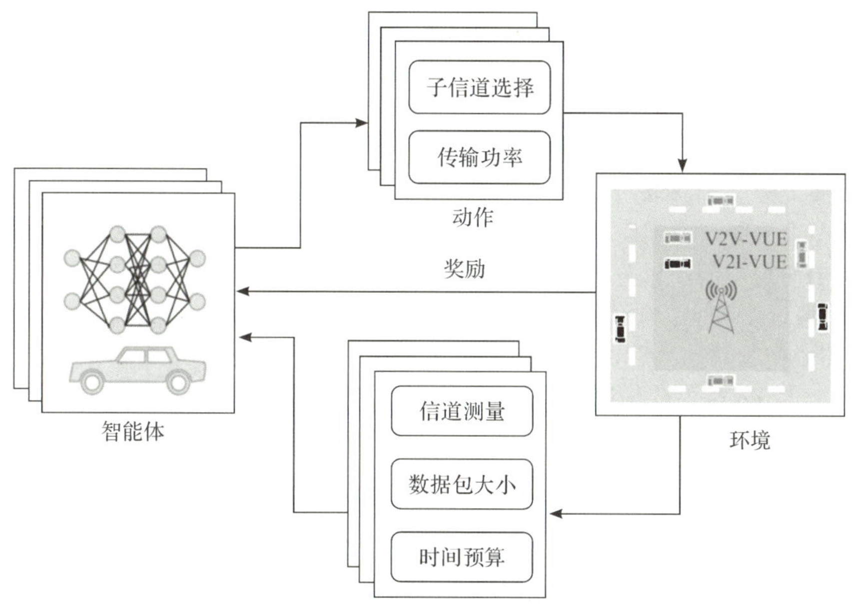

图 7.12　MARL 框架示意图

Mode 4 和 NR Mode 2，用户可通过解码控制信息和相应的信道测量结果，特别是直通链路参考信号接收功率(Sidelink RSRP，SL-RSRP)，来进行频谱资源选择。SL-RSRP 反映了如果用户选择在相应的资源块上传输数据，将会接收到的干扰功率水平[8]。在这些方案中，信道估计对于用户成功进行信道资源选择是非必要的。综合以上考虑，在此处的观测空间设计中将不包含 CSI 信息，主要使用干扰功率测量结果作为观测信息来进行频谱接入控制。

观测空间主要包含感知到的信道干扰测量、待传输的数据包大小和时间预算。具体来说，智能体 n 在时间 t 接收到的观测 $o_n(t)$ 由以下三部分信息组成：(1) 上一时刻，智能体 n，即 V2V-VUE 发射机 n，在所有子信道 s 上经历的干扰功率 $\mathbb{I}_n = [I_{n,s}]_{s\in\mathcal{S}}$，其中 $I_{n,s} = \sum_{m\in\mathcal{M}} \alpha_{m,s} P_m^{\mathrm{I}} h_{m,n,s}^{\mathrm{I}} + \sum_{j\in\mathcal{N}\, j\neq n} \beta_{j,s} P_j^{\mathrm{V}} h_{j,n,s}^{\mathrm{V}}$；(2) 剩余待传输数据大小 L_n；以及(3) 剩余传输时间 T_n。因此，此处提出的 CSI 无关(CSI-independent) 的状态空间可表述为

$$o_n(t) = (\mathbb{I}_n, L_n, T_n) \tag{7.8}$$

在每个时刻 t，在所有智能体的联合动作应用于环境之后，干扰测量状态转移由所有智能体当前选择的动作、随机信道变化等决定。剩余的待传输数据大小 L_n 由当前时间相应的传输速率决定，时间预算 T_n 减少一个时隙。

进一步，此处给出观测空间包含 CSI 的另一设计，即 CSI-involved 版本。具体来说，CSI-involved 版本观测空间引入了两部分额外的 CSI：(1) 从 V2V 发射机 n 到相应接收机 l(即与其最近的相邻车辆) 的信道增益 $\boldsymbol{H}_{n,l}^{\mathrm{V}} = [h_{n,l,s}^{\mathrm{V}}]_{s\in\mathcal{S}}$；(2) 从 V2V 发射机 n 到基站的干扰信道增益 $\boldsymbol{H}_n^{\mathrm{V}} = [h_{n,s}^{\mathrm{V}}]_{s\in\mathcal{S}}$。因此，CSI-involved 版本观测空间如下所示：

$$\tilde{o}_n(t) = (\mathbb{I}_n, \boldsymbol{H}_{n,l}^{\mathrm{V}}, \boldsymbol{H}_n^{\mathrm{V}}, L_n, T_n) \tag{7.9}$$

为了获得式(7.9) 中信道增益信息 $\boldsymbol{H}_{n,l}^{\mathrm{V}}$，需要在接收端进行信道估计，然后反馈回发射端。而对 BS 的干扰信道增益信息 $\boldsymbol{H}_n^{\mathrm{V}}$ 的获取则需要在 BS 进行信道估计，然后反馈给 V2V-VUE。与式(7.9) 相比，式(7.8) 中的观测空间设计通过去除 CSI 信息，避免了信道估

计和反馈信道机制。此外对于干扰功率测量 II_n 的获取，只需要 VUE 进行物理层功率检测即可，而无须获取具体的信道增益并进行解码(此处假设按照 Mode 2 模式进行干扰功率检测流程进行)，因此式(7.8)观测空间设计有利于减少信令开销。此外，由于 CSI-independent 版本的环境观测信息主要使用上一时刻测量得到的各子信道功率水平以及自身传输状态信息，这些信息是易于获取的，且处理时延可忽略不计，因此不会带来额外性能损失。

动作空间：在该研究问题中，每个 V2V-VUE 优化子信道选择 s 和发射功率选择 p 的联合动作，所有智能体的动作空间 $\mathscr{A}$ 一致。具体来说，由于 V2V-VUE 复用 V2I-VUE 预分配的子信道，因此 V2V-VUE 的可用子信道集合为 $\mathscr{S}$。为符合实际通信系统，此处智能体可选择的传输功率空间 $\mathscr{A}_p$ 经过离散化处理。综上，智能体的动作空间为：

$$a_n(t) = \{(s,p) \mid s \in \mathscr{S}, p \in \mathscr{A}_p\} \tag{7.10}$$

奖励函数：总的来说，此处根据式(7.7)中建立的优化问题来设计奖励函数。回顾一下，优化目标是在满足 V2V-VUE 的延迟和可靠性要求的同时，最大化 V2I-VUE 总吞吐量。因此设计所有智能体共享的奖励函数如下：

$$\begin{aligned} r(t) = {} & \lambda_1 \sum_{m=1}^{M} R_m^{\mathrm{I}}(t) + \lambda_2 \sum_{m=1}^{M} F(R_m^{\mathrm{I}}(t) - R_{\min}^{\mathrm{I}}) \\ & + \lambda_3 \sum_{n=1}^{N} G_n(t) + \lambda_4 \sum_{n=1}^{N} F\left(R_n^{\mathrm{V}}(t) - \frac{L_n}{T_n}\right) \end{aligned} \tag{7.11}$$

其中，$\lambda_i, i \in \{1,2,3,4\}$ 表示权重。分段函数

$$F(x) = \begin{cases} 1, x \geqslant 0 \\ 0, x < 0 \end{cases} \tag{7.12}$$

表示对满足式(7.5)和式(7.6)中相应 VUE 的 QoS 约束的激励。类似的，分段函数

$$G_n(t) = \begin{cases} R_n^{\mathrm{V}}(t), & L_n > 0 \\ c, & L_n \leqslant 0 \end{cases} \tag{7.13}$$

鼓励 V2V-VUE 尽早完成数据的传输，其中 c 是一个比 V2V-VUE 可达传输速率更大的超参数。此外，式(7.11)中的第一项对应于优化问题(7.7)中的最大化 V2I-VUE 总吞吐量的目标。由于 VUE 的传输速率的分布是随着车辆的移动性而变化的，所以式(7.11)中定义的奖励的值分布也将变化。

二、算法设计

此处首先对将 MARL 应用于车联网频谱资源分配问题时存在的问题进行总结：(1) 快速变化的信道和环境部分可观测特性使得智能体需要先进的 DRL 技术来学习有效的状态表征及动作策略；(2) 多智能体分布式并发训练导致的非平稳性会阻碍训练过程并降低算法性能；(3) 环境动态特性变化导致智能体不能准确评估训练效果。接下来将详细介绍为解决这些问题而采取的具体措施。

在 DRL 中，DNN 通常被用作评估 Q 值的函数近似器，即 $Q^{\theta}(s,a)$，其中 θ 表示 DNN 的参数。更进一步，为应对环境的部分可观测特性，DNN 可以采用循环神经网络(recurrent neural network, RNN)作为隐藏层，利用 RNN 隐藏层来为智能体维持内部隐藏状态，自动对过去的环境观察结果进行汇总，根据过去获得的部分观测结果来估计环境的全局状态，以此来有效地应对环境仅部分可见的问题[9]。此外，RNN 最为人熟知的便是其处理时序问题的能力，其时序数据预测能力能够帮助提取车联网信道的时变特征，使智能体能够学习

到有效的状态表征及动作策略。具体而言，此处使用了著名的门控循环单元（gated recurrent unit，GRU）来作为 DNN 的隐藏层[10]。此外，还结合了 Dueling DQN 算法[11] 为 DNN 引入对抗结构，通过用不同网络分支分别表示状态价值和动作优势值来实现泛化评估不同动作价值的目的，该结构对应于如下动作价值的分解计算：

$$Q^{\theta}(s,a)=V^{\eta}(E^{\xi}(s))+A^{\psi}(E^{\xi}(s),a)-\frac{\sum_{a'}A^{\psi}(E^{\xi}(s),a')}{N_{\text{actions}}} \tag{7.14}$$

其中，ξ、η 和 ψ 分别表示共享编码器 E^{ξ}、状态价值分支 V^{η} 和动作优势价值分支 A^{ψ} 的网络参数[11]。图 7.13 展示了本节中所采用的网络结构示意图。

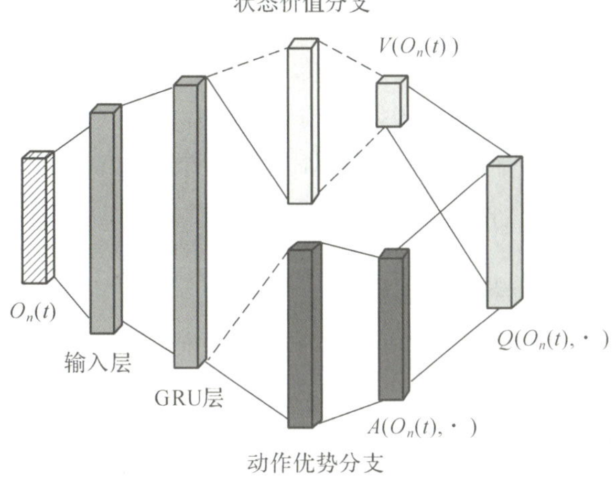

图 7.13 DNN 结构示意图

此外，经典的 DQN 算法面临着价值过估计的问题。此处引入 Double DQN 算法，通过将动作选择与价值评估相解耦，来解决该问题[12]。具体而言，训练过程中，首先从经验重放缓存 D 中均匀采样一批经验样本 (s,a,r,s')，然后计算如下损失函数：

$$L(\theta)=\underset{(s,a,r,s')\sim U(D)}{\mathrm{E}}[r+\gamma Q^{\theta^-}(s',\underset{a'}{\mathrm{argmax}}Q^{\theta}(s',a'))-Q^{\theta}(s,a))^2] \tag{7.15}$$

其中，θ^- 表示静态目标网络的参数。令 $y=r+\gamma Q^{\theta^-}(s',\underset{a'}{\mathrm{argmax}}Q^{\theta}(s',a'))$ 表示目标值，通过使用评估网络 θ 来选取动作，使用目标网络 θ^- 来计算 Q 值，实现值估计的解耦，有效避免价值过估计问题。此外定义 $y-Q^{\theta}(s,a)$ 为时间差分误差（TD-error）δ。

综上所述，将本节采用的 DQN 改进算法合称为 D3RQN（double dueling deep recurrent Q-network）算法。

该算法遵循分布式训练范式，其也被称为独立学习者（independent learner，IL）范式，在训练过程中每个智能体都将其他智能体视为环境的一部分。然而，由于其他智能体在训练探索阶段的动作不可预测，IL 训练范式会受到非平稳性的影响。为此，我们引入了滞后 Q-learning 来解决这个问题。具体而言，在训练过程中以两种不同的学习率 α 和 β 来分别更新 Q 值估计，其中 $0<\beta<\alpha<1$，分别用于乐观估计和悲观估计的 TD- 误差 δ[13]，如下所示：

$$Q(s,a)\leftarrow\begin{cases}Q(s,a)+\beta\delta & \text{if } \delta\leqslant 0\\ Q(s,a)+\alpha\delta & \text{otherwise}\end{cases} \tag{7.16}$$

在实践中，通常将较大的学习率 α 固定下来，将较小的学习率放缩为 $\beta\cdot\alpha$，随着训练过程的推进，β 逐渐增长至 1，即与学习率 α 保持一致，通过这样的调节使智能体在训练的早期阶段可以保持乐观，以对抗那些由于其他智能体不可预测的探索行为导致的负面训练样本，而在训练后期能够逐渐调节实现 Q 值的准确评估。

为了进一步解决多智能体同时学习的非平稳性问题，我们还引入了一种经验重放缓冲机制的分布式扩展版本，名为并发经验回放轨迹（concurrent experience replay trajectories, CERT），其结构如图 7.14 所示。在训练回合 e 期间，每个智能体 n 在时间步 t 收集经验元组 $(o_n(t), a_n(t), r(t), o_n(t+1))$，因为 DNN 中引入了 RNN 隐藏层，其训练需要序列状样本，因此此处经验样本以时间序列方式存储（沿图 7.14 的时间轴 e，每个彩色立方体代表一个经验元组）。在训练过程中，所有的智能体都同时存储经验（如图 7.14 所示分别沿着回合数轴 e 和智能体编号轴 n），当需要进行训练时，对所有智能体的序列经验进行同步批采样，并结合式(7.15)和(7.16)进行网络参数更新。该 CERT 机制可以实现分布式存储，在启动分布式训练过程之前，只需使所有智能体的随机数种子达成一致即可保证训练样本是同步采样的。

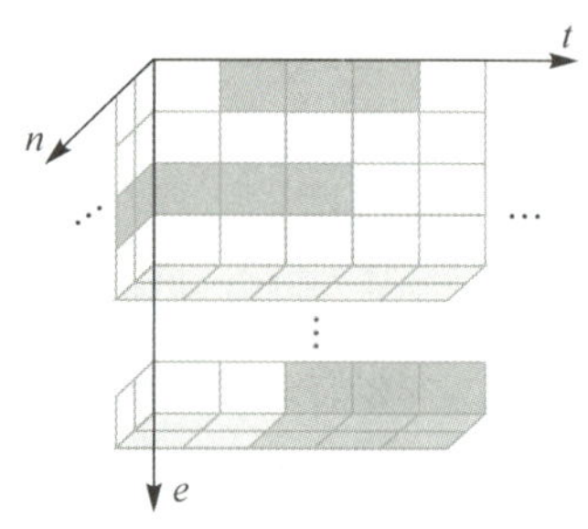

图 7.14　并发经验回放轨迹示意图

许多传统的 RL 方法专为静态环境而设计，然而，在所研究的 C-V2X 频谱接入问题中，环境动态特性分布会发生变化。具体来说，式(7.11)中设计的奖励值分布会随着车辆的移动而波动。例如，如果收发机之间的距离变近，使得信道质量变好，该通信链路自然就更容易完成数据包传输，这种指标的提升是由物理世界的内在属性变化造成的，而与具体的频谱接入算法无关。由环境动态特性变化造成的奖励估计偏差可能降低算法性能。为了缓解这个问题，此处引入了近似遗憾奖励（approximate regretted reward, ARR）机制[14]。具体来说，ARR 机制借鉴了多臂赌博机（muti-armed bandit, MAB）的思想，定义 T 步交互后的遗憾值 ρ 为最优策略获得奖励总和与实际策略获得奖励之间的差值期望：$\rho = T\mu^* - \sum_{t=1}^{T} r_t$，其中 μ^* 表示最大奖励的均值，该遗憾值 ρ 反映了当前策略与最优策略之间的差距，可以用来辅助准确地评估动态环境下的训练性能。尽管在本节所研究的问题中并没有明确的最优策略，但是一般的静态启发式策略的性能也可以作为参考基准，其差值隐含地反映了潜在的环境变化趋势，因此能够减少奖励估计的波动。在实际训练过程中，需要同时维持两个策略：一个是本工作所提出的基于 MARL 的实际需要策略，另一个是作为基准的静态启发式策略。将两者获得的式(7.11)中所定义的奖励之差视为智能体实际获得的奖励。在具体实现中，考虑到计算复杂度对训练效率至关重要，此处实际采用了两种简单的启发式算法：随机策略（Random）和轮盘策略（Round-Robin）。此外，值得注意的是，执行 ARR 技术只会在训练阶段引入额外的计算复杂度，在实际执行阶段没有任何额外开销。

本工作所提出训练算法总结为算法 3.1。具体来说，算法 3.1 的第 4 至 10 行描述了智能体与环境的互动过程。在每个时间步 t 中，每个智能体 n 根据式(7.17)表示的 ε-greedy 策略选择动作 $a_n(t)$，以平衡探索和利用，并获得近似的遗憾奖励：

$$a_n(t) = \begin{cases} \text{random action}, & \text{with probability } \varepsilon \\ \underset{a}{\operatorname{argmax}} \boldsymbol{Q}^{\theta_n}(o_n(t), a), & \text{with probability } 1-\varepsilon \end{cases} \tag{7.17}$$

算法中的第 11 行到第 14 行描述了将经验存储到 CERT 的过程。第 15 行至第 26 行描述了模型更新的实际过程。首先，从 CERT 中采样一批经验样本。由于该算法的网络结构采用了 RNN 结构，因此需要执行第 17 行所描述的顺序训练。第 19 行至第 23 行描述了 Double-DQN 更新和滞后学习。最后，第 25 行表示静态目标网络以较低的频率更新，以使评估网络的更新目标保持稳定。

算法 3.1 D3RON 的分布式滞后训练

输入：学习率 α，滞后率 β，探索率 ε，折扣因子 γ，样本批量大小 N_{B}，采样轨迹长度 L_{T}，目标网络更新频率 N_{U}

输出：训练完成的 Q 网络 $\theta_n, n \in \mathcal{N}$

1：对每个智能体 n 随机初始化 Q 网络参数为 θ_n，以及相应复制目标网络参数为 $\theta_n^- = \theta_n$；
2：for 训练中的每一幕轨迹 e do
3： for 每一时间步 t do
4：   for 每一个 V2V-VUE 智能体 n do
5：   获取对环境的观测结果 $o_n(t)$；
6：   根据 ε-greedy 规则选取动作 $a_n(t)$；
7：   end for
8：   所有智能体执行动作，环境反馈全局奖励 r_t；
9：   计算基准奖励 r'_t；
10：   计算遗憾奖励 $\tilde{r}_t = r_t - r'_t$；
11：   for 每一个 V2V-VUE 智能体 n do
12：   获取新的环境观测 $o_n(t+1)$；
13：   将状态转移元组 $(o_n(t), a_n(t), \tilde{r}_t, o_n(t+1))$ 存储进 CERT 缓存中；
14：   end for
15：   for 每一个 V2V-VUE 智能体 n do
16：   从 CERT 中采样得到一批经验样本 E_n，其中样本数量为 N_{B}，转变长度为 L_{T}；
17：   for L_{T} 中的每一时间步 i do
18：   for $E_{n,i}$ 中的每一个转移样本 $e = (0, a, r, o')$ do
19：   计算目标值：$y_e = r + \gamma \boldsymbol{Q}^{\theta_n^-}(o', \underset{a'}{\operatorname{argmax}} \boldsymbol{Q}^{\theta_n}(o', a'))$；
20：   计算 TD-error：$\delta_e = y_e - \boldsymbol{Q}^{\theta_n}(o, a)$；
21：   滞后更新：$\hat{\delta}_e = \max\{\delta_e, \beta \cdot \delta_e\}$；
22：   end for
23：   更新网络参数：$\theta_n \Leftarrow \theta_n + \frac{\alpha}{N_{\mathrm{B}}} \sum_e \hat{\delta}_e \nabla \boldsymbol{Q}^{\theta_n}(0, a)$；
24：   end for
25：   每 N_U 步更新目标网络参数：$\theta_n^- \Leftarrow \theta_n$；
26：   end for
27： end for
28：end for

7.3.3 仿真结果

本节给出仿真结果以验证此前所提出算法的性能。此处将首先介绍基本的仿真设置，随后验证本节所提出算法的有效性，并探究状态空间设计对算法性能的影响。为验证算法的稳健性及扩展性，本节还将测试该算法在车辆不同移动速度下的泛化性能，以及在智能体数量增长时的可扩展性。最后，本节还将进行消融实验，以验证算法不同组件的贡献。

一、仿真设置

本节中仿真设置与文章[5]基本保持一致，其中详细定义了车辆移动模型，以及 V2I-VUE 和 V2V-VUE 的信道模型。道路拓扑结构如图 7.11 所示，仿真区域设置遵循 3GPP TR36.885 文档中定义的城市道路场景，由四个街区组成，区块宽度和高度分别为 250m 和 433m[15]。与文章[5]类似，为便于仿真处理，此处将仿真区域等比例缩小一半。初始化时，车辆速度在一定范围内随机设置，之后在训练过程中保持匀速运动。车辆根据道路拓扑结构移动，当其到达道路交叉口时，以等概率选择直行或转向。信道模型包括路径损耗、阴影和小尺度瑞利衰落。大尺度衰落和小尺度衰落分别以 100ms 和 2ms 的周期更新。表 7.2 指定了 V2I 和 V2V 链路的信道模型。

表 7.2 信道模型

参数	V2I 链路	V2V 链路
路径损耗模型	$128.1+37.6\log_{10}d, d$ in km	WINNER + B1 Manhattan 视距模型
阴影分布	Log-normal	Log-normal
阴影标准差	8dB	3dB
解相关距离	50m	10m
快衰落	瑞利衰落	瑞利衰落
路径损耗和阴影更新间隔	100ms	100ms
快衰落更新间隔	2ms	2ms

本节中仿真保持与文章[5]中一样的假设：V2I-VUE 的数量以及 V2V-VUE 的数量（智能体的数量），等于子信道的数量，即 $N=M=S$。当子信道和智能体的数量增加时，智能体的联合动作空间的维度会呈指数级增长，从而对算法的可扩展性提出挑战，本节后续仿真将对此进行研究。为与文章[5]保持一致，本节仿真设置中，设传输功率空间包含低、中、高三个选项，分别为 5dBm、15dBm 及 23dBm。主要仿真参数见表 7.3，除非特别说明，本节所有的仿真参数都默认设置为表 7.2 和表 7.3 中的数值。

表 7.3 仿真参数设置

参数	值
载波频率	2GHz
子信道带宽	1MHz
基站天线高度	25m

续表

参数	值
基站天线增益	8dBi
基站接收机噪声系数	5dB
车辆天线高度	1.5m
车辆天线增益	3dBi
车辆接收机噪声系数	9dB
车辆速度	[10,15]m/s
子信道个数 S	{4, 8}
V2I 传输功率 $P_m^{\mathrm{I}}, m\in\mathcal{M}$	23 dBm
V2V 传输功率 $P_n^{\mathrm{V}}, n\in\mathcal{N}$	{−100,5,15,23}dBm
噪声功率 σ^2	−114 dBm
V2I 最小吞吐量 $R_{\min}^{\mathrm{I}}$	5Mbps
V2V 时延约束 $T_{\max}$	100ms
V2V 数据包大小 L	{1,2,…,6}×1060 bytes

训练过程中采用的超参数如表 7.4 所示。在训练过程中，探索率 ε 逐渐降低以平衡探索和利用。由于在训练后期，当每个智能体都学习到了较好的策略后，评估的准确性变得更加关键，因此滞后学习率 β 逐渐增加以平衡正负样本之间的更新。在执行阶段，每个智能体感知对环境的局部观测结果，并根据各自训练得到模型选择具有最大 Q 值的动作。训练期间用于计算共同奖励的中央控制器将不再需要，因此执行阶段是完全分布式的。此外，与文章[5]类似，在训练阶段 V2V-VUE 的传输数据包大小保持固定，而在执行阶段变化，以验证算法的稳健性。具体实践中，此处选择了对于 V2V-VUE 而言最难的一种配置，即最大的数据包大小 $L=6\times1060$ 字节，进行训练。此外，为了获得更多样的训练样本，训练过程中会定期重新初始化车辆的位置。

表 7.4 训练超参数

参数	值
学习率 α	0.0001
折扣率 γ	0.95
探索率 ε	1.0→0.1
滞后学习率 β	0.2→0.8
探索回合数	15000
总训练回合数	20000
轨迹长度 L_{T}	20
批大小 N_{B}	32

续表

参数	值
目标网络更新频率 N_U	4
CERT 大小	1000
奖励权重{λ_i, $i\in\{1,2,3,4\}$}	{0.03,0.5,1,1}
激励常数 c	1

二、训练超参数选择

通常训练超参数的选择将会很大程度上影响深度学习算法的最终效果,此处也不例外。由于本章所提算法的训练过程中涉及许多超参数(见表 7.4),因此很难断言此处所列出的超参数组合即是最佳选择。总体来说,本章所采用部分超参数,如学习率 α、折扣系数 γ、探索率 ε,是根据经验调整而选择的。例如,折扣系数 γ 反映了对未来回报的重视程度,这意味着如果 γ 的值被设置为接近 1,算法将更关注长期回报。其他超参数的选择主要是根据硬件限制情况。例如,批量大小 N_B 取决于计算机内存的大小和可以接受的训练速度。

此外,经测试发现奖励权重{λ_i},$i\in\{1,2,3,4\}$对算法性能有较大影响,在实际训练过程中这些参数将根据每个奖励分量的大小尺度进行调整。

图 7.15 中呈现了智能体在训练过程最后 10 个回合中获得的各奖励分量的值(减去参考基线,即 Round-Robin 方法)分布情况。图中分量 #1、分量 #2、分量 #3 和分量 #4 分别对应于奖励函数式(7.11)中 V2I-VUE 的总吞吐量、V2I-VUE 不满足最小吞吐量要求的惩罚、V2V-VUE 的总吞吐量,以及 V2V-VUE 的延迟和可靠性要求。由于本章中假设 V2I-VUE 已经预先分配了正交子信道,并且总是以最大功率发射,以及其他的一些仿真设置,如 V2I-VUE 具有更高的天线增益及更低的噪声系数,V2I-VUE 的通信链路要优于 V2V-VUE。因此,式(7.11)中 V2I-VUE 相应奖励分量的期望值较高。

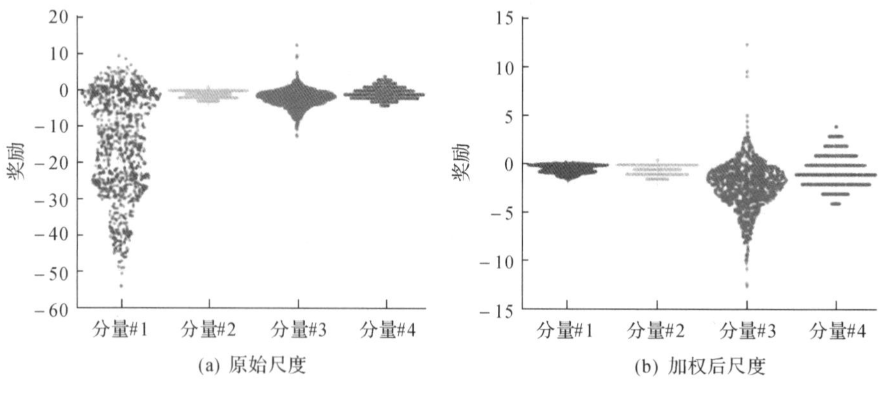

图 7.15 奖励分量分布

扫码看彩图 7.15

从图 7.15(a)中可以观察到奖励分量 #1 的原始未加权幅度比其他奖励分量的波动范围更大。因此,为了平衡 V2I-VUE 和 V2V-VUE 的奖励分量,在参数设置中给奖励分量 #1分配了较小的权重。图 7.15(b)中展示了加权后各奖励分量的波动幅度,可以观察到,加权后各分量的波动范围较为一致。

三、性能验证

仿真中分别将 Random 方法和 Round-Robin 方法作为参考基准以计算 ARR。具体来说,在 Round-Robin 方法中,传输功率固定为最大值,子信道选择进行轮转;而在 Random 方法中,子信道和传输功率都是随机选择。此外,下文还展示了不包括 ARR 技术的算法性能,即在没有任何参考基准的情况下直接计算式(7.11)中所定义的奖励。

图 7.16 展示了训练过程中智能体累积奖励的变化曲线(分别以训练期间获得的相应最大值进行归一化)。从图 7.16 中可以看到,随着训练回合数增加,基于两种启发式算法作为参考基准的算法曲线都近似收敛,在训练回合数达到两万时累计奖励基本稳定,而在没有 ARR 的情况下,前文所提出的算法收敛趋势不明显,这表明了 ARR 在处理环境动态变化的 RL 问题上的有效性。此外,还可以看到,采取 Round-Robin 方法作为参考基准,比采取 Random 方法获得的奖励要小,但这并不意味着 Random 方法更适合作为参考基线。出现该现象是因为 Round-Robin 方法比 Random 方法作为基准计算式(7.11)中的奖励时,提供了更高的基准值,因此智能体计算实际获得的奖励时要更低一些。

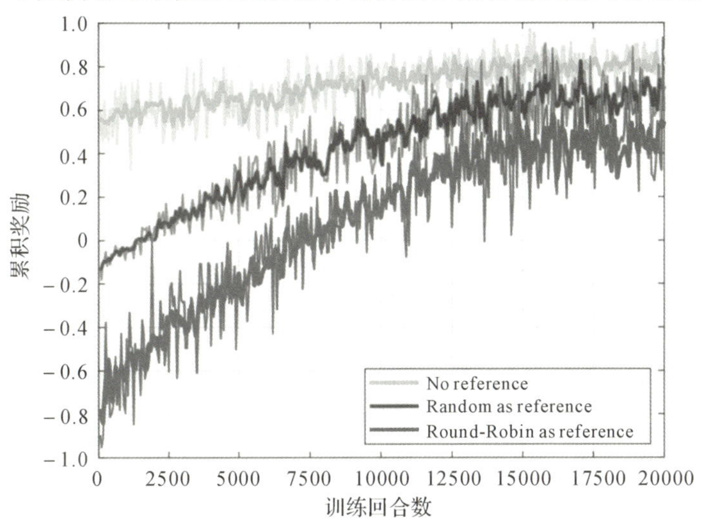

扫码看彩图 7.16

图 7.16 训练曲线(智能体数目为 4)

本节将分别选取若干启发式算法、中心式优化算法以及同样基于 MARL 的算法进行对比,以验证本节所提出算法的性能。具体来说,接下来将所提出的算法分别在没有基线、使用 Round-Robin 或 Random 作为基线三种情况下,与中心式优化算法的代表——Brute-force 方法(其以最大化 V2V-VUE 的总速率为目标暴力搜索动作组合,将作为算法性能的上界),两种启发式算法(Round-Robin 和 Random),以及在文章[5]中所提出的状态空间包含 CSI 的 MARL 方法(以下称为 Baseline)进行对比。此外,3GPP 标准协议中的资源分配方案,即 NR Mode 2,也加入对比。NR Mode 2 是在无基站参与的情况下车辆进行的分布式频谱接入方法,其中发射机车辆使用感知信息,例如参考信号接收功率 RSRP 测量来选择候选资源。此处选择 NR Mode 2 的动态模式(以下简称为 Mode 2),即每次传输都会选择新的频谱资源,不考虑预留机制[16]。由于强化学习算法的性能会受到环境随机性的较大影响[17],因此为了验证结果的准确性,以下仿真结果基于 20 个不同的随机数种子,并以

95%的置信区间展示。

图 7.17 展示了 V2I-VUE 总吞吐量随着 V2V-VUE 传输数据量大小增加的变化趋势。由于传输数据量增加导致 V2V-VUE 需要花费更长的时间才能完成传输，为 V2I-VUE 带来的干扰持续时间也随之增加，因此图 7.17 中所有方案的性能都有所下降。即使本章所提出的 CSI-independent 版本算法在观测空间中没有使用 CSI 信息，但从图 7.17 中可以看到该算法在使用不同的启发式方法作为基准的情况下（图中的 Proposed (Round-Robin) 和 Proposed (Random)），都表现出比相应的基准方案（Round-Robin 和 Random）更好的性能，尤其是当 V2V-VUE 的传输数据量增加时。此外，还可以从图 7.17 中观察到，本工作所提出的算法在去掉 ARR 技术后（图中的 Proposed (no reference)）表现出了更明显的性能下降，说明了 ARR 技术的有效性。另外一些对比方案，如文章[5]中提出的对比方案（图中 Baseline 方案）及 Mode 2 方案，在某些情况下展现了更好的性能。这是由于所有 VUE 共享频谱资源，V2I-VUE 的总吞吐量和 V2V-VUE 的数据包交付成功率之间存在着权衡关系。结合后续仿真结果，此处微弱的性能劣势将在 V2V-VUE 的数据包交付成功率指标上实现增益。

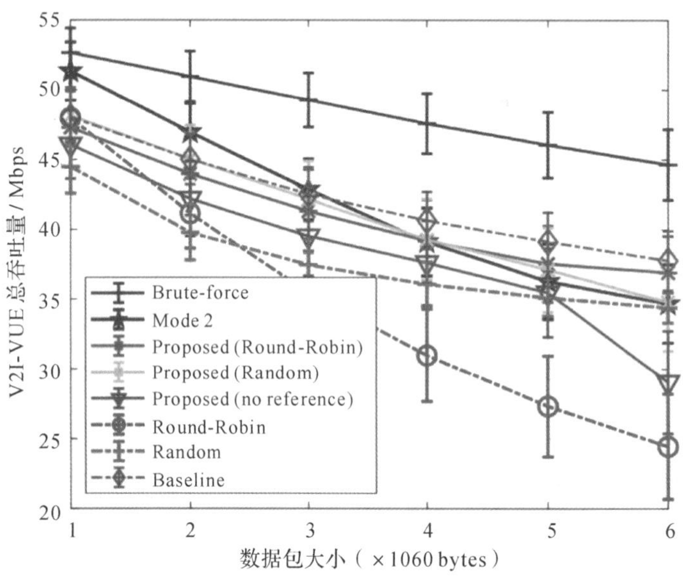

图 7.17 V2I-VUE 的总吞吐量（智能体数目为 4）

扫码看彩图 7.17

图 7.18 展示了 V2V-VUE 的数据包交付率随着传输数据包大小增加的变化关系。随着传输数据包大小的增加，包括 Brute-force 在内的所有方案的成功交付率都呈现下降趋势。本工作所提出的分布式 CSI-independent 版本算法，无论是采用 Round-Robin 还是 Random 作为参考基准，甚至去掉 ARR 技术，均呈现出仅次于接近完美的中心式 Brute-force 方法的性能。随着传输数据量的增加，所提出的算法呈现出明显优于其他对比方案的性能。此外，从图 7.18 中可以观察到，去除 ARR 技术的算法版本性能下降趋势更明显，这进一步表明了 ARR 技术采用静态基准策略来辅助跟踪环境动态变化特性的有效性。

本节接下来将进一步评估本章所提出算法在智能体数量增加时的性能表现。由于仿真设置中遵循了文章[5]中的假设：子信道的数量等于智能体的数量，因此当智能体数目增

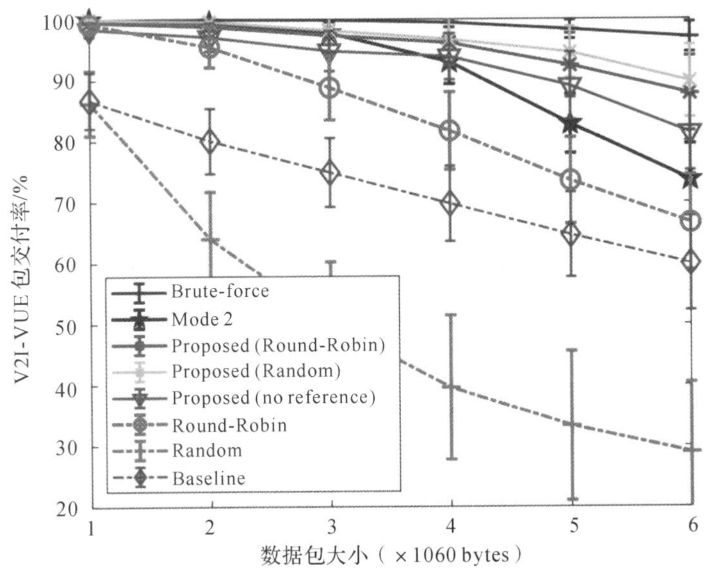

扫码看彩图7.18

图 7.18　V2V-VUE 的数据包交付率(智能体数目为 4)

加时,其动作空间的维度也会随之增加。此外,所有智能体的联合动作空间将随着智能体数目的增加而呈指数级增长,对算法的可扩展性提出了挑战。由于 Brute-force 方法穷举搜索所耗费时间急剧增长,因此,在接下来智能体数目增加的仿真结果中,不再将其纳入考量。

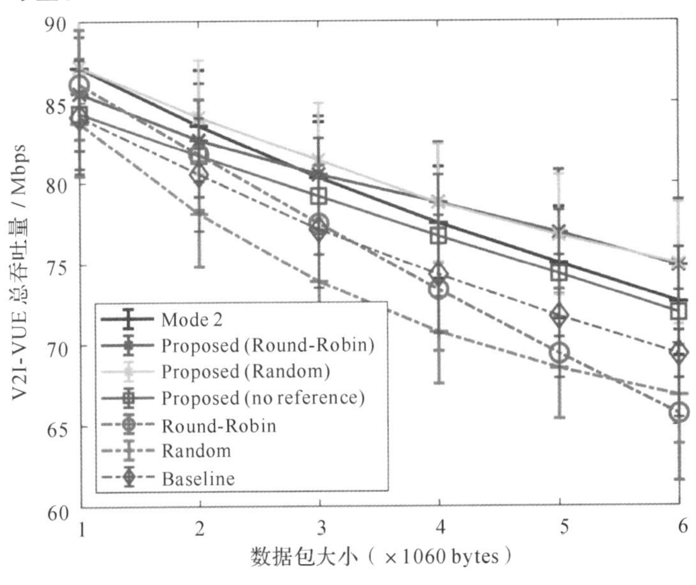

扫码看彩图7.19

图 7.19　V2I-VUE 的总吞吐量(智能体数目为 8)

图 7.19 展示了 V2V-VUE 智能体数目增加到 8 时,V2I-VUE 总吞吐量与传输数据包大小的关系。本工作所提出的算法,无论是采取 Round-Robin 和 Random 作为基准,还是去除 ARR 在没有任何基准参考的情况下直接计算奖励的版本,都表现出了与 Mode 2 相当的性能,并且与其他对比方案相比呈现出明显的性能优势,尤其是当传输数据量增加时。

图 7.20 展示了在 V2V-VUE 智能体数目增加到 8 时，V2V-VUE 的数据包交付率与传输数据量大小之间的关系。从图 7.20 中可以观察到，由于收发机之间的距离随着车辆密度的增加而减小，本工作所提出的 CSI-independent 版本算法总是呈现出近乎完美的性能，并优于所有其他对比方案。结合图 7.19 和图 7.20，可以认为本章所提出的算法可以扩展到更多智能体的情况，并对传输数据量大小的变化具有鲁棒性。

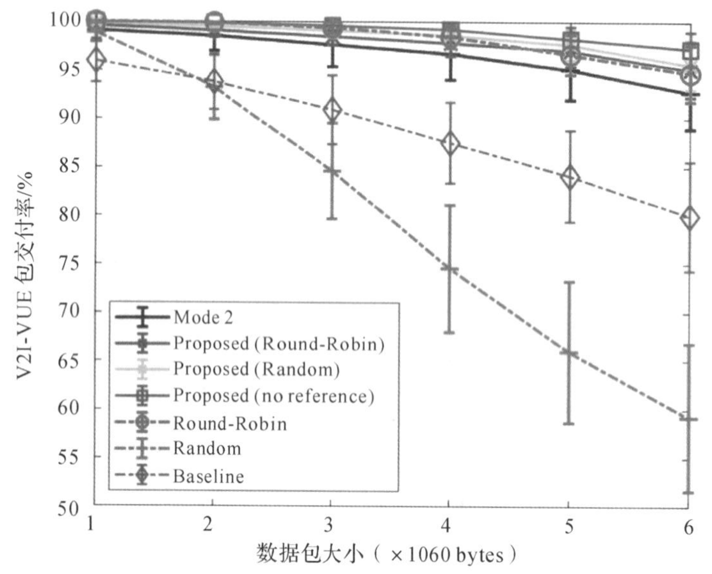

图 7.20 V2V-VUE 的数据包交付率(智能体数目为 8)

扫码看彩图 7.20

四、观测空间设计对算法性能影响

本节对 CSI-independent 及 CSI-involved 两种不同观测空间设计版本对算法性能的影响进行研究。这两种观测空间设计的唯一区别在于 D3RQN 的输入是否包含 CSI。此处分别以 Round-Robin 和 Random 作为参考，比较了本工作所提算法基于 CSI-independent 和 CSI-involved 两种观测空间的性能。具体来说，图 7.21 展示了 V2I-VUE 的总吞吐量指标，而图 7.22 展示了 V2V-VUE 的数据包交付率指标，随着传输数据量大小增加的变化关系。从图 7.21 和图 7.22 中仅能观察到基于 CSI-independent 和 CSI-involved 版本不同观测空间时算法的细微性能差异。就 V2I-VUE 的总吞吐量指标而言，CSI-independent 观测空间版本甚至呈现出轻微的性能优势。该现象说明得益于该工作提出算法中采用的一系列先进 DRL 技术，即使没有 CSI，智能体也能学习到有效的策略。从图 7.17 到图 7.20 中可以观察到，基于干扰测量而不需要 CSI 来进行频谱资源选择的 Mode 2 对比方案也表现出了优秀性能，这也印证了此前的判断。

总的来说，综合考虑 V2I-VUE 总吞吐量和 V2V-VUE 包交付率这两个指标，可以得出结论：本章所提出的算法基于 CSI-independent 观测空间可以实现与假设了完美 CSI 反馈的 CSI-involved 版本相当的性能。

五、车辆移动速度对算法性能影响

本小节进一步研究了车辆移动速度对本章所提出算法性能的影响。此外，需要注意的是，为了评估该算法的泛化能力，以下不同车辆移动速度下的测试结果均基于以[10,15]

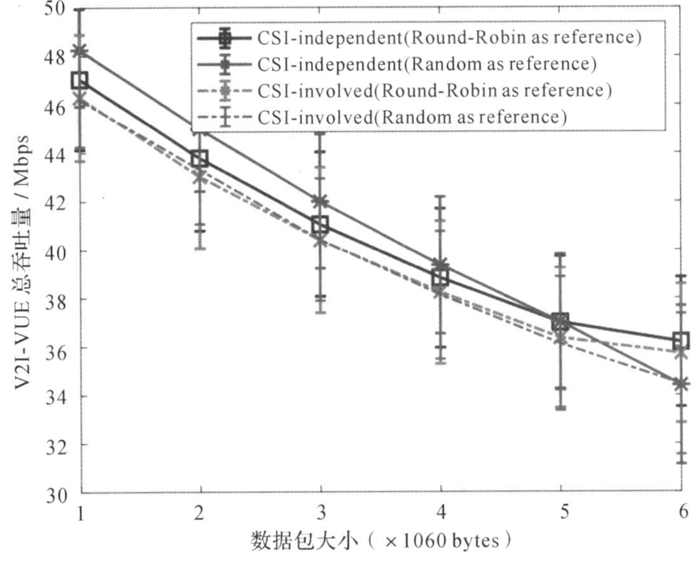

扫码看彩图7.21

图 7.21 观测空间中是否包含 CSI 对 V2I-VUE 总吞吐量指标影响对比

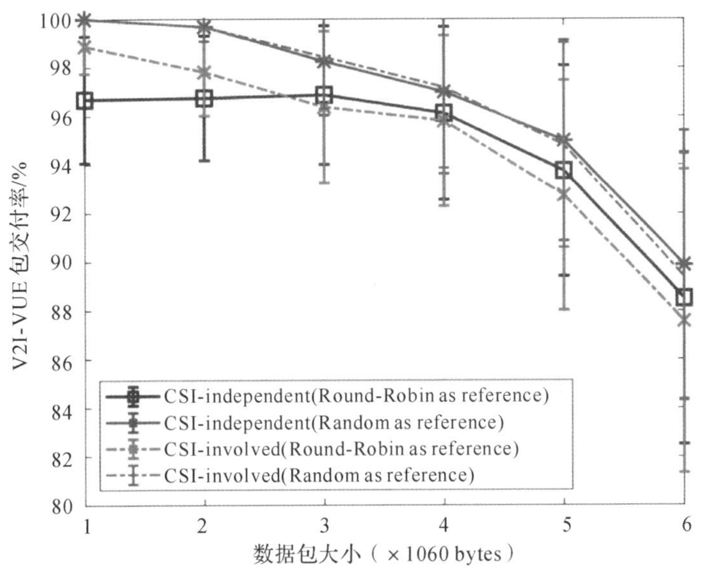

扫码看彩图7.22

图 7.22 观测空间中是否包含 CSI 对 V2V-VUE 包交付率指标影响对比

m/s速度训练得到的同一模型。此处仿真设置考虑有 4 个 V2V-VUE 智能体，数据包大小为 6×1060 字节，车辆移动速度范围包含四个区间，即[10,15]m/s、[15,20]m/s、[20,25]m/s 和[25,30]m/s。从图 7.23 和图 7.24 中可以观察到，随着车辆速度的增加，本章所提出算法的性能略有下降。这是因为当车辆移动速度增加时，智能体观测到的环境状态变化与在训练阶段(较低移动速度)所观察到的状态相比会更剧烈，因此会产生细微的泛化性能损失，但总体来说，算法的性能损失在可接受范围内，且该损失可通过在训练过程中增加车辆移速范围，使智能体经历更多样的环境条件来应对。

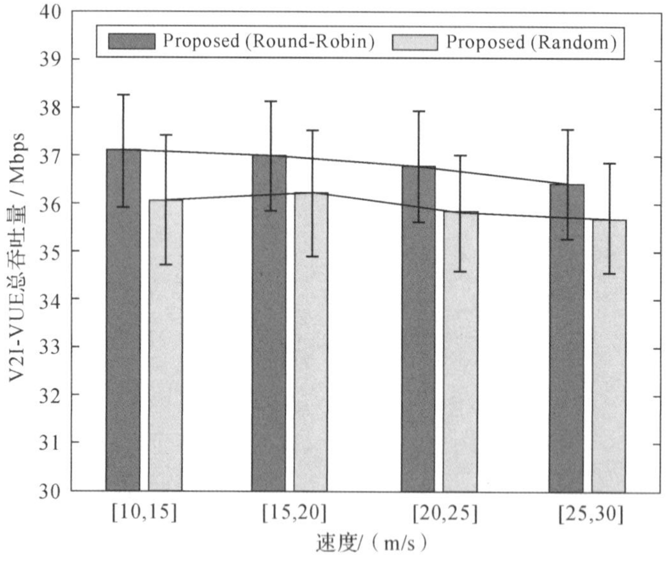

图 7.23　车辆移动速度对 V2I-VUE 总吞吐量指标的影响

扫码看彩图 7.23

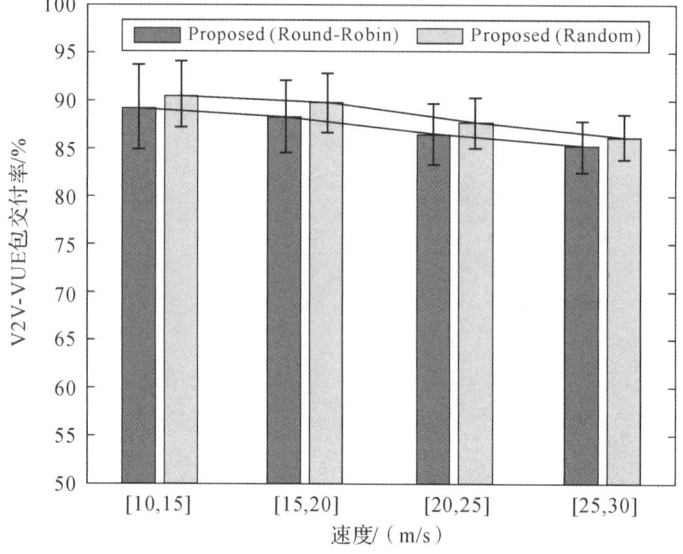

图 7.24　车辆移动速度对 V2V-VUE 包交付率指标的影响

扫码看彩图 7.24

六、扩展性验证

本小节将从算法性能与智能体数量变化关系的角度来研究算法的可扩展性。图 7.25 和图 7.26 展示了 V2I-VUE 的平均吞吐量和 V2V-VUE 的数据包交付率随着智能体数量增加的变化趋势。可以从图 7.25 中观察到，V2I-VUE 的平均吞吐量在智能体数量增加时基本保持稳定。这是因为在本章中假设 V2I-VUE 被预先分配了正交子信道，而且仿真中假设其均匀分布，因此 V2I-VUE 与 BS 的平均距离基本保持恒定，所以 V2I-VUE 的平均吞吐量不会受到智能体数量变化的显著影响。

此外，可以从图 7.26 中观察到，随着智能体数量的增加，V2V-VUE 的数据包交付率呈

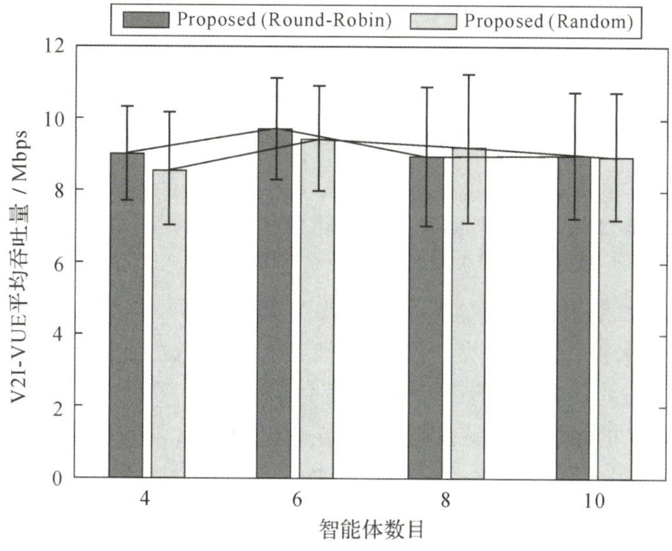

图 7.25　V2I-VUE 平均吞吐量随着智能体数目增长的变化情况

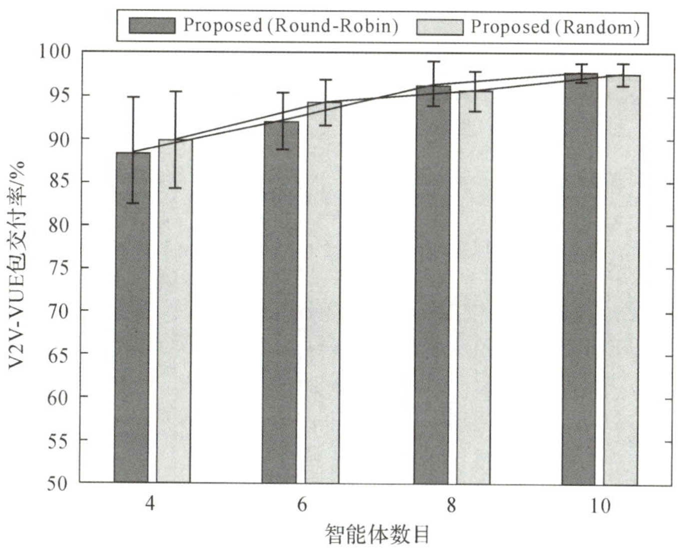

图 7.26　V2V-VUE 包交付率随着智能体数目增长的变化情况

现增长趋势。出现该现象是由于在仿真设置中保持了和文章[5]一样的假设，即频谱资源块的数量和智能体数量保持一致，当车辆数量增加时，车辆密度增加，收发机距离减少，而在这种仿真设置下可使用的频谱资源却没有相对减少，因此使得 V2V-VUE 的 SINR 相对升高，其性能自然更好。根据图 7.25 和图 7.26，以及图 7.19 和图 7.20 中呈现出的本章所提出算法相对其他基准算法的显著优势，此处可以得出结论：本章所提出的算法具备扩展到更多智能体数量的能力。

七、消融实验及复杂度分析

由于本章所提出的算法中整合了多种学习技术，因此，为研究各组件各自的贡献，本小节进行了消融实验。在单独的每个消融项中，从所提算法的完整组合(简称为 Full)中分别删除一个组件。具体来说，本部分分别尝试去掉了单独评估状态价值和动作优势值的对抗结构（简称为 w/o dueling）[11]；解决了值过估计问题的双 DQN 更新技术（简称为 w/o double）[12]；解决了多智能体同时更新带来负面影响的滞后学习技术（简称为 w/o hysteretic）[13]，以及应对环境动态变化改变奖励函数值分布的 ARR 技术（简称为 w/o ARR）[14]。由于 RNN 和 CERT 技术构成了该算法的基本框架，因此没有对这两种技术进行消融实验。值得注意的是，如果将上述所有组件都剔除，则会退化为普通的 DQN 算法。

从图 7.27 和图 7.28 中可以观察到，本章所提出的完整版算法在 V2I-VUE 的总吞吐量和 V2V-VUE 的数据包交付率这两个指标上表现相对更好。由于 V2I-VUE 的总吞吐量和 V2V-VUE 的数据包交付率这两个指标之间存在权衡，因此在某些情况下，完整版本算法可能不如其消融版本。例如，当去除 double-DQN 组件（图中 w/o double 项）时，该算法在 V2I-VUE 的总吞吐量指标上表现更好，而在 V2V-VUE 的数据包交付率指标上不如完整版本。ARR 是该算法中最关键的组成部分之一，其能够有效地解决动态环境中学习不稳定的问题，因此，从图 7.27 和图 7.28 中可以观测到去除 ARR 组件会导致算法性能有明显的下降。其次，去除滞后学习机制也对所提算法的性能有较大影响，这是因为滞后学习有助于协调多智能体的并发学习。此外，去除对抗 DQN 机制（w/o dueling）也会导致算法性能轻微地下降。

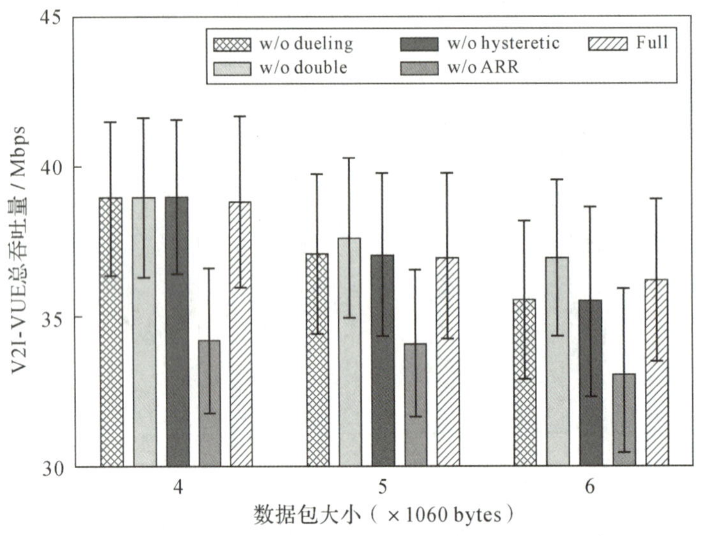

图 7.27　消融实验：V2I-VUE 总吞吐量指标

扫码看彩图 7.27

7.3.4　算法总结

本节以最大化 V2I-VUE 的总吞吐量，同时满足 V2V-VUE 的延迟和可靠性要求为优化目标，提出了一种基于多智能体强化学习的车联网分布式频谱接入算法。通过本节所提出方法，V2V-VUE 可在仅需局部环境观测且无需信道状态信息基础上联合优化子信道和传输功率的选择，并学会在没有智能体间通信机制辅助的情况下进行隐式协作。该算法结合了一系列先进的 DQN 算法改进，并且为了应对多智能体并发学习所引起的非平稳性，该算法结合了滞后 Q-learning 和一种名为 CERT 的分布式重放缓冲改进技术。此外，本节还

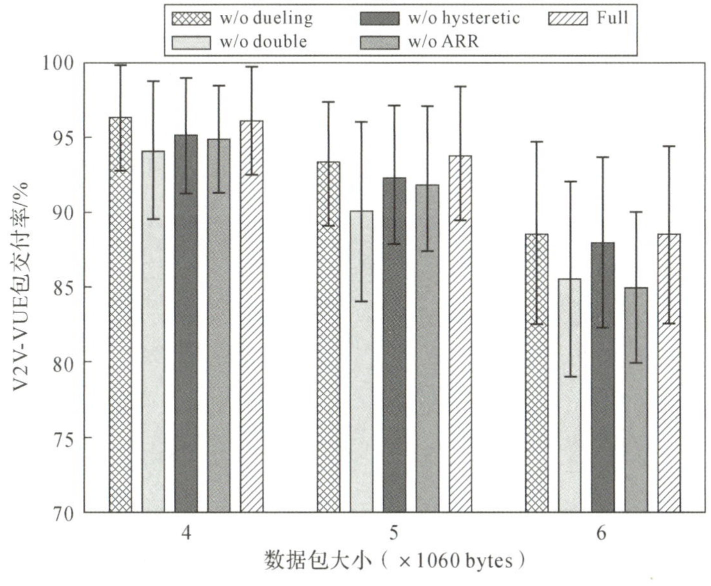

图 7.28 消融实验：V2V-VUE 包交付率指标

扫码看彩图 7.28

引入了一种近似遗憾奖励机制，来解决环境动态变化导致智能体难以准确评估训练效果的问题。以上所有的算法改进组件为最终完整版算法相对于对比方案呈现出的性能优势做出了各自贡献。此外，由于该算法使用不包含 CSI 的环境观测信息也能实现与包含 CSI 版本相当的性能，因此该算法有助于降低信令开销，提高频谱利用率。最后，仿真实验也验证了该算法相对于对比方案可以扩展到更多的智能体。

参考文献

第 7 章内容的参考文献，请扫二维码 7.1。

7.1 第 7 章的参考文献

第三篇

车联网与信息安全技术

第8章 智能网联汽车信息安全

8.1 智能网联汽车的信息安全

对于智能网联汽车来说，安全性至关重要。任何车辆如果达不到安全要求就上路是极其危险的。目前，针对车辆攻击的方法五花八门，渗透到系统的每个层次，包括传感器、操作系统、控制系统、车联网通信系统等。首先，针对传感器的攻击不需要进入驾驶系统内部，这种外部攻击法技术门槛相当低，既简单又直接。其次，如果进入驾驶操作系统，黑客可以造成系统崩溃导致停车，也可以窃取车辆敏感信息。再者，如果进入驾驶控制系统，黑客可以直接操控机械部件，劫持车辆去伤人，这是极其危险的。最后，车联网连接不同的网联车，以及中央云平台系统，劫持车联网通信系统也可以造成智能网联车间的沟通混乱。

8.1.1 智能网联汽车传感器的安全

智能网联汽车上的传感器，是最具可能性的入侵通道之一。像GPS、摄像头、激光雷达、毫米波雷达、惯性传感器(IMU)、视觉罗盘、车轮编码器等常见传感器装置，都可以被干扰进而影响自动驾驶的行驶轨道与判断机制。

一、传感器攻击

两大类传感器攻击的基本方法分别是拒绝与欺骗。

- 拒绝，阻止传感器还原任何有用的数据；
- 欺骗，让传感器采集到攻击者希望的错误信息。

1. 车载传感器

在第2章的2.7节，我们初步介绍了智能网联车传感器的安全案例，并在2.8节提出了有效的解决方案，即多传感器融合，融合在一起比单个传感器更有用。

GPS(全球定位系统)被黑客青睐的历史由来已久，利用一个干扰发射机可以让GPS的频率产生很大的噪声，同时让卫星信号变弱。当然，还可以生成比卫星本身更高功率的伪GPS信号来覆盖接收器。在民用领域，GPS很容易被用作主要传感器。

激光雷达是当下最昂贵的自动驾驶传感器，主要用来避障与绘制高精地图。要想攻破这个昂贵而又脆弱的传感器，控制其发出的光束，或者是利用灰尘、烟雾或薄雾防止其信号返回，都是属于“拒绝”的一种攻击方式。摄像头也可以被利用，重点在于如何阻止无人车的摄像头发挥正常作用。从目前大部分的无人车配置来看，激光雷达+摄像头真的是一对极佳的组合，两者一起帮汽车做3D建模，绘制高精地图。前者提供精准的点云数据，后者输出有噪点的2D图像信息，经常被用来给数据上色。激光测距仪告诉汽车什么是路，什么不是路；然后用相机的信息来进行颜色匹配。相对地，如果是从“干扰”的角度来考虑，让摄像头输出的图像出现更多纹路与噪点是一个常见的攻击思路。从“欺骗”角度，则会用路的颜色来制造所有障碍。

毫米波雷达这个传感器的应用也已经非常成熟，由于其强大的信号反射接收能力，可以帮汽车省掉很多烦琐的步骤，但也正是因为发出的电磁波对信号的反应过于敏感，特别是金属，所以路面上某个金属物质或者远处的金属广告牌可能都会造成紧急刹车。而当工程师将这一“阈值”调整后，又会给攻击带来操作空间。这里也提醒我们为何要做传感器融合的原因，将各个传感器的优势结合在一起，会给各类攻击增加难度，无形之中提升了安全性。

2. 车内传感器[1]

车内传感器如图8.1所示，若要详细了解传感器的性能及指标，请扫描二维码8.1，下载观看各车内传感器的介绍视频。

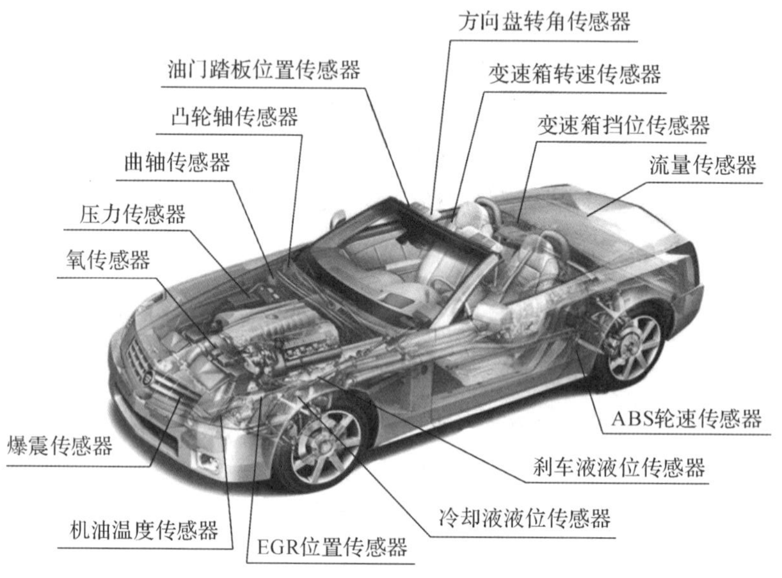

图8.1 车内传感器

二、多传感器融合

8.1 车内12个传感器介绍视频压缩文件

多传感器融合可显著提高系统的冗余度和容错性，从而保证决策的快速性和正确性，是无人驾驶的必然趋势。各种传感器性能各有优劣，在不同的应用场景里都可以发挥独特的优势，仅依靠单一或少数传感器难以完成无人驾驶的使命。

算法是多传感器融合的核心。多传感器数据融合技术的基本原理就像人脑综合处理信息一样，充分利用多个传感器资源，通过对多传感器及其观测信息的合理支配和使用，把多传感器在空间或时间上冗余或互补信息依据某种准则来进行组合，以获得被测对象的一致性解释或描述。简单地说，传感器融合就是将多个传感器获取的数据、信息集中在一起综合分析以便更加准确可靠地描述外界环境，从而提高系统决策

滤波器

的正确性。融合算法要足够优化，因为多传感器的使用会使需要处理的信息量大增，其中甚至有相互矛盾的信息，如何保证系统快速地处理数据，过滤无用、错误信息，从而保证系统最终做出及时正确的决策十分关键。目前多传感器融合的理论方法有贝叶斯准则法、卡尔曼滤波法、D-S证据理论法、模糊集理论法、人工神经网络法等。以卡尔曼滤波法为例，详细的介绍请扫二维码“滤波器”。

8.1.2 智能网联汽车控制系统的安全

一、控制平台

控制平台是智能网联车的核心部件，控制着车辆的各种控制系统，控制平台主要包括电子控制单元(ECU)与通信总线两大部分：ECU主要实现控制算法，通信总线主要实现ECU以及机械部件间的通信功能。具体控制系统包括：汽车防抱死制动系统(ABS)、汽车驱动防滑转系统(ASR)、汽车电子稳定程序(ESP)、电子感应制动控制系统(SBC)、电子制动力分配(EBD)、辅助制动系统(BAS)、安全气囊(SRS)和汽车雷达防碰撞系统、电控自动变速器(EAT)、无级变速器(CVT)、巡航控制系统(CCS)、电子控制悬架(ECS)、电控动力转向系统(EPS)，等等。

(1)ECU

ECU从用途上讲是汽车专用微机控制器，也叫汽车专用单片机。它和普通的单片机一样，由微处理器(CPU)、存储器(ROM、RAM)、输入/输出接口(I/O)、模数转换器(A/D)以及整形、驱动等大规模集成电路组成。存储器ROM中储存的是一套固定的程序，固定程序在发动机工作时，不断地与采集来的各传感器的信号进行比较和计算，然后输出指令，以控制发动机的点火、空燃比、怠速、废气再循环等多项参数的设置，判断是否需要改变喷油量以及改变多少，点火正时是需要提前还是延后，气门开度的大小等。

防抱死制动系统、四轮驱动系统、电控自动变速器、主动悬架系统、安全气囊系统、多向可调电控座椅等都配置有各自的ECU。要让所有的这些ECU之间相互配合，就需要采用一种称为多路复用通信网络协议进行信息传递，即控制器区域网(controllers area network，CAN)总线。借助CAN协议，汽车内部的数百个ECU可以组建一个区域网，有效地解决线路信息传递所带来的复杂化问题。

为了弥补CAN协议在某些方面的不足，汽车工业还研发出了很多其他协议，比如LIN协议。相比CAN，LIN的带宽更小，承载的数据量更少，但同时成本也更低，适合应用于一些简单的ECU中，比如车窗升降等。

随着技术进步，汽车内部的数据量暴增。尤其是大屏幕的普及和流媒体技术的介入，让CAN总线在某些时候“力不从心”，已无法胜任工作。于是，更高级的通信协议问世了，比如MOST、FlexRay、以太网等，这些协议标准拥有更大的带宽与更强的稳定性。

(2)通信总线

随着汽车各系统的控制逐步向自动化和智能化转变，汽车电气系统变得日益复杂。为了满足各电子系统的实时性要求，我们须对汽车数据，如发动机转速、车轮转速、节气门踏板位置等信息实行共享，因而我们需要汽车通信总线。目前，车用总线技术被美国汽车工程师协会(SAE)下属的汽车网络委员会按照协议特性分为 A、B、C、D 四类。

在当前的汽车总线网络市场上,占据主导地位的是 CAN 总线(图 8.2)。CAN 总线是德国博世公司在 20 世纪 80 年代初为了解决现代汽车中众多的控制与测试仪器之间的数据交换问题而开发的一种串行数据通信协议。它的短帧数据结构、非破坏性总线性仲裁技术及灵活的通信方式适应了汽车的实时性和可靠性要求。CAN 总线分为高速和低速两种,高速 CAN 最高速度为 1Mbps(C 类总线),低速 CAN 为 250Kbps(B 类总线)。

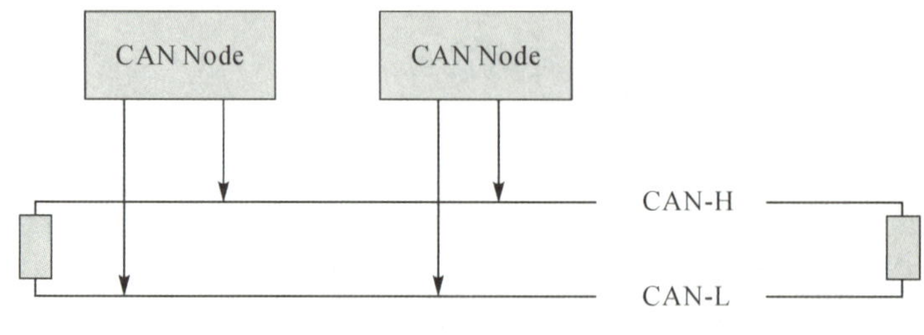

图 8.2　CAN 总线

CAN 总线采用差分信号传输,通常情况下只需要两根信号线(CAN-H 和 CAN-L)就可以进行正常的通信。在干扰比较强的场合,还需要用到屏蔽地即 CAN-G(主要功能是屏蔽干扰信号)。CAN 总线上任意节点均可在任意时刻主动地向其他节点发起通信,节点没有主从之分,但在同一时刻优先级高的节点能获得总线的使用权。CAN 总线一般为总线型结构,所有节点并联在总线上。当一个节点损坏时,其他节点依然能正常工作。但当总线一处出现短路时,整个总线便无法工作。CAN 总线采用 CSMA/CA(carrier sense multiple access with collision avoidance)机制。

各节点会一直监听总线,发现总线空闲时便开始发送数据。当多个节点同时发送数据时,会通过一套仲裁机制竞争总线。每个节点会先发送数据的 ID,ID 越小表示优先级越高,优先级高的会自动覆盖优先级低的 ID。当节点发现自己发送的 ID 被覆盖掉时,就知道有比它优先级更高的消息正在被发送,便自动停止发送。优先级最高的消息获得总线使用权,开始发送数据。当高优先级的数据包发送完后,各节点便又尝试竞争总线。如此反复下去,这样能最大程度地利用总线。

弊端是会有时效延迟,优先级越低的数据包,可能需要等待的时间越长。从这点上来讲,CAN 总线不是一种实时总线。当 CAN 总线有节点发现当前发送的数据有误时,会发送错误帧告知总线上的所有节点,发送错误数据的节点会重发。每个节点都有一个错误计数器,当一个节点发送或接收错误超过一定次数时,会自动退出总线。

车辆的 CAN 总线连接着车内的所有机械以及电子控制部件,是车辆的中枢神经,CAN 总线具有布线简单、典型总线型结构、可最大限度节约布线与维护成本、稳定可靠、实时、抗干扰能力强、传输距离远等特点。由于 CAN 总线本身只定义 ISO/OSI 模型中的第一层(物理层)和第二层(数据链路层),通常情况下,CAN 总线网络都是独立网络,所以没有网络层。在实际使用中,用户还需要自己定义应用层的协议,因此在 CAN 总线的发展过程中出现了各种版本的 CAN 应用层协议。

二、控制系统的安全[2]

如果 CAN 被劫持,那么黑客将为所欲为,造成极其严重的后果。一般来说,要进入

CAN 系统是极其困难的。但是一般车辆的娱乐系统以及检修系统的 OBD-Ⅱ端口都连接到 CAN 总线，这就给了黑客进入 CAN 的机会。攻击的方式包括以下几种。

OBD-Ⅱ入侵：OBD-Ⅱ端口主要用于检测车辆状态，通常在车辆进行检修时，技术人员会使用每个车厂开发的检测软件接入 OBD-Ⅱ端口并对汽车进行检测。由于 OBD-Ⅱ连接到 CAN 总线，只要黑客取得这些检测软件，便能轻易截取车辆信息。

电动车充电器入侵：最近电动车越来越普及，充电设备成为电动车生态必不可少的核心部件。由于电动车的充电装置在充电时会与外部充电桩通信，而且电动车的充电装置会连接 CAN 总线，这就给了黑客们通过外部充电桩入侵 CAN 系统的机会。

车载 CD 机入侵：曾经有攻击的案例是把攻击代码编码到音乐 CD 中，当用户播放 CD 时，恶意攻击代码便会通过 CD 播放机侵入 CAN 总线，从而可以取得总线控制以及盗取车辆核心信息。

蓝牙入侵：如今蓝牙连接手机与汽车通信以及娱乐系统已经成为标配。由于用户可以通过蓝牙给 CAN 发送信息以及从 CAN 读取信息，这也是黑客们攻击的窗口。除了取得车主手机的控制权，由于蓝牙的有效范围是 8m，黑客们也可以使用蓝牙进行远程攻击。

TPMS 入侵：TPMS 是车轮压力管理系统，也有黑客对 TPMS 展开攻击。在这种攻击方法中，黑客先把攻击代码放置在车辆 TPMS ECU 中，然后当 TPMS 检测到某个胎压值的时候，恶意代码便会被激活，从而对车辆进行攻击。

一个通用的解决方法是：对 ECU 接收的信息进行加密验证，以保证信息是由可信的 MCU 而不是由黑客发出的。使用加密验证，我们可以选择对称或者非对称密码。对称密码的计算量小但是需要通信双方预先知道密码。非对称密码无须预先知道密码，但是计算量大。

由于大部分车用 ECU 计算能力与内存有限，现在通用做法是使用对称密码加密，然后密钥在生产过程中被写入 ECU。这样的后果是有许多 ECU 复用同一个密钥，当一个 ECU 密钥被破解后，同批的 ECU 都会有风险。

8.1.3 智能网联汽车通信系统的安全性

随着车载端设备成为很多汽车的标配，车辆与云端服务器和其他移动设备的实时通信成为可能。车辆的信息包括车辆运行状况和地理位置信息等多种数据会通过网联技术上传到云端或其他移动设备上。同时，一些车载端还能够接收云端下发的指令，使远程控制车辆的行为成为可能。在这种情况下，如果数据被恶意获取或利用，或者车辆接收并执行了非法指令，则很有可能导致危及人身安全的事件发生，甚至上升为社会安全和国家安全问题。由此可见，信息安全是我国智能网联汽车发展所必须考虑和解决的关键且急切的问题之一，挑战与机遇并存。

当网联车上路后，它会成为车联网的一部分。V2X 是车联网通信机制的总称，包括 V2V 车车通信、V2I 车路通信、V2P 车与路人通信等。

通过 V2X 车辆可以获得实时路况、道路、行人等一系列交通信息，从而带来远距离环境信号。比如 V2V，最普遍的应用场景是在城市街道、高速公路，车辆之间可以相互通信，发送数据，实现信息的共享。这样的数据包括车辆的时速、相对位置、刹车、直行还是左拐等，所有与行驶安全相关的数据提前提供给周围的车辆，使得周围车辆都能够预判其他车辆的驾驶行为,从而实现主动的安全策略。

V2X 安全防护是自动驾驶的必要技术和智慧交通的重要一环,确保 V2X 通信安全的系统要满足以下两个基本条件:

第一,确认消息来自合法的发送设备,这个需要通过验证安全证书来保证。

第二,确认消息传输过程中没有被修改,这个需要接收信息后计算信息的完整性。

8.2 车联网信息安全

据相关机构统计分析,车联网信息安全有以下十大风险。

(1)不安全的生态接口

SQL 注入导致非法查询数据库资源;XSS 跨站攻击导致后台数据被非法获取;中间件远程命令执行导致服务器被远程入侵。

(2)未经授权的访问

车主未操作汽车的情况下,使汽车开车门、上电、点火等;访问服务器数据,造成信息泄漏,增大攻击者攻击面;造成攻击者可提升为最高权限。

(3)系统存在的后门

造成车载娱乐系统、T-Box 容易被攻击提权;绕过车载系统已有的安全设置,泄露敏感信息和系统程序;导致服务器被远程控制,作为攻击其他主机的跳板。

(4)不安全的车载通信

对车辆 Wi-Fi/蓝牙的通信数据进行监听,相关信息被泄露;车辆位置被欺骗,干扰驾驶安全;钥匙信号被重放攻击,威胁车主财产安全。

(5)系统固件可被提取及逆向

造成文件系统和敏感配置信息泄漏;造成固件被逆向分析,挖掘出的漏洞危害同款车型安全;造成固件被篡改,危害汽车行驶安全。

(6)存在已知漏洞的组件

第三方组件漏洞导致程序可被利用提权,危害系统安全;潜在后门使程序可被远程控制。

(7)车载网络未做安全隔离

应用报文可被重放篡改,控制车辆行为,影响安全;CAN 总线负载重,车辆拒绝服务。

(8)敏感信息泄露

无线密码泄露,攻击者可连接汽车无线,对车载流量进行劫持、中间人攻击或植入木马;车主敏感信息泄露,影响用户日常生活,严重可造成经济损失。

(9)不安全的加密

通信过程中敏感信息被第三方监听窃取;没有对敏感数据进行加密或使用弱加密算法,造成敏感数据泄露;密钥硬编码在代码中,造成密钥信息泄露。

(10)不安全的配置

服务器配置被恶意篡改,造成敏感信息泄露;使服务器容易被攻击提权,被远程控制;非法获取系统内存数据或系统权限。

“不安全的生态接口”因素一直处于首位。攻击者通过“不安全的生态接口”可以对后台数据库进行非法访问，对车辆信息（车辆行驶轨迹、车辆位置等）、车主信息（身份证号、姓名、手机号、登录密码等）等敏感数据进行窃取。进一步通过远程入侵服务器，登录到车联网服务云平台，实现对车辆的远程控制（例如攻击者在没有物理接触车辆的情况下，远程实现对车辆的动力、转向等核心功能的操控），严重影响驾驶员的行车安全，甚至生命财产安全。

由中国智能网联汽车产业创新联盟推动的 T/CSAE 81—2018《智能网联汽车车载端信息安全技术要求》正式发布。该标准汇集了高校、科研单位、传统车厂、新能源汽车企业、供应商以及信息安全企业等多方力量，最终形成被行业广为认可的标准，将为规范行业发展提供有力支撑。

智能网联汽车的信息安全防护依赖于"云、管、端"多方面的安全措施，其中"端"指的是车辆端，包括车内各子系统/域的安全架构和各子系统具体安全机制，车载端设备也只是车辆端的一个组成部分。车载端是车辆对外网络连接的桥头堡，暴露在多种信息安全威胁和攻击的最前线，很多汽车信息安全的案例都是通过攻击车载端进一步实现了对车辆的控制。总体来说，车载端信息安全应做到：对外，尽量减少自身可被恶意攻击利用的薄弱点；对内，避免或屏蔽对关键业务系统的干扰。因此，我们把车载端信息安全架构分为车载端自身的硬件、操作系统、应用三个层面的安全，对外通信和对内通信的安全以及数据安全共六个部分，如图 8.3 的中间框图（车载端安全）所示。

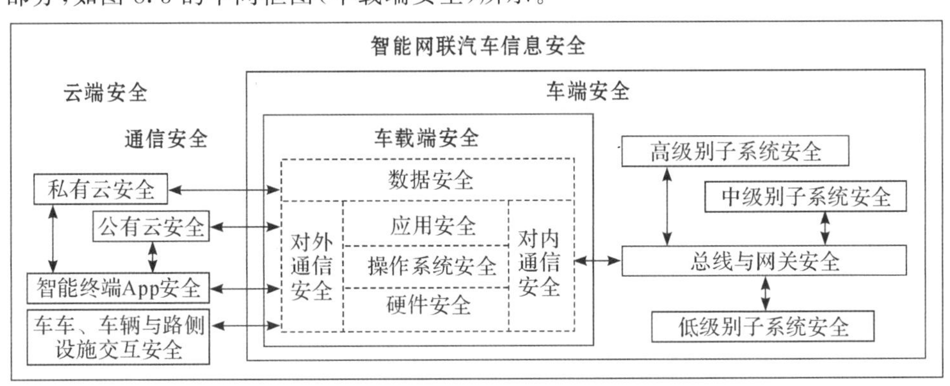

图 8.3　智能网联汽车信息安全体系以及车载端的安全架构

以下具体介绍标准中硬件安全、操作系统安全、应用安全、对外通信安全、对内通信安全以及数据安全这六个部分的定位。

（1）硬件安全：主要是对车载端设备硬件设计生产过程中的安全技术要求，能够防范物理层面对车载设备的多种信息安全攻击。

（2）操作系统安全：要求主要集中在漏洞管理、身份认证、文件完整性保护以及资源管理等措施，强调访问控制策略的落实。

（3）应用安全：主要考虑对抗逆向分析、反编译、篡改、非授权访问等各种针对应用的安全威胁，保证应用为用户提供服务时，以及应用在启动、升级、登录、退出等各模式下的安全性。

（4）对外通信安全：通过隔离、加密、认证、完整性保护等多种手段，对抗外部对车载端甚至车辆的攻击行为。

(5)对内通信安全:重点是车载端应力争不破坏车辆内部的重要子系统信息安全可用性和完整性。

(6)数据安全:保护车载端参与操作的用户数据在其生命周期各环节的安全性。

8.2.1 车联网感知层安全

车联网可以从下到上分为车联网感知层、车联网网络层与车联网应用层三个模块,如图 8.4 所示。

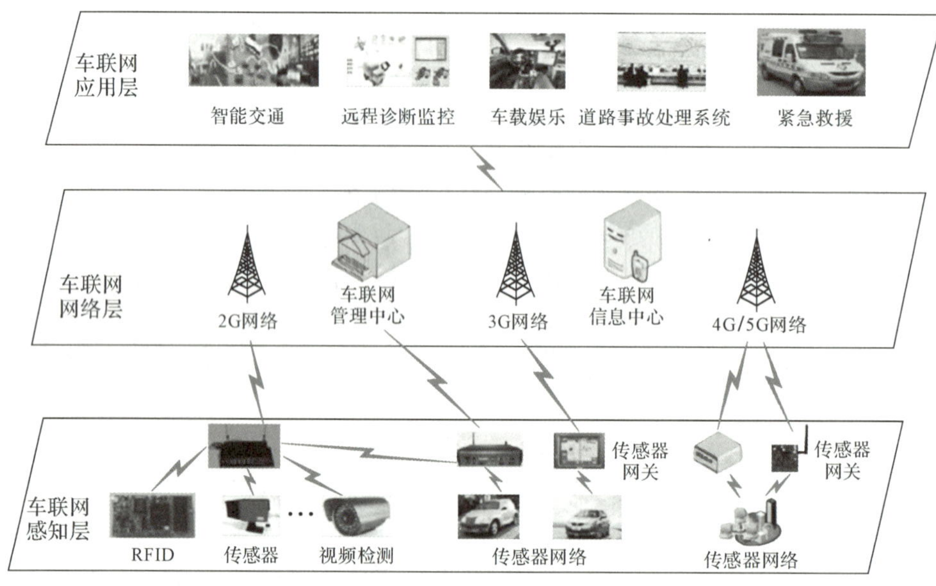

图 8.4 车联网架构

在车联网环境中,车辆节点是进行终端安全研究的重要载体,车联网终端安全的主要研究内容聚焦在其可靠性与特殊性上。因此明确地说,车联网的终端安全定义为车辆节点中部署的硬件安全、嵌入式系统安全等基础软件安全,以及车辆节点中存储的车主个人信息、车主个人隐私不被非法节点违规获取,即主要包括车辆节点设备安全、车内通信网络安全以及车辆节点信息安全。

一、车辆节点设备安全

在车联网终端安全中,车辆节点设备安全是最基本的安全要求。在一般情况下,车辆节点为了实现全方位、多视角的自身和环境参数协作感知,会部署大量电子控制单元(ECU)、智能传感器(如加速度传感器、温度传感器、压力传感器等)、执行器等物理设备。首先,这些设备应符合包括电磁兼容和电气安全在内的中国强制认证的要求,确保其物理安全。其次,车联网中车辆节点上部署的多个传感器在空间和时间上感知的实时数据将提供给终端,终端再根据某种准则进一步融合,之后的数据才能为 ECU 使用,然而此过程同样面临着多传感器数据融合的安全问题。为了进一步提高此过程的安全性,需要保证原始数据的安全,同时安全融合算法要根据不同的业务需求进行选择。最后,车辆节点作为车联网通信环境中的主要通信终端,应能防范如病毒、蠕虫、木马等常见安全威胁,确保车辆节点操作系统的安全。

二、车内通信网络安全

车辆节点内部署的电子单元的内部通信是通过 CAN 总线完成的，进而建立各 ECU 之间的通信架构。CAN 总线具备如下几个特点：

(1)同一 CAN 总线上的所有 ECU 拥有相同的访问权限；

(2)在 CAN 总线的广播信道中缺乏加密认证机制；

(3)一些特殊的 ECU 有可能会持续占用信道，导致信道资源浪费严重。

上述 3 个特点的直接后果会使数据帧没有加密属性，使其他 ECU 单元与发送源之间无法进行认证。这样黑客就有了可乘之机，他们能够非法控制车内某个 ECU，导致车辆受到窃听、伪装、重放的攻击，造成严重的信息安全事故。因此为了加强车内通信安全，对 CAN 总线进行实时的异常监控是十分必要的。比如，可以把传感器置于 CAN 总线子网中，对总线数据帧进行实时监控，或为车内所有 CAN 子网设置中心网关。

三、车辆节点信息安全

车辆节点信息安全主要指车辆节点中存储的车辆状态信息、车主用户信息以及应用相关信息等不被非法获取。车辆状态信息包括车辆节点当前驾驶速度、加速度、发动机转速、油耗等基本驾驶信息；车主用户信息包括车主姓名、职业等基本信息以及车主驾龄等注册信息；应用相关信息主要包括车主在终端存储的通讯录信息、通话记录以及浏览的网页等。车辆节点的信息安全重点关注这些信息的保密性、完整性以及隐私性，同时，车辆节点内信息的访问控制、入侵检测等技术也是需要研究的内容。

8.2.2 车联网网络层安全

车联网的基础网络主要由移动互联网、无线通信网等行业网络构成，除了移动互联网的安全策略可以维持原有的保持不变以外，无线通信网络要作为车联网的接入网必须重新制定，因此它涉及加密认证、流量监控、网络隔离和交换、信令和协议过滤等，要保证接入网的绝对安全性。因此，车联网的接入安全、异构网络融合安全和信息安全是车联网网络层安全的重要组成部分。

一、车联网的接入安全

车联网接入安全，其基本流程是：当新增的车辆节点对互联网或者其他网络进行访问时，需要对新增节点的身份进行认证，确定其身份的合法性，同时完成密钥协商，保证车联网通信网络的安全性与机密性。这是车联网网络安全最基本的需求，如果在安全接入方面没有采取相关的控制措施，则可能会使非法节点入侵，破坏完好的网络环境，进而给车内网络带来极大的安全隐患问题。

安全接入技术不断更新，目前主要包括基于口令认证安全接入、基于门限密码的安全接入、公钥认证安全接入、基于身份的安全接入、基于证书的安全接入以及非密码学的信誉系统。然而，车联网环境中车辆节点具有高速移动性，使得车联网接入安全面临的挑战与传统物联网设备和智能手机截然不同。

首先，在较高的速度下，车联网通信链路的稳定性差，需要确保车辆节点接入安全的同时，减少交互时间，降低密码算法的计算开销。其次，由于车辆节点可以随时接入或退出网络，具有较高的自组织性，需要灵活的车联网安全接入机制，确保其接入安全。最后，由于车辆的自组织性使其信任关系具有多变性，即在短期内，当前可信任的安全节点在下一时刻就有可能变成攻击节点，同时对于待检测节点或失控节点应采取相应的隔离机制或惩罚机制来提供更高可靠性的安全接入。

二、异构网络融合安全

异构网络融合安全是指通过结合不同的无线技术，形成统一规范的无线通信网络，确保实时的连续性与稳定性，提供全网覆盖。车联网通信环境下，车辆节点上会部署多个无线接口，使其具备多种网络连接能力。目前普遍使用的无线通信技术有 DSRC、WiMAX、无线局域网(WLAN)、IEEE 802.11、3G/4G/5G 等，车辆频繁的网间切换涉及不同的接入技术和协议转换问题。异构无线网融合技术是车联网发展的必然选择，同时也带来了异构网络融合的安全需求。异构网络融合安全要求实现简单，尽量达到彻底融合，且需要对网络资源进行统筹处理。同时，融合过程中的统一性与安全管理也是需要研究的重点。

三、信息安全

车联网通信环境中的信息安全主要包括各通信节点间通过无线网络进行消息传递与交换时，网络提供必要的保密措施以及隔离手段以提供信息安全，保证通信消息的完整性、真实性与正确性。其中，加密是为了从源头确保通信消息不被非法篡改；隔离是为了防止非可信通信节点进入车联网通信环境，尽可能保证通信环境的安全性与消息的完整性。根据车联网中安全隔离技术面向对象的不同，将车联网环境下的隔离划分为以下 4 种类型。

(1)控制隔离：通过访问控制策略控制外网用户对车内资源的访问权限；

(2)系统隔离：将车内网的车控单元和非车控单元进行隔离；

(3)网络隔离：在车内网和车载应用模块之间设立隔离区，保护内网数据安全；

(4)数据隔离：隔离存储设备，防止控车系统同时访问多个网络，减少病毒传播途径。

8.2.3 车联网应用层安全

车联网的应用层主要是进行数据处理，把感知层采集到的各类应用系统的数据集中进行存储和处理。由于该层汇聚了各层采集到的通信数据，因此，车联网应用层安全在车联网通信安全架构中占据了重要地位。通常来说，车联网的服务环境安全、业务服务安全和服务平台安全三者构成了车联网的应用层安全。

一、服务环境安全

车联网的服务环境安全主要是指支撑车联网应用服务基础运行环境的安全保护特性，如车联网环境下的数据库服务器、后台服务器等基础设施环境的安全性。首先，这些基础设施所处环境必须满足物理安全的需求，如控制相关环境的温度、湿度，做到防尘、防火、防盗等符合标准要求。其次，这些基础设备需要具备一定的防攻击、防入侵检测的基础安全能力，保证应用设备能够稳定可靠地运行。

二、业务服务安全

车联网的业务服务安全主要是指车载平台安装业务应用的安全性，需要通过加密认证、隐私保护等技术手段确保车主可以正常安全地使用此类业务，同时防止车主在使用业务应用的个人信息被非法用户窃取、非法使用等。由于车联网环境下可安装的业务应用复杂多样，且大多需要接入网外服务器以获得相应业务服务，因此，车联网业务应用的隐私性、访问控制授权、安全监测等技术也是车联网业务安全需要研究的内容。

三、服务平台安全

伴随着云计算技术的快速发展，以云计算技术为基础构建的车联网移动计算平台开始流行起来，用来满足智能交通数据量巨大、信息处理实时性要求高、可用数据的稳定性高等需求。在云计算技术将自己本身虚拟化的同时，车联网也将面临云计算数据安全、隐私保护、虚拟资源调度等安全问题。同时，车联网应用服务平台技术与云计算技术结合利用，也可能暴露出新的安全隐患。由此可见，汽车网络服务平台的安全要通过实体认证、资源管控、异常检测、隐私保护、隔离技术、加解密技术等一系列信息安全技术来确保运行环境的安全，使其具有抵御外部攻击的防护能力，为车联网应用系统的安全提供保障。

8.3 车联网环境下的隐私保护

车联网环境下，由于车辆自身运动的规律性和通信环境的开放性使得车辆信息易于暴露，车主的身份隐私和位置隐私等更易于被攻击者获取。因此，车联网环境下的隐私保护技术主要是指通过信息隐匿技术、匿名技术和加解密技术等手段来保障车辆位置信息、车主个人信息和通信消息内容的安全性。车联网环境下，隐私保护技术主要有身份隐私保护技术、位置隐私保护技术和数据隐私保护技术等内容。

车联网环境下车辆通过与路侧设备或车辆定期交换信息来获取道路情况，消息的交换频率和聚集度都非常高，而这些消息中一般包含车主的个人信息以及车辆的运动状态，使得车主与车辆面临隐私泄露的隐患。此外，由于车联网网络拓扑结构变化快，且车辆节点具有高中心性，传统隐私保护方案难以直接应用到车联网环境中，只有让隐私保护策略适应车联网的特性，满足车辆获取信息的需求，同时实现车主身份隐藏，才能在车主中有效推广，进一步实现智能交通管控。

一、隐私保护技术

身份隐私保护一般有匿名认证、假名技术和群签名三种方法。

位置隐私保护方法主要通过以下两种方式进行：公布车辆位置，主要隐藏车辆标识信息；给车辆分配假名，从而暴露标识信息，隐藏车辆位置信息。结合当前研究工作，可大致分为 k-匿名模型、差分隐私模型、混合模型等三类方法。

数据隐私保护一般采取消息认证的方法，主要包括基于匿名证书的消息认证和基于身份公钥密码系统的消息认证。

二、隐私保护框架设计

如图 8.5 所示，车联网环境下的隐私保护可从车辆节点在不同应用角度层面下对安全性、隐私性和时效性的不同需求入手，建立一种集成身份、位置和数据的隐私保护机制，为通信节点提供差异性隐私保护。将身份隐私保护作为所有节点的基础隐私保护需求，通过基础认证的节点会从可信第三方处获取其假名集合，作为其与其他节点通信时的身份证明。在位置隐私层面，考虑用户需求，综合用户的身份隐私与车辆节点的位置隐私，为其设计个性化的假名更换方案。

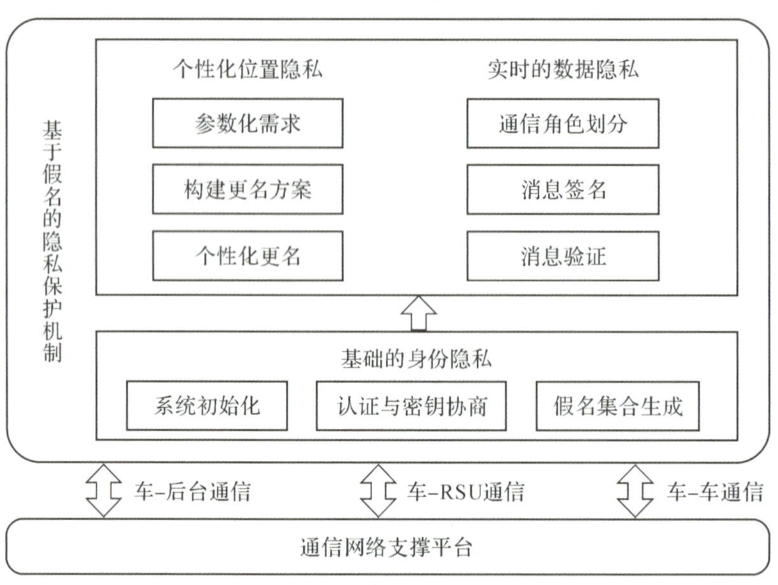

图 8.5　车联网环境下隐私保护框架

在节点通信过程中,考虑到通信消息的数据隐私性和车主身份隐私之间的关联,以及快速变化的网络拓扑结构对消息时效性的需求,在应用假名证书的基础上,引入聚合消息认证码,构造轻量级的消息认证方法,快速验证消息签名,保证消息的完整性,达到保护节点间通信数据隐私的目的。

参考文献

本章的参考文献,请扫二维码 8.2。

8.2 参考文献

第 9 章　车联网及物联网信息安全基础

车联网(internet of vehicles, IoV)为智慧交通提供了多种多样的智能化服务模式,集物联网、传统互联网和移动互联网等技术于一体,因此也产生了更多更复杂的安全问题。虽然传统的认证、数字签名、加密等网络安全技术,在实现车联网安全目标时依然有参考价值,但是车辆的快速移动导致通信网络的频繁切换和有效链接的临时性及短暂性,使传统的网络安全措施并不完全适合车联网特殊的安全需求。

车联网中普遍存在以下问题:

(1)身份认证问题。虽然认证能够防止攻击者冒充合法节点获得重要资源或干扰、伪造虚拟场景与其他节点通信,但是 IoV 环境下多种通信场景对安全保障的差异性需求和车辆节点之间关系的频繁变化增加了身份验证的难度。虽然一般采用公钥基础设施(public key infrastructure,PKI)的认证策略能够解决此类问题,但是在 IoV 场景中实施起来困难且复杂。

(2)密钥管理问题。虽然 IoV 环境的动态性和开放性使得信道中传输的重要数据需要基于某种加密算法保证其完整性和抗抵赖性,但是大规模的车联网系统所使用的对称密钥机制存在复杂的密钥管理问题,使用 PKI 的公开密钥机制又面临证书吊销列表(certificate revocation list,CRL)问题,难以有效实施密钥管理。

(3)访问控制问题。IoV 的多种通信场景需要为车辆提供差异性的访问权限,车-可信中心(trust center,TC)通信场景下的认证作为车辆节点连接互联网的基础性安全保障,必须禁止非法车辆访问网络服务,而车-车通信场景下的认证不能仅依赖于车-可信中心场景下对合法车辆的授权结果,还需要针对车辆行为信任情况进行更细粒度的消息认证。

(4)网络攻击问题。车辆节点兼具消息产生和转发的功能,在无线多跳通信过程中,容易遭受攻击者的窃听跟踪、篡改伪造交通信息、恶意欺骗身份和位置,导致数据的完整性、一致性和可用性遭到破坏。此外,部分自私的车辆节点可能时而提供转发、协同等服务,时而拒绝服务,这样会降低车联网系统的可用性。

本章将就车联网相关的密码学、认证、隐私保护、访问控制及入侵检测等安全基础问题进行介绍。

9.1　物联网安全在线课程

由于车联网的安全基础架构与物联网的安全基础架构有相似性,关于基础知识点的深入学习,可加入我们浙江大学与思科网络技术学院合作的网络信息安全在线课程,网站地址:netacad.cn。浙江大学的学生及参加我们课程的学生提出申请后,由教师分配账号、密码。登录后找到浙江大学开设的课程“物联网安全(IoT Security)”“网络安全运营工程师(CyberOps Associate)”,点击“启动课程”即可进入课程。欢迎本教材的读者加入我们浙江大学的线上课程,您可与编者联系并提出申请。两门在线课程的目录截图如图 9.1 和图 9.2 所示。

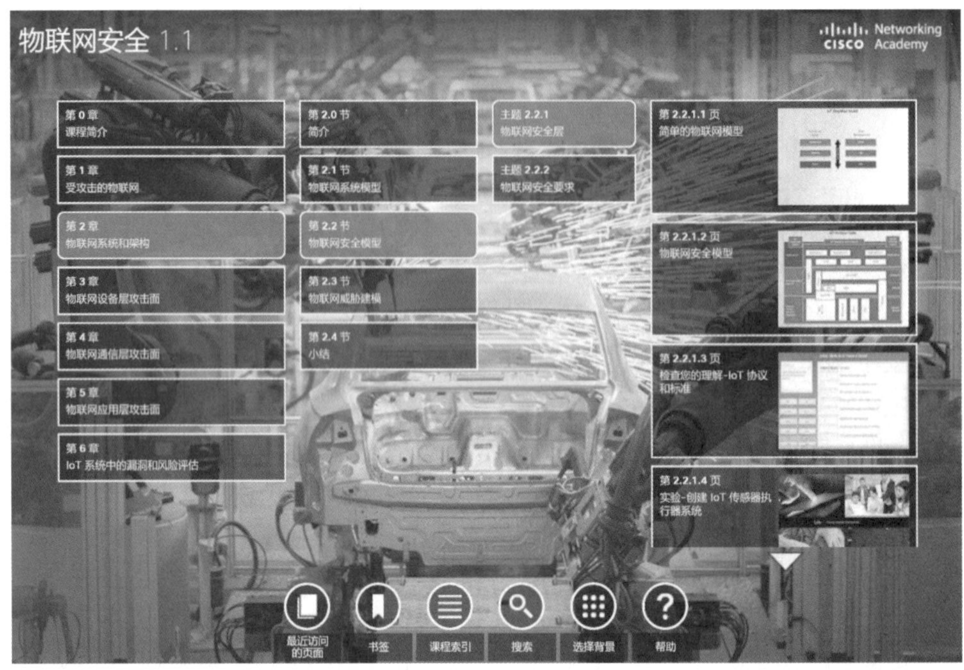

图 9.1 “物联网安全(IoT Security)”在线课程目录

图 9.2 “网络安全运营工程师(CyberOps Associate)”在线课程目录(部分)

9.2 认证基础

9.2.1 散列算法

一、加密散列函数

散列(哈希,Hash)用于验证和确保数据完整性。加密散列函数也可以用于身份验证。

散列函数接收一个可变二进制数据块(称为消息),生成一个固定长度的精简表达(称为散列)。使用散列函数时,对于两个不同的数据集,从计算上来说不可能得出相同的散列输出。每次更改或修改数据时,散列值也会随之变化。因此,加密散列值通常被称为数字指纹(或消息摘要)。它们可以用于检测重复的数据文件、文件版本变更及类似应用。这些值可以用于防止意外或有意的数据更改或意外的数据损坏。

二、加密散列操作

在数学上,等式 $h=H(x)$ 用于解释散列算法的工作原理。散列函数 H 接收输入 x 并返回一个固定大小的字符串散列值 h。

加密散列函数应具有以下属性:

(1)输入信息长度不固定。

(2)输出信息长度固定。

(3)对于任何给定 x,$H(x)$ 相对容易计算。

(4)$H(x)$ 是单向、不可逆的。

(5)$H(x)$ 是无冲突的,这意味着两个不同的输入值将产生不同的散列值。

三、MD5 和 SHA

散列函数用于确保消息的完整性,确保数据不会被意外或有意更改。例如,发送方正在向接收方发送一条消息,发送方希望确保消息在传输给接收方的过程中不会被更改。发送设备将消息输入散列算法中,并计算其固定长度散列值。然后,该散列值会附在消息中并发送到接收方。消息和散列值均采用明文形式。接收设备从消息中删除散列值,并将消息输入到相同的散列算法中。如果计算得出的散列值等于附在消息中的散列值,说明消息在传输过程中未被更改。如果两个散列值不相等,则说明消息的完整性不再可信。

有以下三个散列函数:

(1)128 位摘要 MD5。由 Ron Rivest 开发,用在各种互联网应用中,MD5 是一种单向函数,它可以生成 128 位散列消息。MD5 被认为是一种传统的算法,应避免使用,而且只应在没有更好的替代算法时使用。建议改用 SHA-2。

(2) SHA-1。由美国国家标准技术研究所(NIST)于 1994 年开发,与 MD5 散列函数非常相似。它有多个版本。SHA-1 创建 160 位散列消息,比 MD5 略慢。

(3) SHA-2。由 NIST 开发,包括 SHA-224(224 位)、SHA-256(256 位)、SHA-384(384 位)和 SHA-512(512 位)。SHA-256、SHA-384 和 SHA-512 是下一代算法,应尽可能使用这些算法。

虽然散列可用来检测意外更改,但它不能用来防止故意更改。散列处理过程中没有来自发送方的唯一标识信息，这意味着任何人都可以计算任何数据的散列值，只要他们有正确的散列函数。例如，当消息通过网络时，潜在的攻击者可能会拦截消息，更改消息，重新计算散列值并将其附加到消息中。接收设备只验证附加散列值的内容。因此，散列容易受到中间人攻击，并且不能为传输的数据提供安全性。为提供完整性和来源身份验证，还需做更多工作。

9.2.2 数字签名及数字证书

一、数字签名

数字签名是一种用于提供真实性、完整性、不可否认性等三项基本安全服务的数学方法。数字签名具有实现实体身份验证和数据完整性的特定属性。数字签名通常用于以下两种情况：

(1)代码签名。用于数据完整性和身份验证目的。代码签名用于验证从供应商网站下载的可执行文件的完整性。它还使用带有签名的数字证书来验证站点的身份。

(2)数字证书。它类似于虚拟身份证，用于验证供应商网站系统的身份，并建立加密连接以交换机密数据。

有三个可用于生成并验证数字签名的数字签名标准(DSS)算法：

(1)数字签名算法(DSA)。DSA 是生成公钥和私钥对以及生成和验证数字签名的最早标准。

(2)Rivest-Shamir-Adelman 算法(RSA)。RSA 是一种非对称算法，通常用于生成和验证数字签名。

(3)椭圆曲线数字签名算法(ECDSA)。ECDSA 是 DSA 的一种较新的变体，它提供数字签名身份验证和不可否认性服务，具有计算效率高、签名体积小和带宽消耗少等优点。

二、代码的数字签名

数字签名通常用于保障软件代码的真实性和完整性。可执行文件被封装在数字签名的信封中，这使终端用户可以在安装软件之前验证签名。数字签名代码提供有关代码的多项保证：

(1)此代码是真实可靠的，且确实是由发行者提供的。

(2)此代码被软件发行者发行后，未被修改。

(3)发行者确凿无疑地发布了此代码，这提供了发布行为的不可否认性。

三、数字证书

数字证书就像是电子护照，它使用户、主机和组织能够安全地通过互联网交换信息。具体来说，数字证书用于对发送消息的用户进行身份验证，验证他们是不是其所声称的用户。数字证书还可用于通过对回复进行加密，为接收方提供保密性。

9.2.3 公钥基础设施

一、公钥管理

网络流量包括双方之间的流量。在两台主机之间建立非对称连接时，主机将交换它们的公钥信息。互联网上有受信任的第三方，使用数字证书验证这些公钥的真实性。受信任的第三方在凭证颁发之前进行深入调查。经过深入调查后，第三方颁发很难伪造的证书（即数字证书）。从那时起，信任第三方的所有人会接受该第三方颁发的凭证。

公钥基础设施（public key infrastructure，PKI）是受信任第三方系统（称为证书颁发机构，CA）的一个示例。PKI 是用于在双方之间安全地交换信息的框架。CA 颁发能验证组织和用户身份的数字证书。这些证书还用于对消息进行签名，以确保消息未被篡改。需要 PKI 来支持加密公钥的大规模分发和标识。PKI 框架促进了高度可伸缩的信任关系，它包括创建、管理、存储、分发和撤销数字证书所需的硬件、软件、人员、策略和程序。

二、PKI 授权系统

许多供应商将 CA 服务器作为托管服务或终端用户产品提供。其中的一些供应商包括 Symantec Group（VeriSign）、Comodo、Go Daddy Group、GlobalSign 和 DigiCert 等。组织还可使用 Microsoft Server 或开放式 SSL 实施私有 PKI。CA 特别是外包 CA，根据确定证书受信任程度的类颁发证书。

三、PKI 信任系统

PKI 可以形成不同的信任拓扑。最简单的是单根 PKI 拓扑，一个 CA（称为根 CA）向终端用户颁发所有证书，这些终端用户通常在同一组织内。这种方法的好处是简单。但是，它很难用于大型环境，因为需要严格的集中管理，这会造成单点故障。

在较大网络中，PKI CA 可使用以下两种基本架构进行链接：

（1）交叉认证 CA 拓扑。这是一个 P2P 模型，其中单个 CA 通过交叉认证 CA 证书与其他 CA 建立信任关系。任一 CA 域中的用户也都确信他们可以互相信任。这提供了冗余并消除了单点故障。

（2）分层 CA 拓扑。最高级别的 CA 称为根 CA，它可以向终端用户和从属 CA 颁发证书，可以创建从属 CA 来支持各种业务单元、域或信任社区。根 CA 通过确保层次结构中的每个实体都遵照一组最低限度的常规做法集来维护已建立的“信任社区”。这种拓扑的好处包括：提高了可扩展性和可管理性。这种拓扑适用于大多数大型组织。但是，确定签名的流程链可能很困难。

另外，还可将分层拓扑和交叉认证拓扑结合起来，创建混合基础设施。例如，两个分层社区想要互相交叉认证，以便每个社区的成员可以互相信任。

四、身份验证、证书注册和吊销

在 CA 身份验证过程中，与 PKI 联系的第一步是安全获取 CA 公钥的副本。利用 PKI 的所有系统必须拥有 CA 公钥（称为自签证书）。CA 公钥验证 CA 颁发的所有证书，且这对 PKI 的正确操作至关重要。

对许多系统（如 Web 浏览器）而言，CA 证书的分发会自动处理。Web 浏览器预安装了一些公共 CA 根证书。组织还通过各种软件分发方法将其私有 CA 根证书推送到客户端。

主机系统使用证书注册过程来注册 PKI。为此，通过网络检索 CA 证书，并使用电话进行身份验证。注册 PKI 的系统联系 CA，来为自己请求并获取数字身份证书，及获取 CA 的自签证书。最后一个阶段验证 CA 证书是否真实可靠，并使用 OOB 方法如电话执行，来获取有效 CA 身份证书的指纹。

有时证书必须被吊销。例如，在密钥被盗取或不再需要时，可以吊销数字证书。以下是最常见的两种吊销方法。

(1)证书吊销列表(CRL)：已吊销证书序列号的列表，这些证书因已过期而失效。PKI实体定期轮询CRL存储库以接收最新的CRL。

(2)在线证书状态协议(OCSP)：用于查询OCSP服务器获取X.509数字证书吊销状态的互联网协议。吊销信息会立即推送到在线数据库。

9.2.4 车联网身份认证

车联网中，汽车不再是孤立的个体，而是能够频繁地与外界进行复杂信息交互、具备强感知能力和处理能力的网络智能移动节点。在信息共享过程中，任何车辆节点都可向车联网后台服务器发起服务请求，任何的恶意攻击或者病毒都可能导致网络大规模感染、瘫痪，增加事故发生的可能性，严重影响交通安全。身份认证技术能够保证网内资源和网络边界的安全，有效防止攻击者冒充合法车辆节点获得车联网系统中的重要资源，或者干扰、伪造虚拟场景与其他节点通信。

身份认证在实体执行动作之前，通过标识和鉴别身份，防止攻击者假冒合法用户获得资源的访问权限。通常，根据参与认证的实体个数，将身份认证分为单向认证和双向认证。前者，只需要一方被另一方鉴别身份；后者，要求通信双方互相认证对方身份。一般而言，身份认证系统包含三个主要的组成部分。①认证服务器：存储用户私有密钥、认证方式及其他信息，完成请求者的身份认证工作。②认证客户端：具备与认证服务器协同运作的认证协议。③认证设备：计算密码的软硬件设备。此外，由于车辆节点的信息安全问题关乎人身生命财产，还需要提供可追究责任的机制，为车联网网络内部资源提供闭环的安全访问方式。认证是节点身份合法性确认的重要步骤，在这之后，由授权机制赋予该合法用户进行文件和数据等操作的权限，在此过程中，由审计机制记录节点对所赋予权限的使用情况，以便核查责任。

在车联网环境中，多种通信场景对认证服务所提供的安全性强度要求不同，需要采用多种方法验证主体身份的合法性。通常采用以下三种方法之一：一是只拥有该主体掌握的秘密，如口令、密钥；二是只拥有主体所携带的物品，如智能卡；三是只拥有该主体的独有生物特征，如指纹、声音、面部图像等。有时也可采用联合方法来验证主体身份。

9.2.5 车联网消息认证

车联网简化了来自多个地理位置数据的收集与分析，如车辆节点之间的协同驾驶和路网信息的共享等应用都得益于车联网中车辆节点的高自主组网能力。然而，车辆节点发布的虚假消息会误导网络中其他节点，不仅占用网络资源，而且给建立高安全可信的车联网环境带来挑战。为了避免这种安全威胁，当消息接收者收到消息发送者的报文时，接收者需要验证报文的真实性，而数据完整性验证机制即消息认证就能有效地解决该问题。

消息认证需要检测的内容通常包含两个方面：一是数据源的验证，即验证信息的发送者是真实非伪造的；二是验证信息内容在通信过程中是否被篡改和重放，以及信息的到达时间是否在指定的时间期限内，即识别通信内容的真伪和时间有效性。

采用共享密钥的消息认证码(message authentication codes，MAC)是一种广泛使用的消息认证技术。当消息发送者发送消息 M 时，使用双方的共享密钥 k 计算消息验证码 MAC，将 M 与 MAC 一起发送给接收者；接收者使用相同的密钥 k 对收到的消息报文执行相同的计算步骤，得到新的 MAC 并与接收到的 MAC 比较，如果匹配，则证明消息在通信传输过程中未被篡改。以上消息完整性验证的过程中，由于消息的传输为明文形式，因此，MAC 算法过程只提供消息认证而不提供信息的保密功能。信息的机密性可通过在 MAC 算法前后使用加密技术来实现。

9.3 隐私保护基础

一、匿名认证

车联网环境下的匿名认证技术需要满足可认证性、可归责性、不可否认性、可作废性和匿名性。

匿名认证是一种较为常用的隐私保护方法，该方法主要通过使用零知识证明或共享证书等代表用户的真实身份，向权威机构证明其身份的有效性和真实性。假设车联网中的一个群体系统 $V=\{v_1, v_2, \cdots, v_n\}$，$V$ 中无任何可信中心。其中，v_i 是系统中的一个成员节点。在网络初始化阶段，各节点分配得到其合法的公钥，且合法节点知道彼此的公钥。在匿名认证阶段，任意节点 v_i 向任意节点 v_j 证明它属于系统 V，但不能透露节点 v_i 的身份。若想知道已通过匿名认证节点 v_i 的真实身份，必须经过系统 V 中至少 k 个节点同意，才能恢复出 v_i 的身份，实现对 v_i 真实的追踪。

整个匿名认证模型一般包括以下几个过程。

(1)初始化。系统成员生成其签名的公钥和私钥对，并协作构建群公钥和群共享密钥。

(2)匿名认证过程。签名者使用其签名的私钥和群公钥生成一个签名，整个过程并不暴露其签名者的身份信息。

(3)追踪算法。k 个节点联合利用追踪陷门等信息恢复出签名者的身份信息。

(4)新成员加入算法。新成员和系统中其余各成员相互协商，完成群公钥更新、群追踪陷门等。

(5)成员撤销算法。节点离开系统后，剩余节点相互协商，完成群公钥更新、群追踪陷门等。

但是，在匿名认证过程中，同一时间段内可能存在大量的车辆使用同一个匿名证书，并且也未给出揭示车辆匿名的方法，这样就不能满足车联网环境下对责任可追踪性的需求。

二、假名技术

假名技术是在匿名技术上的一种演变，它是由权威机构为车辆节点颁发的一种隐藏车辆真实身份的标志，可以是认证中心颁发的假名证书，也可以是一串不包含车辆真实身份的随机编号。其主要思想是车辆节点对外通信时使用可信中心颁发的虚拟身份来代替其真实身份，使得其他节点无法获取其真实身份。同时，为了保护车辆的隐私，车辆节点当前使用的假名与其假名集合中的其他假名以及其真实身份之间具备不可关联性，仅有权威机构可以通过假名获取车辆的真实身份，其他节点只能通过假名判定车辆身份是已验证的可信身份。而车辆在使用假名时必须确保攻击者不能通过使用过的假名联系到新更换的假名，避免其建立起新旧假名之间的正确联系。因此，可信中心会采用特殊的假名更换策略，使得车辆每隔一段时间就更换一个新的假名，保证车辆在不同的时间段内使用不同假名。

此外，假名的管理可以分为集中式授权和分布式管理两种方案。前者由车辆发起请求，权威机构一次性生成多个假名，满足车辆在未来一年或固定时间内的使用需求，在这种情况下车辆需要存储大量假名集合，存储和撤销的开销较大。后者通过路侧单元（RSU）实现假名更新与管理，降低车辆存储开销。

三、k-匿名方案

Samarati 和 Sweeney 首次提出 k-匿名模型的概念，该模型要求数据通信范围内必须存在一定数量的不可区分节点，使得攻击者不能从通信范围内的某个节点推断出通信数据的信息。这一方法断开了个体与数据库中具体某个数据对象之间的联系，一定程度上保护了敏感数据的隐私。

Gruteser 和 Grunwald 最先在位置隐私保护方案中使用了 k-匿名模型，提出位置 k-匿名的概念。在此基础上，位置隐私保护中开始应用 k-匿名模型，产生了位置 k-匿名方法。它主要引用了 k-匿名的思想，选择用一段街区代替某一车辆的准确位置，同时，要求该街区内至少行驶着 k 个不可区分的车辆。这样一来，如果这段街区内的某辆车发起位置服务的请求，则因为有另外 $k-1$ 辆车也在街区内行驶，位置服务器无法辨别出真正的服务请求者，从而进一步实现对车主隐私的保护。

四、差分隐私模型

在一些特殊情况下，如攻击者在攻击一个医学实验的数据库时，其攻击目标主要是判断用户是否存在于该数据库中，仅仅就此目的而言，k-匿名等典型隐私模型无法真正实现用户的隐私保护。因此，Dwork 提出了差分隐私模型。该模型通过在原始数据中添加噪声数据，实现对原始数据的修改，进一步达到保护隐私的目的，具有添加噪声少、隐私泄露风险低等优点。

五、混合区模型

混合区（mix-zone）是一种常用的隐藏车辆身份方法，它是在假名技术的基础上提出的一种用于防止用户位置信息被持续追踪的模型。Beresford 等人提出了基于位置服务用户隐私的混合区方案。该方案中，用户访问的空间被划分为应用区域和混合区域两种类型。用户可以在应用区域中发出位置服务请求和接收服务；而混合区域几乎切断了他们所有的通信，用户也被禁止使用基于位置的服务。同时，用户在离开混合区域前必须更换为新的假名，以保护用户的位置隐私。由于攻击者无法预测车辆节点停留在混合区中的时间长度，增加了其将某辆车前后两个假名联系起来的难度，从而切断了攻击者对车辆的持续追踪。

9.4 安全监控与入侵检测基础

9.4.1 安全监控与漏洞评估

网络安全监控（NSM）使用各种类型的数据来检测、验证和遏制漏洞攻击。网络安全分析师的主要任务是使用 NSM 数据和工具验证成功或尝试进行的漏洞攻击。

一、监控相关协议

1. 系统日志和 NTP

通常出现在网络上的各种协议具有一些在安全监控中受到特别关注的特性。例如，系统日志和网络时间协议（NTP）对于网络安全分析师的工作至关重要。

系统日志标准是用于记录来自网络设备和终端的事件消息的标准。许多不同供应商的多种类型的设备可以使用系统日志向运行系统日志守护程序的中央服务器发送日志记录条目。这种集中化的日志收集有助于使安全监控切实可行。

由于系统日志对于安全监控非常重要，系统日志服务器可能成为威胁发起者的目标。某些漏洞攻击（如涉及数据泄漏的攻击）可能需要很长时间才能完成，因为将数据从网络中窃取出来是一个非常缓慢的过程。一些攻击者可能试图隐藏正在发生数据窃取的事实。他们会攻击包含可能导致检测到漏洞攻击信息的日志服务器。黑客可能会试图阻止从系统日志客户端传输数据到服务器、篡改或销毁日志数据，或篡改创建和传输日志消息的软件。

系统日志消息通常带有时间戳，这使得不同来源的消息能够按时间组织，以提供网络通信过程的视图。由于消息可能来自多个设备，因此设备共享一致的时钟非常重要。可以实现此目的的一种方法是使设备使用网络时间协议（NTP）。NTP 使用权威时间源的层次结构在网络上的设备之间共享时间信息。通过这种方式，共享一致时间信息设备的消息可以提交到系统日志服务器。

2. DNS

域名服务（DNS）每天有数百万人使用。DNS 被多类恶意软件使用。如恶意软件使用 DNS 与命令和控制（CnC）服务器通信，并通过伪装成正常 DNS 查询流量来窃取数据。

恶意软件会对窃取的数据进行编码，将其作为 DNS 查询的子域名部分，这个子域名是已被攻击者控制的域名服务器所在域的子域名。例如，对“long-string-of-exfiltrated-data.example. com”的 DNS 查询会被转发到 example. com 的域名服务器，后者将记录“long-string-of-exfiltrated-data”并向恶意软件回复一个编码的响应。威胁发起者收集此编码响应数据，对其进行解码和组合，然后可能就可以访问整个数据文件（如用户名/密码数据库）。

此类请求的子域名部分会比一般的请求长很多。网络分析师可以在 DNS 请求中使用子域的长度分布来构建描述正常性的数学模型。然后，他们可以使用它来比较观察结果并识别 DNS 查询过程的滥用。例如，网络上的主机向 aW4gcGxhY2UgdG8gcHJvdGVjdC.example. com 发送查询是不正常的。

对随机生成的域名或随机出现的超长子域的 DNS 查询应视为是可疑的，特别是当它们在网络上的出现次数急剧增加时。可以分析 DNS 代理日志来检测这些情况。

3. HTTP 和 HTTPS

超文本传输协议（HTTP）是万维网的主干协议。但是，HTTP 中携带的所有信息都以明文形式从源计算机传输到互联网上的目的计算机。HTTP 不保护数据免受恶意方的更改或拦截，这对隐私、身份和信息安全构成严重威胁。所有浏览活动都应认为是有风险的。

HTTP 的常见漏洞称为 iFrame(内嵌框架)注入。大多数基于 Web 的威胁都包含在 Web 服务器上植入的恶意软件脚本中。然后,这些 Web 服务器通过加载 iFrame 将浏览器引导至受感染的服务器。在 iFrame 注入中,威胁发起者会破坏 Web 服务器,并通过在通常访问的网页上植入代码来创建不可见的 iFrame。

为了解决机密数据被更改或截取的问题,许多商业组织采用了 HTTPS 或实施仅限 HTTPS 的策略来保护其网站和服务的访问者。HTTPS 通过使用安全套接字层(SSL)向 HTTP 协议添加加密层。这会使 HTTP 数据在离开源计算机时无法读取,直到到达服务器为止。HTTPS 不是用于网络服务器安全的机制,它只在传输过程中保护 HTTP 协议流量。

4. 邮件协议

威胁发起者可使用邮件协议(如 SMTP、POP3 和 IMAP)传播恶意软件、窃取数据或向恶意软件 CnC 服务器提供通道。

SMTP 用于将数据从主机发送到邮件服务器或者用于在邮件服务器之间发送数据。它同 DNS 和 HTTP 一样常见,是一个常见的从网络发送邮件的协议。由于 SMTP 流量太多,安全监控可以根据邮件的特点来识别此类通信。

IMAP 和 POP3 用于将邮件从邮件服务器下载到主机,因此,它们是负责将恶意软件带到主机的应用程序协议。安全监控可以识别恶意软件附件进入网络的时间以及第一个受感染的主机。然后,回顾性分析可以从那时起跟踪恶意软件的行为。通过这种方式,可以更好地理解恶意软件的行为并识别威胁。安全监控工具还可能允许恢复受感染的文件附件,以提交到恶意软件沙盒进行分析。

5. ICMP

ICMP(Internet 控制消息协议)有许多合法用途(如 Ping、Traceroute 等),但是 ICMP 功能也被用来制造各种类型的漏洞攻击。ICMP 可用于识别网络上的主机、网络结构以及确定网络上正在使用的操作系统,也可用作各类 DoS 攻击的工具。

ICMP 还可以用于数据泄漏。由于 ICMP 可用于监视或拒绝来自网络外部的服务,因此有时会忽略来自网络内部的 ICMP 流量。但是,某些种类的恶意软件使用精心制作的 ICMP 数据包将文件从受感染的主机传输到威胁发起者,这种方法称为 ICMP 隧道。

二、安全监控日志文件

1. 安全数据的类型

(1)警报数据

警报数据包括由入侵防御系统(IPS)或入侵检测系统(IDS)生成的消息,以响应违反某个规则或与已知漏洞的签名相匹配的流量。网络 IDS(NIDS)例如 Snort 就配置了已知漏洞规则。其中,警报由 Snort 生成,并可通过 Snorby 和 Sguil 应用程序进行读取和搜索,它们都是 Security Onion 的 NSM 工具套件的一部分。

(2)会话和事务数据

会话数据是两个网络终端(通常是客户端和服务器)之间的会话记录。服务器可能位于企业网络内部,也可能位于通过互联网访问的位置。会话数据是有关会话的数据,而不是客户端检索和使用的数据。会话数据将包括标识信息,例如源和目的 IP 地址、源和目的端口号以及正在使用的协议的 IP 代码。有关会话的数据通常包括会话 ID、源和目的之间传输的数据量以及会话持续时间相关信息。

事务数据由网络会话期间交换的消息组成。这些事务可以在数据包捕获脚本中查看。服务器保存的设备日志还包含有关客户端和服务器之间发生的事务的信息。例如，会话可能包括从 Web 服务器下载的内容。表示请求和应答的事务将记录在服务器上的访问日志中，或者由网络入侵检测系统记录。

(3)完整数据包捕获

完整的数据包捕获通常收集最详细的网络数据。完整的数据包捕获不只包括有关网络对话的数据，如会话数据，还包括对话本身的实际内容。完整的数据包捕获包括邮件的文本、网页中的 HTML 以及进入或离开网络的文件。提取的内容可以从完整的数据包捕获中恢复，并针对违反业务和安全策略的恶意软件或用户行为进行分析。Wireshark 工具非常适合用于查看完整的数据包捕获，以及访问与网络会话相关的数据。

(4)统计数据

像会话数据一样，统计数据与网络流量相关。统计数据是通过分析其他形式的网络数据而产生的。通过这些分析，可以得出描述或预测网络行为的结论，还可将正常网络行为统计特征与当前网络流量比较，以检测异常情况。统计信息可用于表征网络流量模式中的正常变化量，以识别远远超出这些范围的网络状况。统计上显著的差异应该引发报警并立即进行调查。

网络行为分析(NBA)和网络行为异常检测(NBAD)是利用先进的分析技术分析 NetFlow 或 IPFIX(IP 流信息导出)网络遥测数据的网络安全监控方法。还可使用预测分析和人工智能等技术，对详细的会话数据进行高级分析，以检测潜在的安全事件。

2.终端设备日志

(1)主机日志

基于主机的入侵保护(HIDS)在各主机上运行。HIDS 不仅检测入侵，而且以基于主机的防火墙形式防止入侵。此软件会创建日志并将其存储在主机上。基于主机的保护会通过某种方式将日志提交到集中日志管理服务器。这样，可以使用 NSM 工具从中心服务器搜索日志。

HIDS 系统可以使用代理将日志提交到管理服务器。OSSEC 是一款流行的开源 HIDS，包含强大的日志收集和分析功能。Microsoft Windows 包括几种用于自动主机日志收集和分析的方法。Tripwire 是一款 Linux 版 HIDS，包括类似的功能。

(2)系统日志

系统日志包括消息格式、客户端—服务器应用程序结构和网络协议的规范。可以将许多不同类型的网络设备配置为使用系统日志标准，来将事件记录到集中式系统日志服务器。

系统日志是一种客户端/服务器协议。系统日志发送器会向系统日志接收器发送一个小的(小于 1kB)文本消息。

(3)服务器日志

服务器日志是网络安全监控的重要数据源。网络应用服务器(如邮件和 Web 服务器)保留访问和错误日志。DNS 代理服务器日志尤其重要，它记录网络上发生的所有 DNS 查询和响应。DNS代理日志有助于识别访问了危险网站的主机以及识别DNS数据泄漏和与恶意软件CnC服务器的连接。许多UNIX和Linux服务器使用系统日志。

(4)SIEM和日志收集

许多组织使用安全信息和事件管理(SIEM)技术来提供安全事件的实时报告和长期分析。

SIEM结合了安全事件管理(SEM)和安全信息管理(SIM)工具的基本功能,通过以下功能提供企业网络的全面视图。

日志收集:这些事件记录来自整个组织的各种来源,提供重要的调查分析信息,并有助于满足合规性报告要求。

规范化:这将来自不同系统的日志消息映射到一个通用数据模型,使组织能够连接和分析相关事件,即使它们最初是以不同的源格式记录的。

关联:这将来自不同系统或应用程序的日志和事件链接起来,加快了对安全威胁的检测和响应。

聚合:通过合并重复的事件记录,可以减少事件数据量。

报告:这将在实时监控和长期摘要(包括图形交互式控制面板)中显示关联的聚合事件数据。

合规性:此报告旨在满足各种合规性法规的要求。

3. 网络日志

(1)Tcpdump

Tcpdump命令行工具是一款非常受欢迎的数据包分析器。它可以实时显示数据包捕获,或将数据包捕获写入文件。它捕获详细的数据包协议和内容数据。Wireshark是建立在Tcpdump功能基础之上的GUI(图形用户界面)。Tcpdump捕获的结构因所捕获的协议和所请求的字段而异。

(2)NetFlow

NetFlow是思科开发的一种协议,是一款网络故障排除和基于会话会计的工具。NetFlow为IP应用高效地提供一系列重要服务,包括网络流量会计、基于利用率的网络账单、网络规划、安全、拒绝服务监控和网络监控等。NetFlow可提供有关网络用户和应用程序、高峰使用时间以及流量路由的重要信息。

(3)内容过滤器日志

提供内容过滤的设备如邮件安全设备(ESA)和网页安全设备(WSA)提供多种安全监控功能。它们的日志记录可用于许多功能。例如,ESA有三十多个日志,可用于监控邮件传输、系统功能、防病毒、反垃圾邮件操作以及黑名单和白名单决策等各个方面。大多数日志存储在文本文件中,可以在系统日志服务器上收集,也可以推送到FTP或SCP服务器。此外,还可通过向负责监控和操作设备的管理员发送邮件,来监控有关设备本身及其子系统的功能的警报。

WSA设备提供类似深度的功能。WSA能有效地充当Web代理,这意味着它为HTTP流量记录所有入站和出站事务信息。这些日志可以非常详细,并可自定义。它们可以配置为W3C兼容格式。WSA可以配置为以各种方式将日志提交给服务器,包括系统日志、FTP和SCP。WSA可用的其他日志包括ACL决策日志、恶意软件扫描日志和Web信誉过滤日志。

(4)代理日志

代理服务器(如用于 Web 和 DNS 请求的)包含有价值的日志,它们是网络安全监控的主要数据源。代理服务器是充当网络客户端中介的设备。例如,企业可以配置 Web 代理来代表客户端处理 Web 请求。Web 资源请求将首先发送到代理服务器,而不是从客户端直接发送到服务器。代理服务器发出资源请求并将资源返回给客户端。代理服务器会生成所有请求和响应的日志,然后可以分析这些日志,以确定发出请求的主机、确定被访问的目的是安全的还是具有潜在恶意的,并深入了解已下载的资源类型。

三、漏洞评估

1.漏洞评估

漏洞评估可确定威胁行为体可能利用的漏洞。漏洞评估可以定期进行,通常以自动化的方式进行,也可以针对系统的特定组件。漏洞评估通常使用现成工具(无论是免费的还是购买的)进行。许多免费的工具可以在 Kali Linux 中找到。

此外,需要全面了解网络系统,必须了解进入网络的入口点、入口点接触各种潜在威胁媒介的情况以及关键任务资产的位置和通往这些资产的数据途径。Nmap、Netcat 或 SolarWinds 端口扫描仪等端口映射工具对于发现终端系统和网络设备上的开放端口非常重要。

2. 漏洞评估过程

漏洞评估可根据进行评估的评估人员情况以及评估人员对网络的了解程度分为以下三种不同类型。

(1)白盒测试:这些评估员具有他们正在评估的网络系统的知识。它们往往侧重于系统的具体方面,以便进行评估。这些测试人员经常在组织内部进行操作。

(2)黑盒测试:此评估最接近实际攻击。因为通常为第三方工作的评估员在进行评估之前不了解网络架构。渗透测试是用于黑盒测试的评估工具,因为黑客在操作时不知道目标系统的内部运作。渗透测试可以发现已知漏洞的潜在损害。

(3)灰盒测试:白盒测试人员识别漏洞,然后雇用黑盒测试人员来定位发现的漏洞。灰盒测试程序对其正在测试的网络系统有部分知识,包括访问内部网络架构的文档。目标是核实这些漏洞,确定利用这些漏洞的容易程度,并确定漏洞的潜在影响。

四、密码漏洞工具

弱密码或默认密码是网络系统中的一个重要漏洞。由于这些应用程序服务经常暴露在网络中,会由于盗窃或损坏而导致重大数据丢失。

有几种常见的密码攻击方法类型可用于评估密码安全性:

(1)暴力破解。这是一种耗时、低效、自动化的攻击方式,可尝试每种可能字母、数字和符号组合来挑战登录。

(2)字典攻击。此攻击使用可用作密码的单词列表。一些列表包含被盗用户账户密码的真实示例。

(3)密码嗅探和破解。许多密码以哈希形式存储或传输。协议分析器可用于拦截包含哈希密码的身份验证流量。哈希密码也可能在设备的文件系统中发现。当它们被拦截时,可以使用诸如开膛手约翰和 AirCrack-NG 等工具来尝试破坏哈希加密以显示明文密码。

(4)彩虹表。彩虹表包含哈希值及其明文等价物。这些预先破解的密码大大加快了进入系统的过程。非常大的彩虹表可以在网上获得。截获的哈希值可在彩虹表中查找,如果找到,则可以知道明文等价物,而无须实际解密哈希密码。在表中搜索哈希值比实际破解哈希值要快得多。

9.4.2 入侵检测

入侵检测,如同一位侦探,用放大镜寻找蛛丝马迹,发现危险或是找到线索,从而制止和打击犯罪。如图 9.1 所示。

分析工具及方法　　特征、异常

如同一位侦探,用放大镜寻找蛛丝马迹,发现危险或是找到线索,从而制止和打击犯罪。

检测到入侵攻击行为　　终止入侵、提升安全性

图 9.3　入侵检测示意图

以下这三部分内容的详细介绍请扫二维码 9.1、9.2 观看视频讲解:

(1)什么是入侵检测系统,入侵数据分析的重要作用。

(2)Security Onion 套件及一些常用操作。

(3)电子取证相关内容,及 IDS 可能的发展方向。

9.1 入侵检测录像(一)

9.2 入侵检测录像(二)

入侵检测分析的发展方向:

(1)智能入侵检测,结合深度学习、大数据分析、人工智能等。

(2)分布式入侵检测,适应异构网络、融合网络入侵检测与主机入侵检测。

(3)边缘入侵检测,缓解管道与云端压力,支持边缘计算。

许多科研人员对于车联网中恶意行为检测进行了研究[4]:文献[5]阐述了车联网环境中的安全问题,详细说明了车联网存在的各种网络安全风险和漏洞,并分析了相应的保护联网车辆的防御策略;文献[6]将车联网安全的防御机制分为 4 类,即密码学、网络安全、软件漏洞检测和恶意软件检测;文献[7]总结了车联网中可能的攻击和相应的检测机制。文献[8]针对数据伪造攻击提出了有针对性的检测机制,并对恶意行为检测机制进行了分析;文献[9]对车联网中恶意行为提出了明确的定义,并对之前的恶意行为检测机制进行了全面的分类。文献[10]讨论了机器学习在车联网中实现车联网安全防御中的作用;文献[11]根据机器学习在车联网安全应用中的作用进行了分类,并讨论了这些机器学习技术在解决车联网安全方面的方法和工作原理;文献[12]主要针对无监督学习在车联网安全中恶意行为检测进行了研究,并对蠕虫攻击和 DoS 攻击进行了分析;文献[13]则对使用机器学习进

行 DDoS 的恶意行为检测进行了详细研究。

9.5 车联网“车—路—云”安全防护技术基础[14]

2022 年工业和信息化部组织编制了《车联网网络安全和数据安全标准体系建设指南》，用于指导车联网相关标准研制；全国汽车标准化技术委员会、全国信息安全标准化技术委员会、中国通信标准化协会等发布的《汽车信息安全通用技术要求》《信息安全技术操作系统安全评估准则》《车联网信息服务数据安全保护能力评估规范》等标准对车联网信息安全全生命周期过程提出了要求，为车联网行业管理和发展提供了安全保障。我们进一步以车联网“车—路—云”的技术体系为基准，从车联网终端安全、车联网路侧安全、车联网云端安全三 个层面，就国内外研究现状展开讨论。

9.5.1 车联网终端安全

在车路云一体化的车联网技术体系架构中，车侧主要由车辆及其他交通参与者构成，车辆包含具有车一路、车一云网联化能力的网联汽车以及非网联汽车（无法接入车联网的参与者的动态信息将由路侧感知设备及其他网联汽车感知后传送至云端平台）。

针对车联网终端的攻击，主要有对车载总线与车载系统发动攻击以获取汽车控制权、窃取汽车信息。

一、车载系统安全

针对车载系统的安全防护技术，主要有车载加密技术、车载防火墙技术、车载入侵检测技术、车载安全审计技术以及车载网络安全认证技术。

车载加密技术：车载加密技术可以对车辆明文数据信息进行保护，有效防止攻击者利用传输信道窃取或破坏传输信息，进而保证数据传输的完整性和机密性，避免数据泄露的安全风险。车载防火墙技术：防火墙技术可以对网络流量进行监控，根据事先制定的安全策略对数据流量进行管控。车载入侵检测技术：车载入侵检测系统（IDS）可以对网络流量进行监控，是一种在不影响网络性能前提下的主动防御手段，主要基于异常 IDS，将实时数据与正常行为数据进行比对，利用训练好的模型分析结果和常规值的偏差与阈值之间的关系。车载安全审计技术：利用车载终端记录的访问日志进行审计和监管，也是车载终端系统安全防护的重要手段之一。车载网络安全认证技术：Jo 等[15]提出了一种 Mauth-CAN 认证方法，利用 ECU 与验证器共享密钥，进而规避由 ECU 发起伪造攻击的安全风险。

二、车载总线安全

对 CAN 总线进行入侵检测也是实现车载总线安全的关键技术。如基于信息熵的 CAN 网络异常检测方法，主要用于对 CAN 总线泛洪、重放等攻击的检测。入侵检测技术具有占用带宽资源少、部署便捷的特点，相较于被动的总线安全防护技术，入侵检测更适合资源与成本受限的车载终端部署与应用。基于机器学习的检测技术虽然在未知攻击检测方面表现出了良好的效果，但受限于车载网络的计算存储与通信资源限制，因此，如何降低计算复杂度与通信带宽的需求，提高检测精度，缩短响应时延，是进一步研究的方向。

9.5.2 车联网路侧安全

在车路云协同的车联网架构中，路侧基础设施包括感知设备、通信设备以及数字化交通设施，其中感知设备主要包括摄像头、毫米波雷达、激光雷达等传感器，融合数字化交通设施的数据信息（如交通信号灯等），依托路侧多接入边缘计算（MEC）形成结构化的感知数据，利用路侧单元（RSU）向其他交通参与者进行广播，实现车－路、路－云信息共享。路侧设施由于安装分散且缺乏完善的管理方案，容易遭受攻击。攻击者很容易接触到相关路侧设施，例如安装在信号灯杆中的设备，大大增加了接口暴露的风险。

车路云协同体系下的路侧单元汇聚了车辆信息、交通信息、云端信息等，数据安全与隐私保护也是路侧单元所面临的问题，主要包括：路侧边缘计算单元 MEC 作为边缘节点承载了大量计算任务，通常 MEC 利用 AI 算法对数据进行处理，智能算法所面临的后门攻击、数据投毒攻击等脆弱性问题，也是车联网路侧安全防护待解决的问题之一。车路云协同下的路侧安全防护技术有 3 个主要方向：网络通信安全防护技术、身份与认证技术、数据隐私保护技术。

一、网络通信安全防护技术

当前人工智能算法在车联网通信安全方面有着广泛的应用。俞建业等[16]提出了一种基于 Spark 的车联网分布式组合深度学习入侵监测方法，利用 Spark 集群框架将卷积神经网络和长短期记忆网络进行组合，对车联网的入侵特征进行提取和数据检测，满足车联网场景下对入侵检测实时性和精准性的要求。

二、安全认证技术

根据应用场景的不同，车路云协同下的车联网安全认证可以分为匿名认证、群组认证、跨域认证和基于区块链的认证 4 种。

三、数据隐私保护技术

主要分为身份隐私保护、位置隐私保护和基于区块链的隐私保护技术三大类，匿名凭证是身份隐私保护的通用手段，差分隐私是位置隐私保护的主要实现手段。基于区块链的隐私保护与认证技术是当前的研究热点，可以提供安全可靠的身份验证、数据存储与隐私保护，但需要大量的存储与计算资源，如何合理部署并调度资源以满足车联网的应用需求尚待进一步研究。

9.5.3 车联网云端安全

云端平台由云端基础平台与云端应用平台构成，云端基础平台以车侧与路侧传回的车辆、道路、交通实时动态数据为核心，为相关产业部门提供标准化的通用基础服务；云端应用平台主要包括网联汽车赋能类应用平台、交通管理与控制类应用平台以及交通数据赋能类应用平台。

在云平台架构安全方面，由于车联网场景下对数据传输实时性的要求，传统云平台架构存在通信慢、数据集中、需要多次通信等问题，许多学者就车联网场景下的云平台架构进行了设计与研发。在云计算的隐私安全方面，为了解决资源分配与隐私安全的冲突，一些学者就车联网场景下的云计算隐私安全性进行了研究分析。

业内各大信息安全企业就车联网场景下的云服务安全问题研发了各具优势的车联网云安全管理平台。云盾慧御云安全管理平台是首批通过车联网服务平台安全能力测试评价并获得“五星级平台”车联网云服务安全平台，集成了丰富的云安全资源（如主机安全、智慧防火墙、数据库审计等），并通过策略组合满足云计算等级保护扩展要求的合规性；利用开放协议采集来自不同部件的安全事件数据，提供分析与安全决策的数据依据；通过集中管理多个分布式部署的安全资源池保障多云融合场景下的安全。华为提出的车联网平台支持亿级海量连接和百万级高并发，可以满足高峰时期的通信需求；提供支持传输层安全（TLS）双向证书认证，保障车辆接入安全；支持车联网系统基于策略弹性、平滑扩容，缓解车辆高峰期对平台的冲击。

参考文献

9.3 参考文献

本章的参考文献，请扫二维码 9.3。